DOMAINES LINGUISTIQUES
sous la direction de Franck Neveu
11

Série *Formes discursives*
3

---

# Les Pragmatèmes

Ouvrage publié avec le soutien du Ministerio de Economía y Competitividad (Espagne), projet R&D FFI2013-44185-P

Xavier Blanco Escoda et Salah Mejri

# Les Pragmatèmes

Préface d'Alain Rey

PARIS
CLASSIQUES GARNIER
2018

Xavier Blanco Escoda est professeur de philologie française à l'université autonome de Barcelone (Espagne) où il enseigne la lexicologie, la sémantique et la linguistique historique.

Salah Mejri est professeur à l'université Sorbonne Paris Cité (France) où il enseigne la syntaxe et la sémantique.



ISBN 978-2-406-08203-3 (livre broché)
ISBN 978-2-406-08204-0 (livre relié)
ISSN 2271-6297

# PRÉFACE

*Pragmatème*, hellénisme moderne, prend place dans une série de termes indispensables à la linguistique mais reste mystérieux pour l'immense majorité des francophones. Il apparaît après *phonème*, mot du XIXe siècle qui n'a pris sa valeur théorique qu'avec le structuralisme pragois (Troubetzkoy et Jakobson) et après *morphème*, terme qui acquiert son statut actuel en anglais, avec Leonard Bloomfield, après avoir eu un sens grammatical plus restreint. L'élément *-ème* marque le statut d'unité pertinente et minimale. Le premier élément de ces mots, qui sont aussi des termes, vient de racines grecques indiquant le domaine, le son articulé de la parole pour *phonème* ; la forme acoustique ou visuelle prise par l'unité de signification, pour *morphème*. André Martinet s'est vaillamment battu pour qu'on remplace *morphème* par *monème*, qui insistait sur le statut d'unité minimale (*mono-*). Ensuite, on se servit abondamment de l'élément *-ème*, et on fit des efforts pour contourner les ambiguïtés du bon vieux *mot*, ou *word*, *Wort* (fils du *verbum* latin), jugé indigne de conceptualisation et on eut recours à *lexème* en lexicologie, en sémantique à *sémantème*, *sémème* (vite usés), à *graphème*, selon les besoins.

La lexicologie et la lexicographie s'étant aperçues que leurs objets n'étaient pas toujours des mots, mais des séquences fixées, codées par l'usage, se défièrent aussi des termes traditionnels, *expression*, *locution*, *proverbe*…, et recoururent aux concepts larges de « collocation » (il n'y eut pas de « colloquèmes »), et à ceux de « phraséologie », de « figement »… Dans ce remue-ménage conceptuel, un monde en partie caché par la description d'une langue selon ses « mots » fut révélé. Il était prévu non par les théoriciens, mais par les praticiens qui, au XVIe siècle, eurent recours au latinisme *dictionarium*, tiré d'un dérivé du verbe *dicere*, « dire », la *dictio* ou « manière de dire » étant l'ancêtre des modernes « unités lexicales » et « phraséologiques ». Du composé *phraséologie*, *phraseology*, où *phrase* a un sens différent de celui du français usuel (« énoncé complet »), il était licite de créer un *phrasème*, façon abrégée de parler de la nécessaire

« unité phraséologique », faite des vieilles « locutions », « expressions », « proverbes », « dictons », et allant linguistiquement de morphème à la phrase (au sens du français). Ce « phrasème » englobait sans ambages des syntagmes terminologiques et des collocations lexicales fréquentes. Vaste programme.

Un autre néologisme, *synthème*, eut moins de succès. Nécessaires à la linguistique du texte, utiles dans la description, le concept et le terme de *phrasème* entrèrent dans une théorie venue d'une pratique lexicographique innovante, construite par un sémanticien, Igor Mel'čuk. Après des travaux théoriques remarqués, ce dernier, exilé d'URSS, incarna à l'Université de Montréal une tendance nouvelle d'association théorie-pratique portant sur le lexique du français mais d'ambition générale, en élaborant un dictionnaire qualifié d'« explicatif » et de « combinatoire », fondé sur une théorie dite « sens-texte ». C'est dans ce cadre qu'apparut au grand jour le terme *pragmatème* comme hyponyme de la catégorie des « phrasèmes » (que les défenseurs de la spécificité francophone auraient pu baptiser *syntagmèmes*).

*Pragmatème* faisait référence à *pragmatique*, adjectif et nom plus ancien. En négligeant la *pragmatica sanctio* historique (qui donne au XV^e^ siècle le phrasème français *pragmatique sanction*), cet adjectif signifiant alors « qui a des effets concrets importants » fut réemprunté, non plus au latin, mais au grec originel, *pragmatikos*, par la philosophie allemande, et diffusé au XIX^e^ siècle. Ce n'est pas directement ce monde conceptuel qui entre en linguistique en théorie des signes et en épistémologie au XX^e^ siècle, mais son avatar nord-américain. En effet, à côté des très anciens noms et adjectifs *pratique*, *practical*, *pratico*, etc., les deux philosophes majeurs des États-Unis, à savoir William James et Charles Sanders Peirce, se livrent au tournant du XX^e^ siècle une guerre terminologique. Le premier baptise sa théorie positiviste et quasi utilitariste *pragmatism*, le second, pour s'en distinguer, la sienne *pragmaticism*. James était médecin, Peirce logicien, mathématicien, chimiste… et philosophe. Dans le cadre d'une théorie de la vérité des idées par un contrôle sur leurs effets concrets, Peirce aboutit notamment à une théorie générale des signes, une « sémiotique » qui dépassait largement la « sémantique » du langage, ainsi baptisée par Michel Bréal.

La sémiotique de Peirce, cependant, malgré les fondements de sa théorie, était si complexe et si englobante qu'elle eut besoin d'une

« traduction » simplifiante pour produire des effets sociaux importants, effets « pragmatiques », précisément. Le mérite en revint à un autre philosophe états-unien néopositiviste, Charles Morris, tenant, avec Carnap et von Neurath, de l'empirisme logique, auteur de *Pragmatism and Scientific empiricism* (1937) et de *Foundations of the Theory of Signs* (1938). Tributaire de Peirce, cette « sémiotique » répartissait l'analyse du signe et de la signifiance en trois perspectives, la « syntactique », qui décrit les relations des signes entre eux, la « sémantique », qui étudie la relation de renvoi du signe à… autre chose (diverses interprétations étant exploitées, par exemple le *signifiant-signifié* saussurien, binaire, dans une théorie générale de la signification dénommée *sémiologie*, alors que la théorie peircienne est ternaire), et enfin la « pragmatique », qui traite des relations entre les signes et leurs utilisateurs. Simple et brutale, cette trichotomie avait des pouvoirs pédagogiques et explicatifs considérables, répartissant, en ce qui concerne les langues naturelles, en trois directions épistémologiques, toute analyse. Ainsi, dans la construction du concept de « pragmatème », ici analysé et discuté, l'aspect pragmatique au sens de Morris est ajouté aux aspects « syntactiques » (la combinatoire des morphèmes) et « sémantiques » (englobant une sociosémantique, les différentes taxinomies, la terminologie…) de tout énoncé dans une perspective où c'est l'usage humain des signes, usage individuel, collectif, culturel, qui prévaut. Cet exergue général, malgré les apparences, concerne directement le livre présenté.

Les précédentes études sur le sujet, ou bien relevaient de la construction d'une théorie de la pratique du langage, avec Igor Mel'čuk (« Phrasemes in Language and Phraseology in Linguistics », 1996 ; « Phraséologie dans la langue et dans le dictionnaire », 2008), certaines recourant à la notion de « cliché » (Alain Polguère, Geneviève Fléchon, Paolo Frassi, qui distinguent les pragmatèmes *stricto sensu*, ou « clichés », des pragmatèmes lexémiques et d'autres, locutionnels), ou bien recourent à la perspective génétique des « actes de langage » associée à celle de « stéréotype » (Kauffer, 2012b).

L'ouvrage de Xavier Blanco et Salah Mejri, connus par leurs travaux sur les collocations, le figement-défigement (Mejri) et sur cette paralexicographie négligée que sont les méthodes d'apprentissage, souvent dans une perspective de comparaison des langues (Xavier Blanco), reprend ces différentes données de manière synthétique et critique.

En définissant provisoirement le pragmatème comme un phrasème dont la dimension pragmatique est pertinente, on se heurte au fait que cette dimension pragmatique – qu'on peut qualifier de « situationnelle », cette « situation » étant extralinguistique, socioculturelle, et finalement anthropologique – agit sur l'intégration (Benveniste) des unités du langage pour produire des énoncés, du discours, des textes, selon les perspectives, ceci tant en parole qu'en écrit. Cette action relève d'un codage, du figement, de la ritualisation, selon les perspectives, et donc toujours d'une contrainte sélective entraînant une prévisibilité absolue ou probable dans la production de l'énoncé. Ce mécanisme formel relève d'un processus peu théorisé, l'« usage ».

L'ouvrage de Blanco et Mejri a le grand mérite de distinguer deux types de critères pour cette unité linguistique. Deux sont relatifs, la dimension polylexicale (exigée par le concept de « phrasème », mais ici parfois annulé), associée à celle de « figement », et celui de « composition » sémantique (la plupart des pragmatèmes inventoriés sont compositionnels, mais certains sont totalement arbitraires). Les autres critères, absolus, et absolument nécessaires pour une définition du concept, ne doivent être ni « syntactiques » ni « sémantiques » (au sens de Morris) et donc uniquement « pragmatiques ». Ils ont trait à des situations concrètes, au-delà des classiques situations d'énonciation, car le pragmatème, nécessairement, « s'emploie dans une situation précise ». S'agissant d'énonciations et d'énoncés d'une langue naturelle, cette situation peut s'analyser selon les types d'énonciation et d'expression, aux plans individuel et collectif, et selon les types de communication, pour reprendre les catégories de la sémiologie linguistique (Hjelmslev, Roland Barthes). Ces types correspondent à des fonctions anthropologiques générales, valables aussi hors langage, et produisant des restrictions dans la production de l'énoncé.

L'ouvrage de Blanco et Mejri insiste sur cet aspect extralinguistique, culturel au sens le plus large, qui doit distinguer, parmi toutes les unités linguistiques analysées, le supposé « pragmatème », à savoir la matérialisation langagière lexicale ou phraséologique, énonciative toujours, d'un caractère pragmatique fondamental du langage et de ses signes, expression de situations anthropologiques analysables. Mais cette « pragmaticité » évidente est diversement analysée par les théories sociologiques et insuffisamment prise en compte par l'analyse linguistique et sémantique. Elle est à mettre en rapport avec les critériologies de la linguistique, de la sémiotique, de la théorie de l'information (les concepts de « code » et de « message », par exemple), elles-mêmes diverses.

Reste qu'une batterie de critères d'essence linguistique sont ici clairement dégagés, tels ceux de « congruence » (entre l'usage d'une unité linguistique et les contraintes créées par une situation anthropologique) ou encore de ce qu'on pourrait appeler l'« indépendance énonciative », caractérisée par le fait que l'entité n'est pas intégrable (au sens de Benveniste) à un énoncé plus complexe. Ce caractère est illustré ici par des exemples du type *bonjour !*, *bonsoir !*, pragmatèmes distincts des lexèmes qui les incarnent, et qui eux sont intégrables à l'énoncé (on pense à Harpagon, qui « prête » et non pas « donne » le bonjour, Molière, *L'Avare*, II, 5). Sur le plan de l'analyse linguistique, ces usages non intégrables sont assimilables à des énoncés complets, des « phrases » au sens dominant du mot français, tout comme les proverbes, dictons, adages et les exclamations, les jurons, qu'ils soient ou non polylexicaux. Ainsi, le statut formel de *merde !*, *putain !* est le même que celui de *bonsoir !*, *salut !*, ou de *mon Dieu !*, *Christ !* en anglais, mais évidemment distinct s'agissant de pragmatique.

On remarquera, à ce propos, que des typologies intuitives sont depuis longtemps en œuvre. Elles sont bien mises à jour chez Blanco et Mejri par leur examen minutieux des répertoires lexicographiques mono- et bilingues et peut-être surtout des manuels de conversation. Mon expérience lexicographique en matière de « locutions » m'autorise à noter que sous cette désignation, on regroupe traditionnellement trois entités théoriquement distinctes : les « locutions grammaticales », qui sont en fait des adverbes, prépositions, etc., polylexicaux (critère « syntactique »), les « locutions métaphoriques » à critère sémantique, mieux perçues sous l'étiquette « locutions », et confondues avec les « expressions », incontestablement des phrasèmes, et enfin, moins perçues, des « proverbes », terme qui servait en français classique à désigner la catégorie précédente, et qui est aujourd'hui affecté à des énoncés complets figés, à sémantisme constant et d'intention pragmatique spécifique, étudiée par la parémiologie.

Par rapport à la majorité des phrasèmes, connus et décrits sous la désignation usuelle de *locution* et d'*expression*, les pragmatèmes ont été perçus sous celles de « manières de dire » (*dictiones*) et de *formules*. Ce mot, aux usages multiples, associe les concepts d'« expression » et de

« règle » ou « norme », ce qui ne correspond qu'à une partie du concept de « pragmatème », car ce dernier couvre tous les énoncés codés en rapport avec une situation socioculturelle précise des locuteurs. Mais il est clair que ce qu'on appelle « formule de politesse » s'inscrit dans le concept de pragmatème, comme il s'inscrit dans le concept de « modèle de phrase dans la correspondance écrite ou dans la communication orale interpersonnelle ». L'idée, nettement exprimée dans ce livre, d'un double ancrage, à la fois langagier (lexical, polylexical) et socioculturel, ce dernier plus difficile à catégoriser selon plusieurs critères, dont celui de « fonction », éclaire fortement le concept de pragmatème.

Un autre éclairage est fourni dans cet ouvrage par l'examen des traitements lexicographiques des unités pouvant être qualifiées de pragmatèmes. Traitement lacunaire et décevant, dans les dictionnaires unilingues extensifs du français – je pense qu'il en irait de même avec d'autres langues –, tant sur le plan des unités retenues que de leur traitement. Comme pour toute la phraséologie, le problème de l'adressage monolexical alphabétisé, pour des unités dont la nature est le plus souvent phraséologique, constitue un facteur négatif (dispersion des informations, risques de redondances). Le problème spécifique de l'ordre alphabétique était déjà sensible en ce qui concerne la rupture entre des unités morphologiquement apparentées, ce contre quoi peu de dictionnaires français ont réagi. La formule de première édition du *Dictionnaire de l'Académie française* en 1694 fut abandonnée dès la seconde édition. Le *Dictionnaire historique de la langue française* que j'ai dirigé et ensuite amplifié est organisé selon une perspective étymologique.

L'alphabétisation intégrale des phrasèmes pose d'ailleurs d'autres problèmes. Celle des pragmatèmes retenus, tant dans la partie théorique du présent travail que dans sa partie méthodologique, permet de passer, pour la définition du « terme » (mot-concept monosémique) d'une sémantique de la signification à celle de la désignation, pédagogiquement plus démonstrative, grâce à un index qui permet de mieux cerner la notion de « pragmatème », et de concevoir plusieurs typologies pour cet objet. On y perçoit intuitivement deux catégories (parfois confondues), l'une orale, l'autre écrite produisant trois types de pragmatèmes : a) oral-écrit, b) seulement oral, c) seulement écrit. La répartition entre les deux canaux est spécifique pour les pragmatèmes. Ainsi, les phrasèmes *être en panne*, *tomber en panne*, *être hors service*, aussi bien oraux qu'écrits, intégrables en discours, donnent lieu, à l'écrit, aux pragmatèmes *en panne*, *hors service*, *arrêt momentané*, qui sont a) toujours écrits et b) apposés sur certains objets techniques, avec un message phrastique du type : « cet objet ne fonctionne pas, est inutilisable », à la fois de nature pragmatique, déictique – caractère explicite dans *ouvrir ici* (sur un emballage) ou *à consommer avant* (et date) –, éventuellement impératif (« ne pas utiliser »).

Ces caractéristiques sémantico-pragmatiques rapprochent le pragmatème de la signalétique, ce pragmatème-signal peut alors être un lexème (*entrée*, *sortie*, *exit*...) ou un phrasème (*entrée des artistes*, *sortie de secours*, *attention à la marche*...), voire un énoncé indicatif ou impératif (*faire attention à...*, *veuillez faire attention à l'espace entre la voiture et le quai*, dans le métro parisien). Les deux canaux, écrit et oral, peuvent être analysés en termes de situations de communication, privée ou publique, spontanée ou formelle, l'écrit en manuel (manuscrit), en imprimé ou en saisie, ou bien en termes de domaine social d'activités, professionnel, médical, technique, commercial (exemple : le *ça vous fera* [telle somme] du marchand, purement oral), militaire, religieux... Des domaines fonctionnels, comme la fonction d'« adresse », phatique, ou la « politesse », produisent des pragmatèmes oraux (*bonjour*, *salut*, *comment va ?*) et écrits (les « formules »). Dans la catégorie de l'écrit, des situations de communication de nature technique, comme le téléphone portable, la tablette, l'ordinateur, suscitent des lexiques particuliers, avec des phrasèmes et des pragmatèmes spécifiques. Une pragmatique lexicale et phraséologique peut se développer avec la communication par téléphone (*pour...* [telle finalité], *taper 1* ; plus ancien, *ne quittez pas*) ou par ordinateur (le langage « texto », perçu et étudié, est riche en pragmatèmes).

La partie de ce livre consacrée à la lexicographie et aux recueils de faits de langage – des manuels dans divers domaines, des glossaires et lexiques spécialisés, des catalogues, etc. – manifeste que la présence de pragmatèmes est beaucoup plus visible dans les approches pratiques des phénomènes langagiers que dans les approches normatives ou descriptives. Elle l'est notamment dans une perspective plurilingue, la lexicographie unilingue traditionnelle, si élaborée soit-elle, considérant les situations de communication de la vie courante comme moins significatives que celles qui aboutissent à des produits culturels valorisés.

L'interface entre ces deux approches des faits de langage est le dictionnaire bilingue, plus riche dans ce domaine que les monolingues, du fait de ses modèles d'usage, plus descriptifs que normatifs. Le petit monde de la lexicographie trouvera dans ce travail une remarquable analyse de plusieurs traits pertinents de cet artisanat (définition, marquage diachronique, diatopique, etc.). Le point de vue dominant étant la langue française, ce sont ses rapports avec l'espagnol, avec l'anglais qui sont ici privilégiés, plusieurs autres langues, par exemple le russe, le catalan, l'arabe maghrébin, l'allemand, apparaissant dans la partie consacrée aux pragmatèmes observables dans les ouvrages d'apprentissage, d'acquisition des langues, notamment les « guides de conversation », dont la nature même – ils sont consacrés aux productions d'énoncés codées en fonction d'une situation particulière de communication, tant à l'oral qu'à l'écrit – est favorable à la prise en compte de ce type d'unités. La pragmatique linguistique se manifeste ici comme un excellent révélateur des méthodes descriptives et de leurs lacunes.

Le choix des langues le plus souvent évoquées, dans *Les pragmatèmes*, le français, l'anglais, l'espagnol, est par exemple révélateur des problèmes posés par la description des langues à forte variation d'usage, selon le lieu ou l'espace social. L'analyse des formules de politesse (en français, espagnol, russe) constitue ainsi un apport à la méthodologie de la sociolinguistique, de la théorie du discours et de l'analyse conversationnelle. Nouveau en linguistique, semble-t-il, le passage sur « panneaux et écriteaux », ici testés à propos des pragmatèmes du russe et du catalan. Dans ce domaine de l'affichage, qui interfère avec la signalétique, la sociolinguistique pragmatique s'inscrit dans une perspective sémiotique, et pose tous les problèmes d'encodage et de décodage. L'unité « pragmatème » y est souvent monolexicale ; son interprétation correspond à une levée d'ambiguïté, ailleurs produite par la mise en discours. À ce propos, je me souviens d'une anecdote dont j'ai oublié la source : un train s'arrête à une gare, en France, devant la porte des toilettes. Un voyageur dit : « Tiens, nous sommes à *Hommes* » ; son vis-à-vis : « Mais non, c'est *Femmes.* » Ce qui, outre l'effet comique, conduit à se demander si un mot affiché en signalétique (ç'aurait pu être *buffet*, *consigne*, *sortie*... sur une porte de la gare), accédant ainsi au statut de pragmatème, n'entraînerait pas, pour tous les panneaux de localisation, la prise en charge par ce statut des toponymes et, pourquoi pas, de l'ensemble des noms propres, y compris les marques commerciales sur les produits ou en publicité, les phrasèmes que sont les titres d'œuvres, qui signalent un contenu textuel, musical, plastique…

Cette ouverture quasiment indéfinie du domaine des pragmatèmes est ici parfaitement exemplifiée par la prise en compte de situations de communication très spécifiques, comme celles que répertorie un guide militaire de 1916 dans sa rubrique « Capture de soldats ennemis ». Ce qui illustre la complexité et la richesse potentielle des thèmes sociolinguistiques dans l'échange des signes du langage conditionnés par des situations concrètes que sont les pragmatèmes (on rêve d'une « pragmathématique »). Cette variété n'évite pas la dimension du temps historique, qu'on la baptise ou non « diachronie ». L'ouvrage de Blanco et Mejri ne l'évite ni ne l'oublie, analysant un ouvrage de la fin du XIVe siècle intitulé *Manières de langage*, apparu dans un contexte franco-anglais où l'anglo-normand, dialecte roman proche du moyen français, cède la place à l'anglo-saxon germanique. Les bribes de français présentes dans Shakespeare correspondent à cet usage. Or, ces *Manières* présentent une thématique intuitive assez riche, ici bien exemplifiée. Ce passage, qui prolonge des travaux antérieurs de Xavier Blanco, serait à comparer avec les recueils de locutions du moyen français et avec les dictionnaires de cet état de langue (le « Robert Martin » sur Internet).

L'examen de plusieurs grammaires du français, par définition consacrées à la dimension syntactique de cette langue, révèle que le plus ou moins (souvent moins) de richesse en pragmatèmes est fonction de la méthodologie du domaine. Plus la « grammaire » prend en compte les situations concrètes de communication, plus les unités pragmatiquement contraintes y sont représentées (*Le Bon Usage* de Grevisse et Goosse ; intuitivement, je penserais à la vaste grammaire « psychologique » du français de Damourette et Pichon).

La dernière partie de l'ouvrage est prospective. Elle traite d'une lexicographie ou plutôt d'un inventaire lexicographique des pragmatèmes, notamment de la politique des sous-entrées qui, sous une entrée lexicale parfois difficile à déterminer (problème qu'ont tous les dictionnaires phraséologiques), pourraient prendre en charge ce type d'unités (les auteurs proposent le néologisme « mésostructure » ; cela fait partie, dans la dichotomie établie par J. Rey-Debove, de la microstructure). Une telle approche, comme celle qui consiste à répertorier en un « petit dictionnaire permanent » des « actes de langage stéréotypés » (Kauffer *et al.*, 2012) ou à proposer un traitement lexicographique des « marqueurs discursifs » (Gaétane Dostie, 2004, qui parle, abusivement à mon sens, de « pragmaticalisation », le caractère pragmatique de ces unités étant et devant rester premier). Ces réflexions sont rappelées dans le texte et dans la bibliographie de l'ouvrage ici préfacé.

Quant au traitement de ces unités diversement perçues, l'ouvrage en montre les embûches : obtention de formes canoniques (l'index me fournit le pragmatème commercial *avec ceci ?*, alors que j'entends plutôt, à Paris, *et avec ça ?*) ; multiplicité des informations à réunir du syntaxique au prosodique (remarquablement répertoriées par G. Dostie), ainsi que des marquages nécessaires (abondants, mais toujours insuffisants, dans les meilleurs dictionnaires ; et toujours « pragmatiques ») ; incompatibilité du traitement lexical (ou morphémique) alphabétisé et d'un traitement sémantico-pragmatique par fonctions ; problèmes ainsi créés d'indexation et de renvois ; difficultés à décrire les expansions des séquences produites par un même acte de parole ; recours (ou non) aux fonctions lexicales dégagées par Mel'čuk, alors qu'elles ne sont pas utilisées par les dictionnaires traditionnels et qu'elles sont – comme toute classification – épistémologiquement à discuter... Le caractère pragmatique des actes discursifs, la représentation de l'énonciation (ou d'une genèse énonciative contrainte par des situations de communication différentes), tout cela qui rend un modèle efficace de dictionnaire de pragmatèmes extrêmement délicat à concevoir, est ici étudié systématiquement et clairement.

J'ajouterai que l'évaluation des traitements de ce type d'unités par les dictionnaires est fonction de leur modèle, le plus souvent intuitif et implicite (celui de Mel'čuk faisant exception, au prix d'une difficulté de décodage qui le rendra sociologiquement confidentiel). On ne s'étonnera pas de trouver moins de pragmatèmes (et d'ailleurs de phrasèmes et même de lexèmes) dans un recueil normatif tel que le *Dictionnaire de l'Académie française* (9e édition, achevée en 2016) que dans un dictionnaire descriptif d'ampleur comparable.

Enfin, et sans prétendre conclure, la part des informations pragmatiques (culturelles, semi-encyclopédiques, anthropologiques) dans toute description, non d'une langue – projet inatteignable – mais d'une sélection d'usages de cette langue (le dictionnaire d'une langue est toujours marqué par l'idéologie et le projet politique), ne se borne pas à la sélection et à la glose des pragmatèmes. Dans un travail portant sur le chemin qui va « de l'artisanat du dictionnaire à une science du mot », j'ai tenté de montrer que, loin de se borner à la description morphosémantique, le dictionnaire était rempli de données (morpho) syntaxiques, et aussi de données pragmatiques. Parmi ces dernières (les marques d'usage, les contraintes énonciatives, déjà très présentes dans un recueil lexical comme celui de Furetière, en 1690), des pragmatèmes figurent, certes insuffisamment selon les critères descriptifs. Un domaine lexicographique, celui du traitement des polysémies lexicales (les « plans d'articles », sujet majeur de la microstructure) et une hiérarchie des trois approches dégagées par Charles Morris peut se dégager. Elle est explicite dans le *Petit Robert*, où j'ai essayé d'articuler l'analyse selon des critères d'abord « syntactiques », ensuite sémantiques, enfin pragmatiques, avec le sentiment d'une couverture descriptive très partielle.

Cette « couverture », dans un ouvrage destiné à la représentation d'usages d'une langue, est d'ailleurs rendue infirme par le caractère sémiotiquement global de ses contenus. Ainsi les stratégies de discours dans une situation anthropologique et culturelle donnée sont toujours englobées dans des pratiques sémiotiques au-delà du langage (gestuelles, mimiques, gestion spatio-temporelle). Un exemple, les procédures phatiques de rencontre. Chez les Peuls de Haute-Casamance (Sénégal, Guinée-Bissau), le salut matinal peut se réaliser, non par l'échange d'un lexème-pragmatème (*salut !*, *bonjour !*) ou d'un phrasème-pragmatème (*comment ça va ?*), mais bien par un dialogue codé, comportant questions et réponses concernant l'état des interlocuteurs, de leurs parents, de leurs familles, lequel, dans la réalité sociale, est débité très rapidement, apparemment de manière rituelle et distraite (comme une prière marmonnée), en attendant un échange verbal apportant de l'information aux communicants (information personnelle, à Coumbacara, Sénégal). Comment représenter cette pratique globale dans un dictionnaire du peul sénégalais ? La réponse partielle est à rechercher dans une description d'usage langagier d'ethnologue, où le langage est inséré dans la description des comportements socioculturels et des objets de la culture. J'en connais deux exemples remarquables, l'un concernant la langue des pygmées Aka, l'autre les catégories sémantiques du tzeltal, langue amérindienne du nord du Mexique. Dans ces exemples prototypiques d'une lexicographie « autre », culturellement étrangère à la métalangue de description, la pragmatique est partout, de la phonologie à la rhétorique, de la morphosyntaxe lexicale aux phraséologies.

Les pragmatèmes, si l'on tient compte de ces données, seraient donc non seulement une unité spécifique, à décrire, mais un universel du langage, s'insérant dans des catégories qui pourraient être dénommées « culturèmes » ou « socioculturèmes ». Dans la perspective stimulante du « penser, classer », et selon l'approche linguistique élargie par un décloisonnement épistémique nécessaire, Xavier Blanco et Salah Mejri ont réussi à présenter une problématique et une théorisation en cours fondées sur une observation des pratiques descriptives (décloisonnant aussi les domaines : lexicographie unilingue, plurilingue, manuels, grammaires...). Pour les remercier, je leur fournis quelques pragmatèmes du français de France, manifestant la vitalité de ce domaine : le remplacement de syntagmes « pragmatémiques » de souhait comportant l'adjectif *bon*, par une variante en « beau » (*belle soirée !*) ; l'ajout de *à vous* (plus rarement *à toi*) après les formules de souhait (*bon week-end à vous !*, *belle soirée à vous !*) ; la substitution, dans les restaurants chers, de *bonne dégustation* à *bon appétit* ; la formule, souvent commerciale, *c'est moi*, en réponse à un *merci*...

Ce qui souligne la nécessité de leur travail, concernant une matière en expansion constante, travail mené avec maîtrise et subtilité, travail synthétique et ouvert, que j'estime indispensable aux linguistes théoriciens, aux sémioticiens, aux lexicographes et aux autres praticiens des descriptions langagières, autonomes ou comparatives, et donc aux traducteurs aussi. Je souhaite à cet ouvrage le succès qu'il mérite.

Alain Rey

# INTRODUCTION

Καλοτάξιδο !
(pragmatème grec qui salue l'apparition d'un livre)

Ce livre constitue une étude relativement exhaustive d'une sous-classe de phrasèmes qui a reçu, jusqu'à présent, peu d'attention : les pragmatèmes[1]. Les pragmatèmes sont des énoncés autonomes, en général polylexicaux et sémantiquement compositionnels, qui sont restreints dans leur signifié par la situation de communication à laquelle ils sont appropriés. Des séquences comme *Attention sol glissant* ; *Au revoir !* ou *Ne quittez pas* sont des pragmatèmes prototypiques du français. Une langue comporte plusieurs milliers de pragmatèmes dont certains présentent une fréquence d'emploi très élevée. Il ne s'agit donc nullement d'un phénomène marginal, mais d'unités linguistiques dont nous nous servons quotidiennement. La marginalisation de ce phénomène dans les études linguistiques s'expliquerait par plusieurs raisons, dont notamment la complexité de ce phénomène, l'intervention d'éléments sémantiques situationnels conditionnant pragmatiquement l'emploi de ce type de séquences et surtout la dimension rituelle, qui est de nature culturelle, éléments qui échappent un peu à l'orthodoxie en sciences du langage et pour lesquels on ne dispose pas d'outils théoriques adéquats.

L'idée de cet ouvrage vient répondre à un triple besoin : le premier est de nature épistémologique ; le deuxième relève de la dimension théorique ; le troisième concerne des préoccupations de nature appliquée. Les trois enjeux sont évidemment interdépendants et complémentaires.

1 Cet ouvrage a bénéficié d'un financement du Ministerio de Economía y Competitividad espagnol dans le cadre du projet R&D FFI2013-44185-P, *Jerarquía de etiquetas semánticas (español-francés) para los géneros próximos de la definición lexicográfica*.

La dimension épistémologique s'impose dès qu'on aborde des faits de langue non encore bien identifiés et dont le concept de départ est encore non fixé dans l'appareil terminologique des sciences du langage. Comme chacun sait, la notion de pragmatème est une notion relativement nouvelle qu'on doit à Igor Mel'čuk (1995) et dont l'emploi actuel renvoie à une typologie des phraséologismes clairement marquée par l'approche du même auteur. Il s'agit donc d'une entité linguistique dont la définition n'est pas encore bien établie dans le domaine linguistique et qui ne fait pas l'objet d'un consensus.

La première question qui s'ensuit porte sur la légitimité du phénomène étudié, la pertinence des analyses dont il ferait l'objet et la validité des résultats obtenus. De tels questionnements nous ont conduits d'abord à prendre les précautions nécessaires pour préciser nos objectifs et la nature de la posture méthodologique à adopter. Nos objectifs sont de deux ordres : l'un, théorique, consiste à prendre les éléments définitoires du pragmatème comme des hypothèses de travail à infirmer ou à confirmer ; l'autre, appliqué, porte sur les difficultés à rendre compte du fonctionnement de ces unités pour en proposer une description qui soit adaptée à la complexité de ce phénomène. Quant à la posture méthodologique, elle est volontairement expérimentale, confrontant les faits étudiés aux hypothèses énoncées en rapport avec ces faits.

C'est par le biais de ce va-et-vient entre les faits et les hypothèses de travail, sans parti pris théorique, que nous comptons étayer une théorie du pragmatème qui définit plus précisément cette entité et qui la discrimine davantage des autres faits similaires ou apparentés comme les actes de langage stéréotypés (Kauffer, 2012a), participant par là à l'enrichissement des travaux sur la phraséologie. Nous partirons donc des éléments définitoires jugés saillants pour décider du statut pragmatémique des unités étudiées, tels que l'ancrage dans une situation d'énonciation précise, l'inscription de ces éléments pragmatiques dans leur signification, le conditionnement de leurs emplois par ces éléments mêmes. S'ajoutent à ces éléments sémantiques, énonciatifs et pragmatiques des critères de nature syntaxique et catégorielle : le fait qu'il s'agisse d'un énoncé, que cet énoncé ne s'inscrive pas dans une partie de discours quelconque, même s'il peut en avoir la forme, et qu'il jouisse d'une autonomie syntaxique et sémantique, même s'il peut s'inscrire dans un enchaînement pragmatémique.

C'est cette charpente conceptuelle qui a servi de fil conducteur à nos investigations et qui a permis d'analyser les différents types d'occurrences que notre corpus (lexicographique et autre) comporte. Nous avons jugé que, même si le concept n'est pas encore suffisamment stable pour servir à une étude relativement fouillée, l'ensemble des traits retenus, appliqués jusque-là à des exemples illustratifs isolés, sont de nature à construire une hypothèse de travail relativement consistante pour mener cette recherche jusqu'au bout.

Une telle hypothèse n'aurait pas suffi si on n'avait pas pris pour second objectif d'interroger les traitements dont font l'objet les pragmatèmes dans des ouvrages aussi différents que les dictionnaires, les manuels de grammaire et les guides de voyage. L'évaluation des traitements est conçue dans l'optique d'établir un appariement entre la charpente définitoire, qui sert de moule de référence, et les éléments qu'on retrouve dans le corpus. Si cette opération d'appariement était concluante, cela confirmerait l'intuition de la théorie de départ du pragmatème ; si elle n'était pas concluante, elle révélerait soit un déficit soit une autre façon de voir le phénomène. C'est par ce dernier biais qu'on pourrait éventuellement soit abandonner certains éléments de l'hypothèse soit les éclairer davantage grâce à l'enrichissement apporté par les nouveaux éléments du corpus. C'est ainsi qu'on a pu, par exemple, retenir la dimension rituelle du pragmatème et essayer de la préciser du mieux que nous avons pu.

La question théorique se pose donc en ces termes : les éléments définitoires retenus sont-ils suffisamment consistants pour affirmer l'existence d'une entité linguistique nouvelle qu'est le pragmatème ? Si c'est le cas, de quelle nature est cette unité ? En quoi est-elle pertinente pour la description de la phraséologie en particulier et des langues en général ?

Nous pensons être en mesure d'affirmer à travers cet ouvrage que le pragmatème est, certes, une entité linguistique très difficile à décrire, mais elle se laisse appréhender malgré tout à travers les paramètres que nous avons retenus ; elle correspond également à des critères identifiables et vérifiables ; elle répond à un usage bien précis dont nous avons essayé de rendre compte dans la description lexicographique.

Sur le plan théorique, il y a lieu de retenir trois points :

– le pragmatème est une unité fondamentalement polylexicale, même si la monolexicalité n'est pas tout à fait marginale, qui partage à ce

titre un certain nombre des caractéristiques phraséologiques qui relèvent des principes de fixité et de congruence : la fixité concerne la combinatoire et le contenu sémantique et la congruence gouverne l'adéquation entre l'usage du segment linguistique adéquat et la situation d'énonciation avec tout ce qu'elle comporte comme contraintes ;
- le pragmatème protypique a un sens souvent compositionnel, s'emploie dans une situation précise, est soumis à une ritualisation (ou, si l'on préfère, routinisation) qui en fait un produit non seulement linguistique, mais également de nature anthropologique (voir les indications sur les produits alimentaires et les médicaments, les panneaux de signalisation, les formules de salutation, etc.) ;
- il croise souvent d'autres types d'unités ayant des fonctions autres, comme la signalétique, et rend sa reconnaissance problématique.

Pour le traitement lexicographique, nous retenons également trois points :

- un traitement lexicographique qui témoigne des difficultés que posent les pragmatèmes aux lexicographes, difficultés causées par l'extrême complexité de ce genre d'unités linguistiques ;
- la nécessité de tenir compte des contenus sémantiques et pragmatiques de ces unités dans l'élaboration des articles ;
- le recours presque systématique à des catégories générales, comme les actes de parole pour l'organisation de la macrostructure du dictionnaire.

Partant de ces objectifs et ces éléments de réflexion, nous avons conçu cet ouvrage en trois moments :

- les critères définitoires du pragmatème, en vue de dégager les éléments décisifs dans l'évaluation du traitement consacré à ces unités dans les ouvrages constituant le corpus analysé ;
- l'évaluation des traitements des pragmatèmes dans des dictionnaires, des ouvrages d'apprentissage et des guides pour voyageurs ;
- des propositions relatives au traitement lexicographique des pragmatèmes : macrostructure, mésostructure et microstructure.

Nous avons essayé d'attirer l'attention sur le caractère complexe de ce genre d'unité et les questions qui restent en suspens.

Le premier chapitre présente la définition du pragmatème (*Le pragmatème, éléments pour une définition*) et en détaille les différents éléments. La première section (*Le pragmatème prototypique*) passe en revue les différentes composantes de la définition du pragmatème (restriction au niveau sémantique, caractère polylexical, caractère sémantiquement compositionel et ritualisation). La deuxième section (*La situation de communication*) caractérise les différents types de coordonnées qui peuvent ancrer un pragmatème donné dans la situation de communication qui le caractérise (coordonnées spatiales, coordonnées temporelles, coordonnées d'événement, d'action, d'état et d'entité). La troisième section (*Le pragmatème dans une typologie de phrasèmes*) situe le pragmatème dans une typologie générale des phrasèmes, à l'intérieur de la classe des phrasèmes sémantico-lexicaux (qui inclut aussi les clichés et les parémies) et en opposition avec les phrasèmes lexicaux (locutions et collocations).

Le deuxième chapitre (*Les pragmatèmes dans le dictionnaire*) étudie le pragmatème dans différents types de dictionnaires. La première section (*Les pragmatèmes dans le dictionnaire monolingue*) est consacrée aux dictionnaires monolingues du français. On analyse, d'abord, le traitement réservé aux pragmatèmes dans le *Trésor de la langue française* et dans le *Grand Robert de la langue française* en considérant successivement les pragmatèmes qui correspondent formellement à des syntagmes nominaux (avec ou sans compléments), à des syntagmes adjectivaux et à des syntagmes verbaux. Ensuite (*Les pragmatèmes dans le dictionnaire bilingue*), on examine le pragmatème dans le dictionnaire bilingue, aussi bien dans la lexicographie français-anglais que dans la lexicographie français-espagnol. Finalement (*Les pragmatèmes dans la lexicographie spécialisée*), on aborde la lexicographie spécialisée où l'on opère une distinction entre la phraséographie (lexicographie spécialisée en phrasèmes) et la lexicographie diasystématique, qui comprend des dictionnaires d'unités lexicales marquées diatopiquement (par exemple, les expressions du Québec), diachroniquement (par exemple, les expressions tombées en désuétude), diastratiquement (par exemple, les tournures à caractère familier), diatechniquement (par exemple, le vocabulaire de la marine), diamodalement (par exemple, le langage SMS) ou diaintégrativement (par exemple, les anglicismes).

Le troisième chapitre (*Les pragmatèmes dans les ouvrages d'apprentissage*) concerne les ouvrages d'apprentissage/acquisition d'une langue, ainsi que certains ouvrages mixtes d'apprentissage et/ou de consultation ponctuelle. La première section (*Les pragmatèmes dans les manuels de langue étrangère*) est dédiée aux manuels de langue étrangère de niveau introductif. On y analyse les pragmatèmes présentés dans deux manuels de français de niveau A1. La deuxième section (*Les pragmatèmes dans les guides de conversation*) examine les pragmatèmes présentés dans des guides de conversation du russe, de l'espagnol, de l'allemand (à partir de guides du début du XX^e^ siècle) et du français (à partir de guides de la fin du XIV^e^ et du début du XV^e^ siècle). La troisième section de ce chapitre (*Les pragmatèmes dans les grammaires*) aborde la présentation des pragmatèmes dans des grammaires du français. Le constat, semblable à celui que l'on peut faire par rapport aux dictionnaires monolingues du français, est que ces ouvrages n'identifient pas correctement l'unité de pragmatème.

Le quatrième et dernier chapitre (*Inventaire lexicographique des pragmatèmes*) expose une série de propositions relatives au recensement et à la description lexicographique des pragmatèmes. On commence (*Questions de macrostructure*) par la macrostructure, ou nomenclature d'un inventaire de pragmatèmes, en considérant quelles formes doivent être retenues comme entrées et comment il faudrait les mettre en format (lemmatisation). Puis, on aborde (*Questions de microstructure*) les différents champs d'information à prévoir pour la description du pragmatème, qui incluent des champs consacrés à la morphosyntaxe, à l'acte de parole, à la situation de communication, aux fonctions lexicales, aux codas et répliques, aux séquences de pragmatèmes et à la diasystématique du pragmatème. En dernier lieu (*Questions de mésostructure*), on se penche sur la mésostructure d'un inventaire de pragmatèmes, qui doit traiter la question du pragmatème en tant que sous-entrée par rapport à une nomenclature constituée d'unités lexicales, la définition de l'ancrage lexical du pragmatème (l'unité lexicale ou les unités lexicales avec lesquelles il sera mis en rapport), les relations d'inclusion sémantique entre pragmatèmes (synonymie, antonymie, hyperonymie, hyponymie) et les équivalents de traduction.

L'analyse de toutes ces questions se veut une étude en profondeur du pragmatème français (en rapport avec les pragmatèmes d'autres langues) et essaie d'en donner une description suffisamment large et détaillée pour, d'une part, caractériser avec précision cette unité linguistique et, d'autre part, offrir une base solide pour d'éventuelles recherches ultérieures.

# LE PRAGMATÈME, ÉLÉMENTS D'UNE DÉFINITION

Dans ce premier chapitre, nous examinerons en détail, et avec de nombreux exemples à l'appui, les différentes composantes de la définition du pragmatème. Signalons, tout d'abord, que les pragmatèmes constituent une sous-classe de phrasèmes. Un phrasème est une séquence polylexicale non libre, c'est-à-dire une séquence où le locuteur ne peut pas effectuer des remplacements sur l'axe paradigmatique en se guidant uniquement par la sémantique. Nous fournissons dans ce qui suit une définition du pragmatème qui servira de base à notre réflexion sur cette question et que nous nuancerons et problématiserons au fur et à mesure que nous avancerons dans notre développement.

## LE PRAGMATÈME PROTOTYPIQUE

Un pragmatème prototypique est un énoncé autonome polylexical, sémantiquement compositionnel, qui est restreint dans son signifié par la situation de communication dans laquelle il est produit. Des séquences comme *Danger de mort* ; *Soyez le bienvenu* ou *À qui de droit* sont des pragmatèmes prototypiques. Les langues romanes, comme le français ou l'espagnol, en comportent plusieurs milliers.

Un pragmatème est nécessairement un énoncé autonome et il est nécessairement restreint dans son signifié par la situation de communication dans laquelle il est produit. Sans cela, nous ne pouvons pas considérer une séquence donnée comme un pragmatème. Par contre, il peut ne pas être polylexical (*Halte !* ; *Enchanté !*) et il peut ne pas être sémantiquement compositionnel (par exemple, *À vos souhaits*, comme réaction à un éternuement, est ininterprétable à partir du sémantisme de ses composantes).

Pour qu'un énoncé donné puisse être considéré comme un pragmatème, il faut, en plus des éléments définitoires retenus, une certaine ritualisation formelle. Cet élément de définition du pragmatème est beaucoup plus difficile à formaliser que les autres ; il n'en demeure pas moins important pour autant. En effet, une séquence polylexicale employée comme expression standard pour véhiculer un certain contenu sémantique dans une situation de communication donnée (par exemple une instruction déterminée d'une machine de vending) peut facilement devenir un pragmatème, mais ne le deviendra réellement qu'après une période de ritualisation de l'énoncé qui familiarisera l'usager avec cette formulation à tel point qu'il aura tendance à rejeter comme pragmatiquement inadéquates d'autres formulations possibles concurrentes. Seul l'usage est à l'origine des pragmatèmes. Tout phrasème est ainsi un produit historique et culturel.

Dans ce qui suit, nous passerons en revue les différents aspects de la définition du pragmatème (Blanco, 2010a).

## DES ÉNONCÉS RESTREINTS DANS LEUR SIGNIFIÉ

Première caractéristique définitoire du pragmatème : un pragmatème ne correspond jamais à une partie de discours[1], il s'agit toujours d'un énoncé complet, même quand il est formé d'une seule unité lexicale. Cela ne signifie pas qu'il ne provienne pas d'une partie du discours particulière : chaque pragmatème prend son origine dans l'une des parties du discours disponibles dans le système grammatical. C'est seulement dans son fonctionnement qu'il n'intègre pas une quelconque partie du discours. C'est donc une unité non intégrable en tant que telle dans les différents syntagmes et dans la phrase, selon la syntaxe spécifique à chaque partie du discours (celle du nom, du verbe, de l'adjectif, de l'adverbe, etc.). En cela, il s'apparente aux proverbes et aux phrases sentencieuses et se distingue radicalement de la plupart des « phrases figées » qui, justement, ne sont pas des phrases mais des parties du discours polylexicales (un type particulier d'unités lexicales). En effet, les phrasèmes *clé anglaise*, *en faillite*, *prendre la poudre d'escampette*, *à tort et à travers* correspondent respectivement à un nom, un adjectif, un verbe et un adverbe. Pour

1 Sauf, dans le cas de l'interjection, qui représente justement un énoncé.

être utilisés, ils doivent être intégrés comme tels dans des énoncés. Les pragmatèmes, par contre, sont utilisés de façon indépendante, même s'ils peuvent être précédés de verbes introducteurs : *Bonjour*, *Je vous dis bonjour* ; *Bon voyage*, *Je vous souhaite un bon voyage*[2]. Un pragmatème peut être homonyme par rapport à une unité lexicale ou à un phrasème donnés. Ainsi, par exemple, *En panne* est un pragmatème (en tant qu'énoncé apposé sur un écriteau et faisant référence, par exemple, à un ascenseur). Il est homonyme de l'adjectif polylexical *en panne* (*L'ascenseur est en panne depuis jeudi*). Son autonomie ne découle donc pas de la nature syntaxique de son segment d'origine, mais de sa nature prédicative : le prédicat, en tant que fonction primaire, peut se suffire à lui-même. Même s'il arrive que le prédicat formant le pragmatème manque d'arguments, il les récupère par son ancrage dans la situation d'énonciation dans laquelle il est employé : *(ascenseur, machine, ordinateur…) en panne.*

Deuxième caractéristique définitoire du pragmatème : un pragmatème est un énoncé restreint dans son signifié. Cela implique que le locuteur n'est pas libre de choisir le sens ou l'ensemble des sens dont il se sert pour exprimer le message véhiculé par le pragmatème, mais qu'il doit se servir d'un certain arrangement sémantique préétabli (ou bien choisir entre un nombre limité de possibilités). Bien entendu, le choix forcé du sémantisme de son énoncé implique, dans la grande majorité des cas, un choix forcé des unités lexicales qui vont être employées. Nous pouvons donc considérer les pragmatèmes comme des phrasèmes sémantico-lexicaux (Mel'čuk, 2011) parce qu'ils sont contraints à la fois dans leur sémantisme et dans leur composante lexicale.

Prenons l'exemple suivant : si le locuteur veut, d'une manière polie, signaler à son interlocuteur qu'ils peuvent commencer à manger, il se servira en français de la formule *Bon appétit*. Le contenu sémantique de ce pragmatème est contraint, car des énoncés comme #*Mangez lentement*[3],

---

2 Même cette insertion dans des combinaisons libres est très contrainte : les verbes introducteurs, qui permettent leur intégration dans des unités supérieures, sont dans ce cas des verbes du dire ; les variations syntaxiques, normalement admises par les unités occupant cette position, se trouvent plus ou moins bloquées : *il lui a dit bonjour* / **il lui a dit des bonjours*, ? *il lui a dit un bonjour chaleureux, un petit bonjour, un bonjour hésitant, un bonjour qui…* ; *Il lui a souhaité bon voyage* / *un bon (excellent) voyage* / ? *des voyages qui…*

3 Le croisillon (#) indique le caractère pragmatiquement inadéquat d'un énoncé donné. Pour marquer des séquences agrammaticales (ou asémantiques), nous nous servirons de l'astérisque (*).

*#Mangez beaucoup*, *#Bonne digestion*, *#Mangez s'il vous plaît*, *#J'espère que vous allez trouver ça bon* ou *#Commençons à manger !*, qui sont employés dans d'autres langues, ne présentent pas des configurations sémantiques acceptables pour le français hexagonal[4]. Cette restriction est caractéristique des phrasèmes sémantico-lexicaux (pragmatèmes et clichés).

Or, étant donné la configuration sémantique imposée par le français, *Locuteur, souhaiter (Interlocuteur, bon(appétit))*, le locuteur n'est pas libre non plus de produire des énoncés comme *#J'espère que votre appétit sera bon* ; *#Que votre appétit soit bon* ou *#Bonne faim !*. Il est limité à *Bon appétit* ou à *Je vous souhaite (un) bon appétit*. Ce dernier type de restriction concernant le choix des lexèmes et des structures du phrasème ne touche pas seulement les phrasèmes sémantico-lexicaux mais toutes les classes de phrasèmes.

Notons que dans le cas des phrasèmes que l'on peut associer en bloc à une partie du discours, le figement n'est pas sémantico-lexical mais seulement lexical. Il s'agit donc de phrasèmes lexicaux. En effet, le locuteur peut décider de produire l'énoncé : *Jean est parti sans rien dire* ou *Jean a foutu le camp sans rien dire*. La structure sémantique ne change pas, bien que dans le second énoncé le phrasème *foutre le champ* remplace *partir*. Bien entendu, une variation de niveau de langue s'est produite, mais elle se produirait aussi si l'on utilisait *Jean s'est cassé sans rien dire*. Le phrasème *foutre le camp* équivaut à un verbe.

De la même façon, si le locuteur décide d'exprimer un agencement sémantique du type *hier (mourir(Jean))* il peut très bien dire *Hier, Jean est mort* ; *Hier, la mort a emporté Jean* ; *Hier, Jean est décédé* ou *Hier, Jean est passé de vie à trépas* ; *Depuis hier, Jean n'est plus*. La structure sémantique ne change pas du fait que le choix lexical varie entre unités monolexicales ou unités polylexicales. Bien entendu, des valeurs stylistiques et des contraintes syntaxiques particulières sont associées aux différentes formules.

Les pragmatèmes présentent donc un type de figement qui intervient « en amont » par rapport au figement des phrasèmes qui correspondent à des parties de discours et qui s'intègrent dans d'autres énoncés. Ces derniers sont figés uniquement du point de vue lexical (ce qui peut

4 Des variations diasystématiques peuvent élargir l'ensemble de possibilités. Par exemple, si nous prenons en compte la diatopie, nous constaterons qu'un congolais peut dire *Appétissons !* et un camerounais *Appétit !* Mais cela ne change rien au caractère contraint du choix sémantique. Il s'agit tout simplement d'une relation de synonymie diatopiquement marquée entre les pragmatèmes *Bon appétit*, *Appétissons* et *Appétit !*.

impliquer, bien entendu, des restrictions syntaxiques, morphologiques ou phonétiques). Mais les pragmatèmes, même s'ils peuvent partager certaines de ces restrictions, sont figés aussi du point de vue sémantique.

Notons qu'un phrasème qui ne correspond pas à un énoncé ne peut jamais être appelé « sémantiquement figé » puisque, par définition, son sémantisme est sélectionné comme un bloc quand on choisit un phrasème donné et non pas un autre. Et cela indépendamment du fait que ce sémantisme soit ou non le produit de la combinaison du sémantisme de ses composantes. Un phrasème lexical, tout comme une unité lexicale simple, n'a qu'une seule structure sémantique, qui correspond à sa définition. Des structures sémantiques équivalentes correspondraient, éventuellement, à ses synonymes. Par contre, le contenu sémantique d'un énoncé peut être véhiculé par plusieurs structures sémantiques, qui engendreront des paraphrases de cet énoncé. Le figement sémantico-lexical réduit ces possibilités de paraphrases à certaines de ses paraphrases, parfois même à une seule.

Considérons un dernier exemple. Étant donné le pragmatème *Après vous* comme invitation à passer en premier adressée à l'interlocuteur, le locuteur n'est pas tout à fait libre de sélectionner d'autres structures sémantiques comme *#Passez d'abord*; *#Veuillez bien me précéder.* Il s'agit bien d'énoncés possibles et parfaitement décodables, mais, du point de vue pragmatique, ils sont beaucoup moins adéquats à la situation. Bien entendu, des variations sont possibles si le locuteur veut produire un certain effet (soit de renforcement de l'invitation, soit un effet stylistique, humoristique, etc.).

## DES ÉNONCÉS POLYLEXICAUX

La plupart des pragmatèmes sont polylexicaux et correspondent donc à des phrasèmes. Mais il ne fait aucun doute que si *Bonne nuit* est un pragmatème du français, *Bonsoir* ou *Bonjour* le sont également. En effet, les aléas de l'orthographe ne peuvent pas faire varier la nature linguistique de l'unité considérée. Bien entendu, *Bonsoir* et *Bonjour* sont, de toute évidence, des séquences polylexicales du point de vue diachronique. *Pardon* (*don*, lat. *dōnāre*) l'est également à l'origine, même si la polylexicalité est beaucoup moins perceptible à un locuteur français contemporain. Mais même des énoncés diachroniquement unilexicaux comme *Chut !*, les anglicismes *Stop* ou *Allô ?*, le germanisme *Halte !* ou les italianismes

*Bravo !* ou *Banco !* répondent aux critères basiques du pragmatème[5] : ce sont des énoncés complets et ils sont restreints dans leur signifié par la situation de communication où ils sont employés. Leurs synonymes (et quasi-synonymes) et leurs équivalents de traduction nous montrent bien qu'ils sont interchangeables avec des énoncés polylexicaux. En effet, *Cédez le passage* ou *Vous n'avez pas la priorité* appartiennent au même domaine que *Stop* et remplissent des fonctions très similaires avec une forme polylexicale. Sans doute le caractère impératif fort de ce pragmatème et le fait qu'il exige une réaction rapide pourrait être une des raisons pour lesquelles il revêt une forme monosyllabique. Mais *Haut les mains !* ou *Cessez le feu !* ont des caractéristiques semblables de ce point de vue ; ils sont néanmoins des énoncés polylexicaux.

La forme *Excusez-moi* est un synoyme polylexical de certaines acceptions de *Pardon*. Et *[Herr Schmidt] am Apparat* ou *[Mr. Smith] speaking* peuvent être traduits par *Allô ?*, ce qui montre que ce dernier est une unité linguistique comparable aux deux premières, bien que limitée à la fonction phatique.

Par ailleurs, on pourrait considérer une bonne partie de ces pragmatèmes unilexicaux comme des brachylogies d'énoncés polylexicaux. Ainsi, par exemple, *Pardon* serait une variante de *Je vous demande pardon*, *Bonjour* une variante de *Je vous dis bonjour* ou même une forme fossilisée de *Ayez un bon jour.* Mais, bien qu'il faille tenir compte de ces variantes, un certain nombre de pragmatèmes unilexicaux ne peuvent pas être rattachés de façon raisonnable à énoncé polylexical bien établi. Comme nous l'avons déjà indiqué, la récupération de certains arguments peut se faire par la situation d'énonciation.

On observera que bon nombre des pragmatèmes monolexicaux correspondent à des interjections (une interjection pouvant par ailleurs être polylexicale). Nous avons déjà mentionné *Banco !*, *Bravo !*, *Chut !*... Quand l'interjection monolexicale a une valeur illocutoire claire, il s'agit d'un cas particulier de pragmatème caractérisé par une prosodie spéciale : *Allons !*, *Attention !*, *Bien !*, *Chiche !*, *Coucou !*, *Gare !*, *Minute !*, *Voyons !*, etc. Quand l'interjection n'a pas de valeur illocutoire précise et qu'elle est surtout expressive (qu'elle soit ou non onomatopéique : *Ah !*, *Aïe !*, *Brr !*, *Ciel !*, *Dieu !*, *Fichtre !*, *Mince !*, *Oh !*, *Ouf !*, *Zut !*, etc.),

5 Souvent, on peut récupérer la polylexicalité par le biais des arguments auxquels ces prédicats s'appliquent dans la situation d'énonciation adéquate.

la situation de communication elle-même est particulière, puisque le locuteur n'a pas, à proprement parler, un interlocuteur mais seulement (et éventuellement) un témoin. Cependant rien n'empêche de les inclure sous la dénomination de pragmatèmes en tenant compte de cette particularité. Par contre, les onomatopées qui s'emploient pour suggérer certains bruits (*Bang !*, *Boum !*, *Cocorico !*, *Crac !*, *Miaou !*, *Paf !*, etc.) ne sont pas des pragmatèmes puisqu'elles ne sont pas sémantiquement restreintes par la situation de communication[6].

Nous ne développons davantage la question des interjections. Nous renvoyons pour plus de détails à Buridant (2006).

Signalons, pour terminer, que, d'après nos calculs, entre 5 et 7 % des pragmatèmes du français seraient monolexicaux.

## DES ÉNONCÉS SÉMANTIQUEMENT COMPOSITIONNELS

La grande majorité des pragmatèmes est sémantiquement compositionnelle. Cela veut dire que leur sens est *grosso modo* calculable d'après les sens de leurs composantes lexicales. Ainsi *Défense de fumer* ou *Ne pas toucher* présentent un sens global calculable qu'il suffit d'actualiser en précisant le référent des compléments non exprimés ou des coordonnées spatio-temporelles (*Défense de fumer* dans l'espace auquel l'écriteau *Défense de fumer* fait référence de par sa localisation : une chambre, un bâtiment, un moyen de transport, etc. ; *Ne pas toucher* l'objet concerné par cette interdiction, et ce en fonction de la position de l'écriteau). Le domaine de spécialité dans lequel se déroule la communication joue bien évidemment un rôle dans le décodage des pragmatèmes. *Ce sera quoi ?* dans le domaine de l'hôtellerie implique que le référent de *quoi* correspond à une consommation.

Malgré leur compositionnalité sémantique, l'utilisation et la compréhension parfaite d'un très grand nombre de pragmatèmes exigent qu'on accède à un complément de sens qui va au-delà de l'actualisation du pragmatème (indication de la référence, l'espace, le temps, la quantification) et qui n'est pas déductible des seules composantes lexicales. Ainsi, *À jamais !* ne veut pas dire tout simplement que l'on ne compte plus revoir l'interlocuteur (pour cela, on se servirait plutôt de *Adieu*), mais que l'on ne souhaite plus le revoir. Sous *À volonté*, il faut bien

6 Concernant l'onomatopée, nous renvoyons à l'excellente synthèse de Melnikienè (2016).

entendu comprendre *manger, boire. Entrée libre* peut avoir différents contenus sémantiques, tous plus spécifiques que la simple addition du sens des composantes : dans un magasin, *Entrée libre* veut dire que l'on peut entrer, même sans avoir l'intention d'acheter ; dans une exposition, un musée, etc., *Entrée libre* équivaut à *Entrée gratuite.* Pour un spectacle, *Entrée libre* est une entrée gratuite mais qui peut être soumise à certaines contraintes (par exemple : *dans la limite des places disponibles*).

*Ça va ?* est une forme clairement elliptique (et fort ambiguë), pour laquelle il n'est pas aisé d'expliciter *ça* (Maillard, 1994). Elle peut parfaitement ne pas être comprise d'un étranger qui comprendrait par ailleurs le sens de *ça* et de *aller.* Dans le cadre du français langue étrangère, *Ça va ?* fait, en général, l'objet d'un enseignement assez précoce en tant que formule à part entière.

Le fait que la forme de beaucoup de pragmatèmes (ou leur variante la plus courante) comporte des ellipses remet en question leur compositionnalité sémantique : *Chapeau !* (expression de l'admiration du locuteur envers quelqu'un), considéré tel quel, est parfaitement non compositionnel. C'est seulement en récupérant des variantes moins elliptiques (*Je tire mon chapeau* ; *Chapeau bas*), qu'il est possible d'entrevoir le geste d'enlever son chapeau comme preuve de respect ou d'admiration. L'espagnol *Chapó*, emprunt formel et sémantique au français, est formellement isolé et ne peut se décoder qu'en assignant à cette forme le signifié du pragmatème.

L'expression *Chaud devant !*, propre à l'hôtellerie, n'est pas descriptive (elle peut être utilisée pour des plats froids) ; elle sert à se frayer un passage. *Prière de laisser les toilettes aussi propres que vous désirez les trouver en entrant* doit être compris comme une injonction à la propreté et, dans aucun cas, comme une invitation à les nettoyer si jamais elles étaient moins propres que ce qui aurait été souhaitable, encore moins à les salir si elles étaient trop propres pour le goût de celui qui va s'en servir.

Tout un ensemble de pragmatèmes violent par ailleurs le principe de la compositionnalité à travers le mécanisme de l'hyperbole. Le locuteur emploie *Je suis désolé* comme formule d'excuse conventionnelle applicable à de nombreux cas où l'on ne parlerait jamais de *(Sa) désolation*… La convention veut que l'on se serve de formulations hyperboliques aussi dans des cas comme *Je vous en prie* (*– Merci. – Je vous en prie.*), *Ravi(e) de faire votre connaissance*… *Ravi* ou *Enchanté*, qui devraient être intensives, sont en fait des séquences non marquées du point de vue de l'intensité. Elles peuvent être intensifiées par *très*, *vraiment* (qui sous-entend que *ravi* ou *enchanté* peuvent être considérés comme des conventions), etc.

Ajoutons les formules de la correspondance administrative ou officielle : *Veuillez agréer, Madame/Monsieur, l'expression de mes sentiments distingués*, avec leurs multiples variantes. Il arrive même que certaines indications très codées, parce qu'elles appartiennent à des domaines de risque (comme la circulation routière) soient des pragmatèmes hyperboliques : *Roulez au pas* devrait supposer une vitesse de 5 km/h, 6 km/h maximum. Or des vitesses de 10 km/h, voire plus, devraient correspondre à l'expression *au pas*.

Dans le domaine des chemins de fer, *Un train peut en cacher un autre* n'est pas directement interprétable. Même si le sens était compositionnel, il serait mieux rendu par *Traversée des voies dangereuse* ou par la formule qui a été employée par la SNCF : *En traversant, soyez vigilant*. En effet, un train arrivant sur l'autre voie n'est pas le seul danger que la traversée des voies comporte. Dans ce cas, le locuteur doit procéder à une généralisation du sens.

Si nous considérons aussi la formule très courante *De rien*, nous constatons qu'elle contient une hyperbole, tout comme *Ce n'est rien*. Le fait que ce pragmatème puisse être soumis au défigement (Pernot, 2013c ; Yakubovich, 2015 et 2018) comme *Je ne vous dis pas « de rien » Parce que ça n'est pas rien* (du film *La tête en friche*, 2010) constitue la preuve aussi bien du figement de cette séquence que de son caractère hyperbolique. D'autres défigements observés sont *Attention ! Peinture sèche* ou *Entrée de secours* (série de cartes postales « Les petits pannonceaux postaux » de Plonck & Replonk Éditeurs). Un autre type d'hyperbole est représenté par des pragmatèmes comme *Ça te fatiguerait de dire bonjour ?* ; *Ça t'écorcherait de dire merci ?*

Certains pragmatèmes sont franchement antithétiques. *Cause toujours (tu m'intéresses)* ou *Surtout ne dis pas merci* présentent un sens non compositionnel, car il faut les interpréter *a contrario*. Un autre cas semblable : *Il ne fallait pas* (en recevant un cadeau que, souvent, il fallait justement faire).

Ni *À tes souhaits* (comme formule de politesse après un éternuement) ni sa variante beaucoup moins fréquente, *À tes amours*, ne peuvent être considérés comme pleinement compositionnels. Avec l'emprunt au chinois (via le pidgin English de Canton) *Tchin-Tchin*, on est complètement dans l'opacité pour un locuteur francophone et, quoique son sens initial puisse être rapproché de 'salut' (d'après le TLFi), il n'admet aucun complément : *À la santé de* N, mais **Tchin-tchin à* N.

Certains pragmatèmes sont liés à leur situation d'énonciation par un lien si spécifique que tout lien avec le sens compositionnel disparaît. C'est le cas, par exemple, de *Un, deux, trois, soleil !* du jeu homonyme ; il en est de même de beaucoup de pragmatèmes liés à certaines phases de divers jeux : *Rebelote !* (jeu de cartes) ; *La chique* (jeu de billes), etc.

Signalons enfin que les pragmatèmes monolexicaux sont souvent opaques : *Allô ?, Coucou !* ne sont interprétables qu'en tant que pragmatèmes, avec un sens spécifique.

DES ÉNONCÉS RITUALISÉS

Comme nous l'avons déjà signalé, le pragmatème est une forme ritualisée. Il s'agit d'un processus diachronique qui peut être très rapide, si l'usage d'un énoncé donné émane d'une source autorisée et unique, et s'il est largement diffusé (par exemple, un nouveau message de risque concernant une situation nouvelle) ; il peut, au contraire, être lent et comporte le plus souvent de nombreuses variantes.

En tout état de cause, et même s'il est difficile de formaliser la ritualisation, il faut tenir compte de ce facteur dans la définition même du pragmatème et d'une manière toute particulière pour certains pragmatèmes monolexicaux (*Caisse* ; *Informations*[7]), car la réitération de leur occurrence liée à un type de réalité précise (par exemple, supermarché ou aéroport) crée le pragmatème.

Rappelons que certains auteurs parlent de *formules de routine* quand des énoncés finissent par acquérir un caractère rituel dans une société donnée à force d'être les formulations retenues pour accomplir certains actes de parole dans certaines situations données (Coulmas, 1981, p. 16)[8].

7 Ces exemples pourraient être pris pour des signalétiques (Bosredon, 2012). Leur caractère problématique provient du fait que tout en véhiculant un contenu qui pourrait les lier aux pragmatèmes, ils signalent, tout comme les titres de tableaux ou les noms de rue ou bistrots, l'existence du référent auquel le segment linguistique renvoie.

8 Le terme *rituel* désignerait le type de comportement, tandis que *routine* renverrait à la réalisation particulière du rituel (Traverso, 1996, p. 41), qui comporte très souvent une composante verbale. Encore faut-il préciser que le rite renvoie à une activité très formalisée, comme c'est le cas dans les rites religieux où l'on emploie des expressions (ou

Peut-être faudrait-il expliciter davantage les règles qui codifient l'emploi ritualisé des pragmatèmes : un ancrage énonciatif précis (lieu, temps, prédication...), le mode de réalisation du pragmatème (à l'oral / par écrit, affichage, accompagnement par des codes parallèles : gestes, grimaces...), la forme lexicale figée, graphique ou prosodique, comme marque codifiée du sens global du pragmatème, dimension comportementale (pour les individus) et sociale (régulation des comportements), les sanctions liées au manquement de l'emploi du pragmatème exigé dans la situation d'énonciation adéquate, ou à l'inadéquation de la forme employée, etc.

## LA SITUATION DE COMMUNICATION

Nous avons précisé ci-dessus ce que nous entendons par « restreint dans son signifié ». Un phrasème restreint dans son signifié implique une intervention précoce du figement qui impose au locuteur, non seulement les choix lexicaux, mais la structure sémantique de son énoncé. Toutefois il faut encore insister sur le fait que le pragmatème, à la différence des autres classes de phrasèmes restreints dans leur signifié (proverbes et clichés), est en plus ancré dans la situation de communication dans laquelle il est produit. En effet, un pragmatème maintient des relations déictiques avec la situation d'énonciation où il apparaît. Ces relations peuvent être temporelles : l'emploi heureux de *Joyeux anniversaire* exige que mon énonciation ait lieu le jour de l'anniversaire de mon interlocuteur (sauf référence explicite au fait que ma formule soit précoce ou tardive). Elles peuvent être également spatiales : l'écriteau *Poussez* doit être placé sur la poignée ou sur le panneau de la porte qu'il faut pousser ; instrumentales : *Allô ?* se dit en répondant au téléphone, etc. Le proverbe ne présente pas ce type de relations et son emploi est, de ce point de vue, moins contraint et surtout beaucoup moins prévisible[9]. En

formules) bien précises. Il en est de même des rituels propres aux cérémonies de mariage, aux pèlerinages, etc.

9 Évidemment à l'exception des proverbes ayant des emplois pragmatémiques : ce sont des énoncés qui répondent aux caractéristiques des proverbes et qui sont susceptibles d'emplois en tant que pragmatème. En arabe, il y a plusieurs *ḥadith* (dits du prophète) proverbialisés qui s'inscrivent dans cette configuration. L'exemple suivant en fait partie :

effet, une situation de communication donnée peut être si étroitement liée à un pragmatème qu'elle impose son introduction dans le discours. *Qu'est-ce qu'on dit ?* dit la maman à son enfant afin d'encourager l'emploi du pragmatème correspondant à une situation donnée. *Dis au revoir à la dame* est un exemple du *Grand dictionnaire Anglais Hachette & Oxford* (2007) sous l'entrée **revoir**. Notons que le fait de ne pas employer un certain pragmatème peut avoir des conséquences fâcheuses (manque de politesse, malentendu, incompréhension, etc.). Le proverbe, lui, est toujours optionnel, puisque la situation peut le justifier, mais ne l'exige pas.

Dans ce qui suit, nous allons passer en revue les différentes coordonnées situationnelles du pragmatème. Nous ferons mention aussi des actions, événements, états, entités, temps et lieux évoqués par les pragmatèmes. Bien sûr, un pragmatème donné peut être lié à la fois à plusieurs composantes de la situation d'énonciation. Ainsi présenterons-nous certains exemples sous plusieurs rubriques. Faisons remarquer que ce qui caractérise le pragmatème en tant que tel n'est pas forcément l'entité ou le fait auquel il réfère mais l'entité ou le fait qui doivent être présents ou doivent être vrais dans la situation extralinguistique qui appelle l'utilisation d'un pragmatème donné. Ainsi, *Prompt rétablissement* ne peut être employé de façon pertinente que si mon interlocuteur est malade. Cet état de l'interlocuteur constitue l'ancrage situationnel du pragmatème. Mais ce pragmatème ne désigne pas lui-même un état, *rétablissement* est un procès et l'acte de parole mené à bien par cet énoncé est un souhait.

## LES COORDONNÉES SPATIALES

Parmi les coordonnées situationnelles qui peuvent restreindre le signifié du pragmatème, nous avons les coordonnées spatiales de production du pragmatème ou les éléments qui doivent être spatialement contigus, proches et/ou présents. Ainsi, par exemple *Fabriqué en (France, Chine...)* se trouve sur une étiquette apposée sur un produit destiné à la vente. Si l'étiquette ne se trouve pas sur un produit, le pragmatème est ininterprétable. Si elle se trouve sur un objet qui n'est pas destiné à la vente, son interprétation ne peut pas correspondre au signifié normal du pragmatème.

---

*kullu nafsin δa:iqatun lil mawti* ('toute personne est vouée à la mort') se dit à l'occasion du décès de quelqu'un.

Les pragmatèmes qui sont sur des écriteaux présentent des conditions d'interprétation liées à l'espace (portée de l'indication donnée par le pragmatème, pertinence du message à différents moments, etc.).

*Entrée*, *Issue de secours*, *Espace fumeurs*, *Point de rassemblement*, tous ces pragmatèmes doivent se trouver en contiguïté des installations ou des équipements auxquels ils font référence. Les deux premiers doivent nécessairement se trouver près d'un accès (si des flèches en précisent la référence) ou directement sur un accès. *Frapper avant d'entrer* est nécessairement appliqué à une porte (sauf interprétations cocasses).

*Après vous* implique une négociation sur l'ordre de préséance pour traverser une entrée. Cela ne peut se faire qu'à proximité immédiate de l'endroit auquel on est censé accéder.

*Insérez votre carte* implique l'effacement de *dans la fente pour carte* ou similaire. *Les toilettes s'il vous plaît* est une élision de la question *Où sont les toilettes ?* et son emploi caractéristique implique un local de restauration ou un lieu public. *Interdiction de parler au chauffeur* se trouve dans un car ou dans un autobus et il aurait un effet humoristique dans un véhicule particulier.

*Défense d'afficher* réfère à une surface, comme le mur d'un bâtiment. De la même façon, *Défense de marcher sur la pelouse* délimite un espace interdit, tout comme *Défense de stationner*, qui fait référence à un espace qui peut être très précis. La même chose est valable pour *Au-delà de cette limite votre ticket n'est plus valable.*

*Vous êtes ici* (qui a quelque chose de tautologique) dépend d'une marque précise sur une carte, un plan ou toute autre représentation toponymique. Un certain nombre de pragmatèmes incorporent un *ici* relativement redondant mais nécessaire à la clarté de l'indication fournie : *Éteignez votre cigarette ICI* ; *En vente ici* ; *Pour ouvrir tirer ICI* ; *Pour ouvrir soulevez ICI* ; *Ouvrir ici* ; *Ne rien stocker ICI* ; *Sonnez ici*... L'emploi des lettres majuscules agit comme repère spatial en aidant à repérer l'endroit signalé.

Un grand nombre de pragmatèmes du domaine de la circulation routière (souvent accompagnés ou remplacés par des pictogrammes) sont destinés à administrer l'usage de l'espace : *Direction obligatoire*, *Interdiction de stationner*, *Impasse* ; parfois avec une délimitation précise de l'espace moyennant une paire de pragmatèmes (ouverture : *Allumez vos feux* ; *Zone 30 et fermeture* : *Fin allumage des feux* ; *Fin zone 30*) avec éventuellement des pragmatèmes de rappel (*Rappel 30*). Un mécanisme semblable s'observe, à l'oral, pour les citations : *Je cite : [P]*; *Fin de citation.*

Certaines indications n'ont de sens que par rapport au repère spatial de la voie : *Vent latéral* ne désigne pas une propriété du vent mais indique qu'il est perpendiculaire au sens de la voie.

À côté d'indications approximatives (*Halte péage* ou *Halte police*), nous trouvons aussi des indications précises (*Péage à [NUMÉRO] km.* ou l'indication *[NUMÉRO] m.* en signalisation horizontale en sortie d'autoroute par exemple). Le pragmatème *Zone bleue*, quant à lui, est accompagné de la délimitation physique de la zone bleue.

*Bienvenue* et *Bienvenue à [LOCATIF]* impliquent l'arrivée de l'interlocuteur à un espace que le locuteur considère comme lui appartenant d'une façon ou d'une autre. En effet, on ne souhaite pas la bienvenue à un endroit qui nous est étranger.

Certains pragmatèmes font référence à un espace intérieur. C'est surtout le cas des pragmatèmes d'emballage : *Voir notice jointe*; *Lire attentivement la notice*; *Lire attentivement la notice à l'intérieur*; *Lire attentivement la notice interne.* Notons que la référence déictique à un espace est complètement différente de la référence à un espace non déictique. La première est caractéristique du fonctionnement du pragmatème (*Lire attentivement la notice à l'intérieur* implique que le pragmatème doit être joint à un emballage; sans emballage le pragmatème devient absurde). La deuxième correspond tout simplement à une indication d'espace qui est externe. En effet, *Garder au frais*, *Garder hors de la portée des enfants*, *Tenir à l'abri de la chaleur*, etc. font partie du contenu sémantique du pragmatème mais non de son énonciation (il reste employé à bon escient même dans l'éventualité où un tel espace ne serait pas disponible ou n'existerait pas).

Certaines conditions techniques sont à la base de certains pragmatèmes. L'essor de la téléphonie portable a entraîné une question qui, normalement, serait absurde de la part de celui qui fait l'appel à un téléphone fixe et qui serait absurde aussi en communication présentielle : *Tu es où ?* Et, au lieu de dire *Au revoir*, on dit parfois *On se rappelle.*

Les rapports du locuteur à l'espace peuvent conditionner également l'emploi de certains pragmatèmes. *Faites comme chez vous* implique que le locuteur est dans un espace qui lui appartient d'une façon ou d'une autre et qu'il met à la disposition de son interlocuteur (le pragmatème ne fonctionnerait pas, dans son emploi non marqué, si le locuteur ne se trouve pas dans un espace qui lui est propre ou jugé comme tel).

Bien entendu, les méronymes d'un espace impliquent ledit espace : *En cas d'affluence ne pas utiliser les strapontins* implique un wagon de métro ou de RER. *En cas d'incendie briser la vitre* implique, en général, un transport en commun. La question *Fenêtre ou couloir ?* se pose surtout par rapport à un avion. L'écriteau *Ne pas déranger* prend un sens précis par rapport à une chambre d'hôtel.

## LES COORDONNÉES TEMPORELLES

Des coordonnées temporelles, plus ou moins précises, font partie des situations de communication liées à un autre sous-ensemble de pragmatèmes. *Bonjour, Bonne journée, Bon après-midi, Bonsoir, Bonne soirée* ou *Bonne nuit* organisent le temps de la journée d'après des principes qui peuvent changer d'après les saisons de l'année, l'emploi du temps des interlocuteurs, le fait que la formule soit employée comme salutation ou comme prise de congé ou, tout simplement, d'après certaines habitudes personnelles. Ce découpage change, bien entendu, selon les langues et la traduction de ces formules est donc, nécessairement, une adaptation[10]. Il s'agit de phrasèmes appartenant à la compétence fondamentale du locuteur d'une langue donnée, mais qui sont de description relativement complexe.

Un nombre considérable de pragmatèmes de prise de congé contiennent une référence à une temporalité qui dépend du moment de l'énonciation du pragmatème : *À lundi* (c'est-à-dire, le lundi immédiatement postérieur au moment de l'énonciation) ; *À demain* ; *À la semaine prochaine* ; *À plus tard* ; *À tout de suite...*

*Bon week-end* ; *Joyeux Noël* ; *Bonnes vacances*, tous ces pragmatèmes sont contraints temporellement, leur énonciation doit respecter des rapports temporels précis avec les événements mentionnés. Notons que ces rapports temporels peuvent changer d'après les langues, même quand les pragmatèmes d'une paire de langues donnée sont formellement proches.

De la même façon, *Meilleurs vœux* prononcé les premiers jours du mois de janvier prend son sens précis des coordonnés temporelles de

10 Ainsi, par exemple, en espagnol *Buenas tardes* est parfois employé à partir de 12.00 h., parfois seulement après le repas (qui a lieu normalement entre 14.00 h. et 15.00 h.). *Buenas noches* a des conditions d'emploi assez difficiles à préciser.

son énonciation. L'emploi pertinent de *Joyeux anniversaire* implique une connaissance à caractère non linguistique mais strictement encyclopédique sur mon interlocuteur (à savoir sa date de naissance).

Des pragmatèmes comme *Sous presse* ou *À paraître* marquent une sorte d'intérim pendant lequel une publication scientifique n'a pas encore été publiée ; cela signifie qu'elle est terminée et donnée pour publication (*À paraître*) ou qu'elle est sur le point de paraître (*Sous presse*).

D'autres pragmatèmes comme *Au feu !*, *Au voleur !* impliquent une énonciation qui se produit en même temps que l'événement évoqué et ils réclament une réaction immédiate. Certains pragmatèmes exigent que le locuteur soit tenu d'annoncer les séquences du pragmatème au fur et à mesure qu'elles sont exécutées par l'interlocuteur ; c'est le cas du commandement préparatoire militaire qui précède le commandement d'exécution (*À mon commandement : marche !*) ou de certaines indications en sport : *À vos marques, prêts, partez !*

Les nombreuses variantes des pragmatèmes du type *Date de péremption [DATE]* ou *À consommer de préférence avant [DATE]* incorporent une date qui doit être évaluée par rapport au moment de l'énonciation (en considérant par énonciation non pas le moment de l'écriture du pragmatème mais le moment de la lecture).

*Ouvert de [HEURE] à [HEURE]* ; *Le magasin ouvre ses portes à [HEURE]* sont des pragmatèmes qui font référence au jour en cours, même s'ils sont fixés pendant une certaine période. Il est significatif, à cet égard, que ces formules soient souvent imprimées sans indication précise des chiffres (qui seront spécifiés par la suite) ou avec un système de chiffres remplaçables. D'autres pragmatèmes sont énoncés uniquement au moment précis où ils sont pertinents et sont donc, en général, oraux : *Votre magasin ferme ses portes dans dix minutes.*

Certaines séquences servent spécifiquement à demander un instant à partir du moment de l'énonciation : *Un instant s'il vous plaît* ; *Un moment s'il vous plaît* ; *Un moment, je vous prie* ; *Un moment, s'il vous plaît* ; *Veuillez patienter svp.*

### LES COORDONNÉES D'ÉVÉNEMENT

Certains pragmatèmes ne peuvent être énoncés que par rapport à un événement qui doit avoir eu lieu. Nous considérons comme prédicat d'événement (Gross, 2012, p. 237 *sqq.*) un prédicat qui peut être actualisé par le verbe support *avoir lieu* ou par d'autres verbes supports spécifiques par rapport auxquels l'événement occupe la place du sujet : *se déclarer* (*le feu s'est déclaré*), *éclater* (*la guerre a éclaté*), *se multiplier* (*les agressions se multiplient*), *se poursuivre* (*la violence se poursuit*), etc.

Les constructions événementielles incluent normalement un locatif (*Un tremblement de terre a eu lieu à Lima* ; *Un attentat a eu lieu à Bagdad*), qui peut être facilement thématisé (*Bagdad a été le théâtre d'une série d'attentats à la bombe*). Les événements ont souvent des témoins, qui peuvent être introduits dans le discours en tant que compléments (*Le meurtre s'est produit devant nos yeux*, *Le musée dédié à l'artiste a été inauguré en présence de la famille*) et peuvent être thématisés : *Nous avons été témoins involontaires de ce meurtre*.

Nous pouvons distinguer cinq sous-classes d'événements : événements fortuits (*accident*, *chute*), événements organisés (*mariage*, *défilé*), événements cycliques (*Noël*, *anniversaire*), actions événementielles (*attentat*, *signal*) et états événementiels (*maladie*, *agitation*). Notons que ces deux derniers types d'événements sont, en fait, des actions et des états respectivement (*Cf.* ci-dessous pour ces deux sous-classes de faits) considérés du point de vue événementiel.

Considérons maintenant les pragmatèmes dont la situation de communication doit comporter un événement donné. Prenons par exemple *À vos souhaits*. L'emploi pertinent de *À vos souhaits* exige que quelqu'un ait éternué. Ce pragmatème est donc lié à une situation de communication qui comporte l'événement 'éternuement de l'interlocuteur'.

*Toutes mes condoléances* et ses variantes supposent un décès et fonctionnent à partir du lien avec cet événement.

Des pragmatèmes comme *Attention chute d'objets* ; *Chutes de pierres* ; *Chutes d'objets* impliquent la possibilité, voire la probabilité d'un événement qui est jugé dangereux et contre lequel on prévient le destinataire du pragmatème. *Attention, danger de chute* est un cas semblable, mais cette fois-ci c'est le destinataire qui encourt le risque de tomber. La même chose pourrait être dite de *Sol glissant* et ses différentes variantes, mais puisqu'il s'agit d'un pragmatème de type descriptif, nous préférons le classer sous les pragmatèmes liés à un état.

Notons que le pragmatème *Danger travaux* est semblable à ceux que nous venons de citer, mais sa paraphrase est 'il y a des travaux qui représentent un danger' et non 'il y a un danger de travaux'. *Travaux* est une action considérée de façon événementielle et non pas un événement « pur » comme *chute*. Un certain nombre de pragmatèmes du domaine de la circulation routière obéissent au même schéma (*Débouché de cyclistes venant de droite ou de gauche* ; *Déchargement de camions*). La même chose peut être dite de pragmatèmes ayant un domaine plus spécifique mais un fonctionnement semblable : *Attention circulation d'engins* (dans un chantier).

Le pragmatème *Danger*, sans modificateur (ou même *Danger général*), ne précise pas le type d'événement possible, mais il met en garde contre la probabilité d'un événement non souhaitable.

La possibilité d'un événement non souhaitable et la réaction à adopter sont signalées de façon explicite dans *Briser la glace en cas d'incendie* ou *Briser la glace en cas d'urgence*. Notons qu'il ne s'agit pas ici de prévenir contre l'événement (*Attention danger d'accident* affiché dans un car serait sans doute inutile et peut-être contre-productif) mais d'indiquer une des voies d'action possibles pour réagir à l'éventuel accident : évacuer le lieu à travers la fenêtre ou se servir d'un équipement en cas d'incendie.

Tout en restant dans le domaine des Transports, un pragmatème comme *Attention au départ* est associé au départ d'un train. *Attachez votre ceinture* est lié aux événements 'décollage', 'atterrissage' ou, éventuellement, à 'turbulences'. Avec un aspect duratif (*Veuillez garder votre ceinture attachée*), on pourrait considérer tout simplement l'événement 'vol'. *Embarquement immédiat par porte [NUMÉRO]* annonce l'action d'embarquement vue d'un point de vue événementiel, puisqu'il s'agit du début de l'embarquement.

À noter que, en transport routier, les pragmatèmes liés à l'usage de la ceinture de sécurité adoptent des formes distinctes de celle utilisée en avion : *Il est obligatoire d'attacher la ceinture de sécurité* ; *Mettez votre ceinture de sécurité* ; *Port de la ceinture obligatoire*, etc.

*Allô ?* est employé en réponse à un appel téléphonique. *C'est pour toi* permet de passer l'appel. Un certain emploi de *Oui ?* (*Dis-moi* ; *Je suis-là*) est une réponse codée à quelqu'un qui appelle le locuteur, soit par son nom, soit par un vocatif : – *Papa.* – *Oui ?* Un des emplois du pragmatème *Pardon ?* est une réponse codée qui demande une répétition. *À toi aussi* est une réponse passe-partout qui peut s'employer comme réplique à de nombreux souhaits.

Une présentation appelle des pragmatèmes comme *Comment allez-vous ?* ; *Enchanté de faire votre connaissance.* Le premier a un sens tout particulier quand il est employé comme réponse à une première salutation ; la prevue, c'est qu'il peut être remplacé par le second sans grande différence d'effet. Employé après une nouvelle rencontre, il est exclu de le remplacer par le second. L'arrivée de l'interlocuteur peut être saluée avec *Soyez le bienvenu.* L'action de l'interlocuteur (se déplacer) est considérée de façon événementielle (arrivée) par le locuteur.

Un des emplois de *Pardon !* est lié à un événement (un heurt léger, par exemple) (réponse codée : *Ce n'est rien, C'est pas grave*) tandis que *Excusez-moi* est plutôt lié à une action.

Certaines séquences que nous avons mentionnées plus haut, comme *À l'aide !* ; *Au voleur !* ; *Au feu !* ; *À moi !* ; *Au secours !* réagissent à un événement extralinguistique plus ou moins précisé par le pragmatème.

Beaucoup de pragmatèmes liés aux jeux sont employés pour marquer un événement du jeu (*Banco !* ; *Échec !* ; *Un, deux, trois, soleil !* ; *Buuuut !*).

*Messieurs, la Cour !* marque une entrée dans un domaine très spécifique et sollicite une réaction : se lever. *À table !* est lié au début du repas. *À qui le tour ?* marque le fait que le locuteur est prêt à s'occuper du prochain client. *Bravo !* marque en général la fin d'une performance ou la phase d'une performance. Un pragmatème comme *Ça, pour surprise, c'est une surprise !* fait référence directe à l'événement dont il est question. *Quoi de neuf ?* est une façon codée de demander des nouvelles.

### LES COORDONNÉES D'ACTION

Il y a un grand nombre de pragmatèmes liés par une situation de communication qui doit comprendre une action donnée.

Une action est, prototypiquement, un prédicat à sujet humain ou assimilable (des agentifs clairs, comme des noms d'organisations, collectifs, certains animaux, etc.). Les actions, qu'elles correspondent à des prédicats verbaux ou nominaux, peuvent être reprises par *le faire* (Gross, 2012, p. 254) : *J'ai frappé Jean* (*Je l'ai fait*) ; *J'ai donné un coup à Jean* (*Je l'ai fait*). Il y a des actions conscientes, compatibles avec les adverbes d'intentionnalité ou avec les subordonnées finales (*J'ai frappé Jean à dessein* ; *J'ai frappé Jean pour le punir*) et des actions involontaires (*Je me suis trompé* ; *Je me suis égaré*).

Certaines actions sont accomplies moyennant des pragmatèmes : des présentations (*J'ai le plaisir de vous présenter [NOM PROPRE]* ; *J'ai l'honneur de vous présenter [NOM PROPRE]* ; *Je te présente [NOM PROPRE]*), des annonces formelles (*J'ai le plaisir de vous annoncer que [P]* ; *J'ai le très grand plaisir de vous informer que [P]*), etc. Certains de ces pragmatèmes ont, en plus, une valeur performative (ils « font » par le fait même d'être énoncés, ils inaugurent un nouvel ordre de choses, bien sûr sous des conditions très précises concernant le statut du locuteur, la situation formelle, la présence de témoins, etc.) : *Je vous déclare mari et femme* ; *La séance est levée* ; *Je déclare inauguré [ÉVÉNEMENT ORGANISE]*. Il est important de ne pas confondre le caractère performatif avec le caractère illocutif de l'acte de parole. Tous les pragmatèmes (sauf quelques interjections) ont une valeur illocutive, mais seulement un petit nombre a une valeur performative[11].

Adresser une lettre administrative ou officielle est une action que l'on peut mener à bien avec *À qui de droit*. Accuser réception peut se faire avec *J'ai bien reçu votre lettre du [DATE]* ou *J'accuse réception de votre lettre du [DATE]*. Pour indiquer que l'on introduit une mise en relief qui n'était pas présente dans un texte que l'on cite, on se sert de *C'est moi (nous) qui souligne(ons)*. Donner l'indication de départ d'une course peut se faire par *À vos marques, prêts, partez !* Dans un traitement de texte, pour marquer que l'on a la possibilité d'enregistrer sous différents formats, le menu dépliant affiche *Enregistrer sous...* Certains ordres militaires (surtout en ordre serré) sont des pragmatèmes directement liés à une action que l'on souhaite faire accomplir : *En colonne, couvrez !* ; *Rompez les rangs !* ; *Présentez... armes !*, etc.

*À la tienne !* ; *À ta santé !* permettent de porter un toast. *Bon voyage !* ; *Bon retour !* exigent que l'interlocuteur s'apprête à accomplir les actions mentionnées. Tout comme *Bon courage [pour N]* où l'action en question est spécifiée dans chaque cas. De la même façon, *Bon appétit !* suppose que l'on s'apprête à manger.

Beaucoup de pragmatèmes permettent, par leur valeur illocutoire, d'effectuer une action. Par exemple se frayer un passage, en hôtellerie, quand on transporte une consommation (*Chaud devant !*), exiger le silence (*Chut !* ; *La ferme !*) appeler quelqu'un discrètement (*Psst !*), etc.

En plus de demander que l'interlocuteur effectue une action donnée (*Haut les mains !* ; *Éteignez votre cigarette* ; *Fermez la porte* ; *Cédez le passage* ;

---

11 La performativité fait de l'énoncé un acte de langage (répondant au schéma « quand dire, c'est faire ») ; ce qui n'est pas toujours le cas dans l'usage des pragmatèmes. Pour la discussion de la relation entre « actes de langage stéréotypés » et actes de langage, voir Kauffer (2015).

*Insérez votre carte* ; *L'addition s'il vous plaît* ; *Ralentir*), on peut, bien entendu, demander le contraire (*Ne quittez pas* ; *Ne pas gêner la fermeture automatique des portes* ; *Ne touchez pas*), demander d'interrompre une action donnée (*Halte au feu !*), demander de l'accomplir ou encourager à l'accomplir (*Encore un petit effort !*), renseigner sur comment mener à bien une action (*Appuyer sur la barre pour ouvrir* ; *Repasser à l'envers*), interdire (*Défense de fumer* ; *Défense de marcher sur la pelouse* ; *Baignade interdite*...), interdire sauf dans certaines conditions (*Ne tirer la poignée qu'en cas de danger*), interdire justement dans certaines conditions (*Ne pas utiliser l'ascenseur en cas d'incendie*) ; autoriser (*Baignade autorisée*), autoriser seulement dans certaines conditions (*Stationnement payant*), annoncer (*Liquidation totale*) ou bien renseigner sur les conditions dans lesquelles une action donnée aura lieu ou doit avoir lieu (*Baignade surveillée* ; *Composez votre code à l'abri des regards indiscrets* ; *Frapper avant d'entrer* ; *Entrez sans frapper*...). Une action peut être évoquée seulement par le rapport qu'elle entretient avec un objet (*La porte !* doit être compris comme 'refermez la porte').

Notons que, même si nous avons parlé génériquement d'actions, certains pragmatèmes font référence non pas à une action *stricto sensu* mais à une activité ou à une habitude (*Fumer nuit gravement à votre santé et à celle de votre entourage*).

Il existe des pragmatèmes diachroniquement marqués mais qui sont encore associées nettement à une action très précise : *La bourse ou la vie* ; *À l'abordage !*

LES COORDONNÉES D'ÉTAT

Il y a des pragmatèmes liés à une situation de communication qui est caractérisée par un état. Un état se combine de façon appropriée avec des verbes supports comme *être, devenir, paraître, rester, se montrer, se révéler* (Gross, 2012, p. 263). Les états se subdivisent en propriétés ou en caractéristiques (*Jean est intelligent*), états transitoires (*Jean est fatigué*) et états situationnels (*Jean est en retard*).

*Bien* ou *Ça va* décrivent des états tout en constituant des réponses codées à *Comment allez-vous ?* qui admet aussi, bien entendu, une réponse non basée sur un pragmatème.

L'emploi d'un pragmatème comme *Prompt rétablissement* implique un interlocuteur malade. L'écriteau *En panne* ou *Hors service* implique l'avarie d'un dispositif (par exemple, d'un photocopieur). *Nous sommes complets* s'utilise en hôtellerie quand l'hôtel ne peut plus accepter de nouveaux clients. *Réservé* s'utilise en restauration, entre autres domaines. *Libre/Occupé*, *Ouvert/Fermé*, connaissent de multiples applications liées au commerce, comme *Satisfait ou remboursé*. *C'est occupé* connaît un emploi spécifique en téléphonie. *Momentanément indisponible* également.

*Tenue correcte exigée* suppose, en général, l'interdiction d'être torse nu ou en maillot de bain. *Tenue de ville*; *Tenue de soirée* marquent le code vestimentaire attendu des participants à l'événement concerné.

Différentes indications de circulation routière concernent des états de la voie (*Route barrée*; *[VOIE] Sens [LOCATIF]*; *Bouchon à [NUMÉRO] km*; *Circulation fluide*, etc.).

Toute une série d'écriteaux sont liés à des états transitoires : *Peinture fraîche*; *Sol glissant*; *Sol mouillé*; *Maintenance en cours* et leurs nombreuses variantes. Un écriteau comme *Je reviens en [NUMÉRO] minutes* décrit un état situationnel et *Eau non potable* une propriété. *Conforme* ou *Non conforme* peuvent être apposés sur un matériel testé ou sur un document (le premier).

Les propriétés de certaines substances peuvent être critiques pour la sécurité : *Combustible*; *Inflammable*; *Comburant*; *Radioactif*; *Toxique* ou encore *Matières asphyxiantes*; *Matières comburantes*; *Matières corrosives*; *Matières explosives*; *Matières inflammables*; *Matières nocives*; *Matières nocives ou irritantes*; *Matières radioactives*; *Matières toxiques*. D'autres propriétés peuvent être signalées : *Nuit gravement à la santé*; *Sans sucre*; *Sans gluten*...

### LES COORDONNÉES D'ENTITÉ

Il existe des pragmatèmes étroitement liés à une entité. Par *entité*, nous entendons des objets, des humains, des animaux ou des végétaux. Autrement dit, des entités non locatives qui ont des dimensions et des propriétés physiques (hauteur, longueur, poids, couleur...).

Nous commencerons par les objets proprement dits. Beaucoup de pragmatèmes impliquent un dispositif concret. C'est le cas, par exemple, des pragmatèmes spécifiques au domaine de la communication téléphonique, liés à un téléphone ou à un système comparable. Nous en avons déjà donné un certain nombre d'exemples.

Un autre type d'objet qui ancre situationnellement les pragmatèmes est une marchandise emballée produite en série. S'il s'agit d'un produit périssable, nous trouvons toute une série comme *À consommer avant [DATE]* ; *À consommer de préférence avant fin [DATE]* ; *À consommer jusqu'à [DATE]* ; *À consommer de préférence avant la date indiquée ci-contre* ; *À consommer de préférence avant la date indiquée ci-dessous* ; *À consommer de préférence avant la date indiquée ci-dessus* ; *À consommer de préférence avant la date indiquée sur le haut du paquet*, etc. Le pragmatème peut faire référence à la manipulation de l'emballage : *Pour ouvrir, tirez ici* ; *Aplatir avant de jeter* ; *Refermer après usage* ; *Ne pas déposer ni entreposer* ; *Ouverture facile* ; *Pour ouvrir, soulevez ici* ; *Pour ouvrir, soulevez la languette et décoller les rabats de chaque côté* ; *Pour ouvrir, tirez la languette. Pour refermer le paquet, repliez-la* ; *Pour refermer, replier la languette* ; *Refermer après usage* ; *Agiter avant emploi*, etc.

S'il s'agit d'un produit sensible à des facteurs abiotiques qui peuvent le détériorer, nous voyons apparaître une série de pragmatèmes du type : *À conserver à l'abri de la chaleur* ; *À conserver à l'abri de la lumière* ; *À conserver à l'abri de l'humidité* ; *À conserver à température inférieure à [NUMÉRO] °C* ; *À conserver à température ordinaire* ; *Après ouverture, à conserver au froid et à consommer rapidement* ; *Tenir à l'abri de la chaleur* ; *Tenir à l'abri de l'humidité*... Les pragmatèmes peuvent concerner également les conditions de consommation : *Servir très frais* ; *À servir frais entre 10° et 12 °C.*

Certains produits, comme l'alcool ou le tabac, sont accompagnés des mises en garde habituelles : *L'abus d'alcool est dangereux pour la santé. À consommer avec modération* ; *Fumer peut entraîner une mort lente et douloureuse* ; *Les fumeurs meurent prématurément* ; *Fumer provoque le cancer* ; *Fumer provoque des maladies cardio-vasculaires*... Il importe de repérer, dans les messages de lutte contre le tabagisme, la ferme volonté d'éviter le figement d'une formule (et donc sa banalisation), moyennant l'usage d'une large variété d'énoncés extrêmement explicites. Il s'agit d'un bon exemple où il existe bel et bien des énoncés liés situationnellement qui, justement, cherchent à éviter, moyennant la variation formelle, le pragmatème. Pour cela, et pour éviter l'effet de simple variante, les formules, en plus d'être formellement novatrices, doivent présenter différentes structures sémantiques (dont l'acte de parole est toutefois constant : mettre en garde). Et, toutefois, le figement existe[12]. La preuve,

12 C'est un argument en plus contre la thèse qui oppose systématiquement figement et variation, selon laquelle le figement rejette toute forme de variation. Le fait de considérer qu'au contraire, la variation est un élément définitoire du figement, permet théoriquement de faire

c'est qu'il est possible d'obtenir des effets de défigement : *Fumer nuit à votre santé; on se tue à vous le dire.*

Les produits électroniques ou similaires présentent des pragmatèmes comme *Avant emploi, lire attentivement la notice*; *Lire attentivement la notice à l'intérieur*; *Lire attentivement la notice avant toute utilisation*; *Lire attentivement la notice interne*; *Lire attentivement la notice jointe.*

Les médicaments comportent toute une série de pragmatèmes assez spécifiques : *Contre-indications : voir notice jointe*; *Demandez conseil à votre médecin*; *Mode d'administration : lire attentivement la notice*; *Mode d'administration : voir notice jointe*; *Ne pas dépasser les doses prescrites sans l'avis du médecin*; *Ne pas prolonger le traitement sans avis médical*; *Pas d'utilisation prolongée sans avis médical*; *Posologie : voir notice jointe*; *Précautions d'emploi : lire attentivement la notice*; *Respecter la dose prescrite*; *Uniquement sur ordonnance.* Pour des types spécifiques de médicaments, nous avons : *Usage externe*; *Application locale*; *Voie orale*; *Voie anale*, etc.

Il existe beaucoup de pragmatèmes qui sont désignatifs et localisatifs : *Extincteur*; *Ascenseur*; *Caisse*; *Armoire électrique*; *Douche de sécurité*; *Haute tension*; *Appareil A. Laser de classe 1*; *Vanne d'arrêt d'urgence*; *Attention à la marche.* Ou, pour signaler la présence de caméras : *Vous êtes sous surveillance vidéo*; *Souriez, vous êtes filmés !* Certains pragmatèmes correspondent à des sigles : *RIA* ; *SOS* (*SOS Autoroute*). Ils exigent la connaissance de la réalité correspondante : *RIA* correspond à *Robinet d'Incendie Armé*; *SOS (Save Our Souls)* signale une borne d'appel d'urgence[13].

Certains pragmatèmes spécifient la composition d'un objet (*Argent véritable*; *Pur coton*).

---

de la séquence figée une structure stratifiée dont l'une ou plusieurs strates peuvent faire l'objet d'un degré variable de fixité et de congruence, voir Mejri (2009) pour ces deux notions. La fixité dans le cas des pragmatèmes variables est un exemple qui illustre cette thèse. Un autre volet théorique que soulève la variation des séquences figées, c'est la nature de ce qui est touché par la fixité dans la séquence : l'aspect lexical, l'aspect sémantique, l'aspect prosodique, l'aspect pragmatique, ou un tout autre aspect qui transcende le tout, comme le postulent les approches gestaltiennes en évoquant la notion de moule, de schème, de construction, etc.

13 Un autre exemple de séries de pragmatèmes qui montrent que cette catégorie croise d'autres catégories; nous avons déjà évoqué le cas de la performativité; nous y ajoutons la dimension signalétique qui est consubstantielle aux pragmatèmes dont l'emploi est inséparable des objets auxquels ils s'appliquent. Toutefois il faut préciser que cette relation, dans le cas des pragmatèmes, n'est pas désignative (répondant par exemple à la structure : « ceci s'appelle + (l'élement signalétique) » ; elle renvoie le plus souvent à un argument (explicite ou non) du prédicat pragmatémique, soit d'une manière directe soit par implicaton métonymique (exemple : *Souriez, vous êtes filmés !*).

Dans des domaines spécialisés, beaucoup de pragmatèmes exigent l'utilisation d'un équipement déterminé : *Appareil filtrant obligatoire* ; *Appareil isolant obligatoire* ; *Casque de sécurité obligatoire* ; *Lunettes de sécurité obligatoires* ; *Protection auditive obligatoire* ; *Port de chaussures de sécurité obligatoire* ; *Port de gants isolants obligatoire* ; *Port du casque obligatoire* ; *Port du gilet de sécurité obligatoire* ; *Port d'un casque anti-bruit obligatoire* ; *Port obligatoire de la ceinture de sécurité*... D'autres concernent des dispositifs particuliers : *Porte coupe feu, à maintenir fermée* ; *Porte coupe feu, ne pas encombrer* ; *Porte coupe feu. Ne mettez pas d'obstacle à la fermeture* ; *Porte coupe feu. Tenir fermée* ; *Porte coupe-feu. À maintenir fermée.*

Le pragmatème peut concerner un type d'objet très précis : *Amicalement* ; *Affectueusement* ; *Cordialement* supposent une lettre ou un courriel. *Chargez !* ; *En joue !* concernent une arme à feu, le deuxième une arme longue. *Tirez/Poussez* supposent une porte. *Lavable à la main* ; *Lavable en machine* ; *Laver retourné* ; *Ne pas repasser* ; *Repasser à l'envers* ; *Lavable à [NUMÉRO]°* ; *Lavable à froid* concernent des vêtements. *Sous presse* concerne une publication scientifique. *Lire et détruire* implique un document réservé, voire secret. Pour les moyens de paiement, nous avons *Carte bleue acceptée à partir de [NUMÉRO] Euros* ; *La maison n'accepte plus les chèques* ; *Chèques restaurant acceptés*, etc. *À la santé de [N] !* exige les objets matériels nécessaires pour porter un toast (coupes, boisson...). D'autres pragmatèmes, par contre, ne précisent pas sémantiquement l'objet auquel ils s'appliquent : *Prière de ne pas toucher.*

Les humains peuvent également être l'ancrage situationnel des pragmatèmes : *Déconseillé aux moins de [NUMÉRO] ans* ; *Tous publics* ; *Conserver hors de la portée des enfants* ; *(A)pprenti* ; *Passage obligatoire pour les piétons* ; *Réservé aux handicapés* ; *Interdit sauf G.I.G.-G.I.C.* (Grand Invalide de Guerre ; Grand Invalide Civil).

Un certain nombre de pragmatèmes s'appliquent aux animaux : *Chiens tenus en laisse* ; *Chien méchant* ; *[PICTOGRAMME] Attention je monte la garde* ; *Attention au chien* ; *[PICTOGRAMME] sauf chiens guides d'aveugles* ; *Passage d'animaux sauvages* ; *Traversée d'animaux.*

Précisons que le lien du pragmatème avec la situation de communication dépend du signifié du pragmatème, non pas de sa forme. Le pragmatème *Fragile* apposé sur un colis n'est pas une simple indication de propriété ou de caractéristique (de la même façon que le pictogramme correspondant, représentant une coupe ou une coupe cassée, n'implique pas que le colis contient des coupes, même pas du verre). Il correspond à l'indication : 'veuillez manipuler avec précaution'. La variante *Fragile. Manipuler avec précaution* et le pragmatème anglais *Handle with care* sont plus explicites.

## LE PRAGMATÈME DANS UNE TYPOLOGIE GÉNÉRALE DE PHRASÈMES

Le fait d'étudier les pragmatèmes en tant que sous-classe particulière des phrasèmes implique forcément de disposer d'une typologie générale des phrasèmes (implicite ou explicite). Il est sans doute préférable de l'expliciter afin de situer avec précision le pragmatème dans l'ensemble de la phraseólogie.

Nous devons le concept de pragmatème aux travaux d'Igor Mel'čuk (2011, 2012a, 2012b) dans le cadre de la Théorie Sens-Texte. Le fait de travailler avec cette conception du pragmatème implique également d'adopter l'essentiel de la théorie phraséologique qui l'accompagne.

Pour la théorie Sens-Texte, un phrasème (qui correspondrait *grosso modo* à une expression figée, une expression idiomatique, etc.) est un énoncé polylexical (c'est-à-dire constitué d'au moins deux lexèmes) non libre. Un énoncé polylexical sera considéré comme libre si toutes ses composantes lexicales sont choisies par le locuteur seulement à cause de leurs propriétés linguistiques, c'est-à-dire en tenant compte uniquement de leur phonologie, de leur morphologie et de leur combinatoire syntactico-sémantique, sans aucune contrainte sur l'axe paradigmatique. Dans le cas contraire, l'énoncé polylexical sera non libre et, donc, un phrasème.

Le terme *phrasème* n'est pas, à nos yeux, très bien choisi. En effet, une immense majorité de phrasèmes ne sont pas des phrases mais des unités lexicales. Si l'on doit comprendre *phrase* en tant qu'anglicisme (voulant dire, à peu près, syntagme), le problème subsiste, car des phrasèmes comme les proverbes, les clichés et les pragmatèmes sont des énoncés complets, des phrases. Peut-être que *syntagmème* ou *synthème* (en suivant Martinet) aurait été, somme toute, mieux choisi (tout en conservant *syntagme* pour l'unité propre à la syntaxe) parce que le phrasème est une unité forgée avec des moyens syntaxiques, contrairement aux dénommés phrasèmes morphologiques, qui sont des unités figées également mais morphologiquement figées (par exemple, *parapluie* : 'parapluie' a une intension sémantique beaucoup plus forte que 'protège de la pluie' ; un imperméable protège de la pluie et ne peut pas être appelé *parapluie*). Une grande majorité de formations morphologiques présente un sens non calculable ou non complètement calculable à partir de leurs composantes. Or, il ne s'agit pas de phrasèmes mais de lexèmes. On pourrait, bien sûr, signaler que ces cas relèvent d'un figement de type diachronique, mais le figement syntagmatique opère aussi forcément grâce à la diachronie.

En tout état de cause, une typologie de phrasèmes explicite est nécessaire comme point de départ à toute étude en phraséologie. Celle de la théorie Sens-Texte procède, d'emblée, à une distinction qui nous semble fondamentale et que nous avons déjà évoquée pour la définition du pragmatème. Il s'agit de la distinction entre phrasème sémantico-lexical et phrasème lexical. Un phrasème sémantico-lexical est un phrasème dont la structure sémantique n'est pas choisie librement par le locuteur. Elle est directement disponible à partir d'un certain contenu conceptuel, de telle façon qu'elle est un moyen privilégié d'exprimer ledit contenu. *Joyeux Noël* est un moyen privilégié pour féliciter lors des fêtes de Noël, même si l'on peut se servir à la limite d'autres agencements sémantiques (*#J'espère que vous passerez un Noël fort agréable* ; *#Que les fêtes de Noël vous soient douces*). Bien entendu, la contrainte au niveau sémantique implique, dans la plupart des cas, une contrainte au niveau lexical. Dans la plupart des cas certes, mais pas dans tous les cas, car il existe des phrasèmes sémantico-lexicaux où c'est le syntagme qui est figé (avec toutefois des contraintes lexico-sémantiques très strictes). Ce sont des pragmatèmes syntagmatiques, par exemple : *À (lundi, mardi, mercredi...)* ; *Deux bières, deux !*, *Trois cafés, trois !* ; *C'est M./Mme* (au téléphone) ou dans le cliché *Un [N] c'est un [N]* : *un repas c'est un repas ; une cigarette, c'est une cigarette...* L'indication pure et simple de la désignation d'un produit à la vente constitue un pragmatème (*[Nproduit]* : *Aubergines, Tomates...* sur l'étalage d'un marché). Insistons, toutefois, sur le fait que le pragmatème est bien *[Nproduit]* et non ses nombreuses réalisations. Nous avons aussi le pragmatème désignatif-localisatif [N] : *Toilettes* ; *Sortie* ; *Caisse*[14]...

14 Encore une fois, la contiguïté entre ce genre de pragmatème et les signalétiques s'impose. Rappelons à ce propos que Bosredon et Tamba (1999) définissent la signalétique comme

Un phrasème lexical est un phrasème dont le contenu sémantique est choisi librement par le locuteur mais dont le choix des lexèmes est contraint. Si le locuteur souhaite dire que quelqu'un boit beaucoup, il sélectionne librement le sens 'beaucoup', mais il a le choix entre l'exprimer de façon lexicalement non contrainte (*Jean boit beaucoup*) ou de façon lexicalement contrainte (*Jean boit comme un trou, comme un Polonais*). Le locuteur n'est pas libre (sauf effet de sens particulier) de dire **Jean boit comme un orifice, comme une cavité* ni **Jean boit comme un Russe, comme un Ukrainien*. Bien sûr, on peut avoir recours à des variantes (*comme un trou, comme une éponge*, mais elles sont toutes lexicalement contraintes).

Dans ce qui suit, nous présenterons les sous-classes de phrasèmes sémantico-lexicaux et de phrasèmes lexicaux.

## LES PHRASÈMES SÉMANTICO-LEXICAUX

Les phrasèmes sémantico-lexicaux peuvent se diviser en trois classes majeures. D'abord, il y a les pragmatèmes. Nous n'insisterons pas ici sur cette sous-classe puisqu'elle fait l'objet de ce travail. Ensuite, il y a les clichés. Sont des clichés des énoncés comme *Ça ne te regarde pas*; *Quelle heure est-il ?* ; *Quel âge as-tu ?* ; *Que Dieu te bénisse*; *C'est la vie !* qui sont compositionnels[15] ou *C'est pas tes oignons*; *Y a pas le feu !* ; *On n'a pas gardé les cochons ensemble* qui ne sont pas compositionnels. Ils permettent de réaliser différents actes de parole, mais ils ne sont pas situationnellement ancrés, ils n'exigent pas de conditions particulières d'énonciation (coordonnées temporelles, spatiales, etc.), comme le font les pragmatèmes.

Finalement, nous avons les parémies (proverbes, phrases proverbiales, dictons, etc.). Il s'agit d'unités fort particulières, qui présentent souvent des caractéristiques rythmiques distinctives, qui ont des conditions d'énonciation *sui generis* et qui font partie du patrimoine culturel d'une langue donnée (même si, bien entendu, beaucoup de parémies sont

étant « une activité de nomination d'objets uniques soumise à des contraintes pragmatiques locales ».

15 La compositionnalité peut être plus ou moins évidente, plus ou moins facilement reconnaissable et plus ou moins dépendante du type de description linguistique disponible pour les composantes du phrasème. Mais, de façon globale, un phrasème donné est compositionnel ou il ne l'est pas ; il s'agit d'une propriété binaire. Cependant, nous pouvons trouver des compositionnalités par antithèse (*La confiance règne !*) ou par d'autres mécanismes d'interprétation très généraux (hyperbole, litote, etc.).

partagées par un certain nombre de langues-cultures). L'objet de cet ouvrage n'est pas de présenter ces séquences de façon détaillée, ce qui serait d'ailleurs fort complexe. Nous renvoyons le lecteur aux travaux d'Anscombre (2012), de Kleiber (2000) et de Tamba (2011) qui constituent un excellent point de départ[16].

## LES PHRASÈMES LEXICAUX

Les phrasèmes lexicaux peuvent être divisés en locutions et collocations.

### *Les locutions*

Une locution est un phrasème dont les composantes lexicales ne contiennent pas le pivot sémantique du phrasème. Le pivot sémantique du phrasème correspond le plus souvent à son genre prochain ; il nous indique si le signifié global de la locution correspond à un humain, à un concret, à un abstrait, à un locatif ou à un temporel. Par exemple, le pivot sémantique de *croque-monsieur* est 'sandwich'.

On peut distinguer trois types majeurs de locutions d'après leur degré d'opacité. Premièrement, nous avons les locutions fortes. Une locution forte n'inclut dans son signifié aucun des signifiés de ses composantes. En conséquence, son pivot sémantique n'est pas explicitement présent dans la locution. *Croque-monsieur* est un exemple de locution forte ; *pied de biche* est aussi une locution nominale forte, car il ne s'agit pas d'un 'pied' (sauf à déclarer une acception de *pied* spécifique à cette locution avec le sens de 'levier') mais d'un outil. Un *pied de biche* n'a pas non plus de rapport direct (sauf vague

16 Les frontières entre ces catégories ne sont évidemment pas étanches. L'exemple de l'énoncé proverbial *Quand on parle du loup, on en voit la queue* illustre parfaitement l'entrecroisement entre les catégories. Une telle parémie ne peut s'employer que dans la situation où la personne faisant l'objet d'un échange verbal fait son apparition dans le contexte énonciatif qui implique l'espace, le temps et l'interlocution à propos de la personne faisant l'objet de l'échange. À l'instar de *Stationnement interdit*, qui ne peut figurer que dans un endroit réservé au stationnement de véhicules, on ne peut employer cette expression que si les conditions rattachées à son emploi sont réunies. Nous pensons que, du point de vue méthodologique, en matière de langue, il serait plus judicieux de procéder selon une logique floue tenant compte du continuum propre aux faits linguistiques, non une logique binaire excluant le plus ou moins vrai. C'est pourquoi nous avons inscrit ce travail dans une perspective prototypique cherchant à identifier les traits saillants partagés par toutes les entités partageant le même air de famille.

ressemblance) avec une 'biche'. Un *pied noir* est une autre locution nominale forte, car il s'agit d'un humain, concrètement d'un Français né en Algérie (rapatrié en métropole). Les signifiés 'pied' et 'noir' ne nous permettent pas d'accéder au signifié de la locution. *Panier à crabes* est également une locution forte, dont le pivot sémantique serait 'groupe d'humains'. *À cran* est une locution adjectivale forte, parce qu'aucun des signifiés de *cran* ne permet de prévoir le signifié global de cette formule. *Tiré par les cheveux* est aussi une locution adjectivale forte. De la même façon, les locutions verbales *avoir du pain sur la planche* ou *couper les cheveux en quatre* et la locution adverbiale *en crabe* sont des locutions fortes.

Deuxièmement, nous avons les semi-locutions. Une semi-locution inclut le sens d'au moins une des composantes lexicales de la locution. En plus, elle inclut un sens additionnel qui est le pivot sémantique de la locution. Par exemple, *fruit de mer* est une semi-locution nominale. Le sens 'mer' est tout à fait pertinent pour le décodage de la locution, mais 'fruit' n'est pas présent sémantiquement. Le pivot sémantique de cette locution est complexe 'mollusque doté de coquille apte à la consommation humaine', car on n'appellera pas *fruit de mer* un mollusque semblable aux fruits de mer mais non apte à la consommation.

*Rouge à lèvres* est aussi une semi-locution, car le sens 'lèvres' est présent mais pas le sens 'rouge' (*un rouge à lèvres violet* ou *un rouge à lèvres noir* sont parfaitement possibles). Dans la locution *prendre les armes*, le sens 'armes' est présent sémantiquement, mais pas celui de 'prendre' (sauf pour ce qui est de l'inchoatif). Le sens additionnel de 'entreprendre une lutte (armée)' n'est pas déductible des composantes de la locution (on peut très bien prendre les armes pour les nettoyer, par exemple).

Troisièmement, nous avons les locutions faibles. Une locution faible inclut le sens de toutes ses composantes, plus un sens additionnel qui correspond au pivot sémantique. La locution *attendre un enfant* est une locution faible, parce qu'elle inclut les sens de 'attendre' et de 'enfant', mais le sens additionnel de 'être enceinte', en tant qu'état, est le pivot sémantique de cette locution (nous disons *Jeanne attend un enfant* mais il n'est pas possible de dire **Jean attend un enfant*, il faut absolument une composante féminine : *Ce jeune couple attend son deuxième enfant*).

*Les collocations*

Le deuxième grand type de locution lexicale correspond aux collocations. Une collocation a deux parties : une unité lexicale qui est librement sélectionnée par le locuteur et introduite dans le discours d'après son sens, et une autre partie qui est contrainte par rapport au sens qu'elle véhicule et par rapport à l'unité lexicale concrète qui a été choisie par le locuteur pour la première partie. Par exemple, *fièvre* peut être sélectionné par le locuteur d'après le sens 'fièvre' qu'il souhaite exprimer : *Jean a de la fièvre.* Le locuteur aurait pu choisir aussi : *Jean est fiévreux* ou *Jean a une température anormalement élevée.* Si, en plus, on souhaite dire que 'Jean a beaucoup de fièvre', un choix possible est : *Jean a une fièvre de cheval.* Il va sans dire que **Jean est chevalinement fiévreux* ; **Jean a une température chevaline* ou **Jean a une fièvre d'équidé* sont impossibles, sauf effet humoristique. De la même façon, on a *mémoire d'éléphant*, *patience d'ange*, *faim de loup*, etc. (on peut compter environ 400 de ces séquences intensives *N de N*). Mais le choix de la deuxième partie de la collocation est toujours en fonction de la première. En effet, **mémoire de cheval*, **patience d'éléphant*, **faim d'ange*, ne sont pas acceptables. La première partie de la collocation constitue son pivot sémantique : *avoir une faim de loup* (ou *d'ogre*) implique *avoir faim.*

Il est important de signaler que, contrairement aux locutions, la plupart des collocations correspondent à un nombre de sens assez limité (une soixantaine). Nous avons donné ci-dessus un exemple avec le sens 'intensité'. Nous donnerons ci-dessous des exemples pour quelques-uns de ces sens, à savoir : 'laudatif', 'péjoratif', 'inchoatif', 'terminatif', 'causatif', 'anticausatif', 'unité minimale de', 'ensemble de', 'à cause de' et 'confirmateur'.

Pour la description des collocations, la théorie Sens-Texte a développé le formalisme des fonctions lexicales. Une fonction lexicale décrit la relation sémantique entre la base (ou collocateur) et le collocatif moyennant la forme $f_i$(*base*) – {*collocatif*}. Par exemple, pour le sens 'intensif' : **Magn**(*mémoire*) = *[~] de éléphant.* Dans ce qui suit, nous donnerons uniquement un aperçu très rapide des fonctions lexicales, pour plus de détails, *Cf.* Mel'čuk (1996, 2003), Wanner (1996).

Les fonctions lexicales permettent également de modéliser les verbes supports (qui sont vides de sens lexical). Si la base de la collocation correspond à l'objet direct du verbe support (le cas le plus fréquent), nous avons la fonction lexicale **Oper** : par exemple **Oper**$_1$(*résistance*) = *opposer [~] à* ; **Oper**$_2$(*résistance*) = *se heurter à* [ART ~ *de*]. **Oper**$_1$(*coup*) = *donner* [ART ~ *à*] ; **Oper**$_2$(*coup*) = *recevoir* [ART ~ *de*]. Les indices nous indiquent que le sujet du verbe support est soit le premier actant syntaxique profond de la base de la collocation, soit le deuxième (celui qui porte le coup ou celui qui le reçoit). D'autres fonctions lexicales permettent de rendre compte des verbes supports qui prennent leur base comme sujet, par exemple **Func**$_0$(*vent*) = *souffler*, ou comme objet indirect, par exemple **Labor**$_{12}$(*interrogatoire*) = *soumettre* [*qqn à* ART ~].

Des exemples de sens laudatifs seraient **Bon**(*conseil*) = *précieux* ; **Bon**(*se porter*) = *comme un charme*. Pour formaliser le sens 'péjoratif' nous avons : **AntiBon**(*temps*) = *à ne pas mettre un chien dehors* ; **AntiBon**(*choix*) = *malheureux*. Parfois, les fonctions lexicales peuvent présenter des valeurs fusionnées. Ainsi, **AntiBon**(*film*) = \\ *navet*. Ce collocateur (*navet*) s'emploie de façon indépendante de la base et a le sens de 'film mauvais'.

Des exemples de sens 'inchoatif' seraient **IncepOper**$_1$(*attaque*) = *lancer* [ART ~] ; **IncepFunc**$_0$(*difficulté*) = *surgir*. Notons que le sens inchoatif doit se construire comme fonction lexicale complexe, car il doit s'appuyer nécessairement sur un verbe support. Dans ce qui suit, nous donnerons aussi bien des exemples de fonctions lexicales simples que complexes.

Pour les sens 'terminatif', nous avons **FinFunc**$_0$(*vent*) = *se calmer* ; **FinOper**$_1$(respect) = *perdre* [ART ~ *à*]. Pour le sens 'causatif' : **CausFunc**$_1$(*doute*) = *semer* [ART ~] ; **CausOper**$_1$(*désespoir*) = *pousser* [*qqn au* ~] ; Pour le sens 'anticausatif' : **Liqu**$_1$**Func**$_0$(*peur*) = *vaincre* [AdjPoss$_1$ ~] ; **Liqu**$_1$**Func**$_0$(*assemblée*) = *dissoudre* [ART ~].

Pour les sens 'unité minimale de' et 'ensemble de', nous aurions respectivement : **Sing**(*neige*) = *flocon* [*de* ~] ; **Sing**(riz) = *grain* [*de* ~] ; **Mult**(*poisson*) = *banc* [*de ~s*] ; **Mult**(*chien*) = *meute* [*de ~s*].

Pour le sens 'à cause de' : **Propt**(*maladie*) = *pour cause de* [~*s*] ; **Propt**(*alcool*) = *sous l'empire* [*de l'*~] ; *sous l'effet* [*de l'*~].

Pour le sens 'confirmateur', 'tel qu'il faut', nous avons des collocatifs comme **Ver**(*succès*) = *mérité* ou **Ver**(*argument*) = *valable*.

Les fonctions lexicales ne se bornent pas à la description des collocations, car elles permettent également de rendre compte de la synonymie, de l'antonymie, des rapports hyperonymiques, de la méronymie, et aspect très important également, de la dérivation sémantique. Nonobstant, dans le cadre de cet ouvrage, la description des collocations est la seule pertinente.

En plus des fonctions lexicales standard (axées sur la soixantaine des sens auxquels nous faisions référence ci-dessus et dont nous avons donné quelques exemples), il existe des fonctions lexicales non standard. Elles s'appliquent uniquement à un petit nombre de bases. Par exemple un *steak* peut être très peu cuit (*saignant*), peu cuit (*bleu*), ou avoir un degré de cuisson moyen (*à point*). Ces valeurs sont collocationnelles, mais elles ne s'appliquent qu'à une classe restreinte de lexèmes et ne constituent donc pas des fonctions lexicales standard. Cependant, leur nombre est très élevé, car elles permettent, entre autres choses, d'exprimer les différents types d'une entité donnée, par exemple, à partir de *clé* : *clé anglaise*, *clé à molette*, *clé à œil*, *clé à griffe*... Notons que ces unités ne sont pas des locutions faibles, ni des semi-locutions, parce que le pivot sémantique (*clé*) est bien présent dans le phrasème : *une clé anglaise est une clé*.

Les fonctions lexicales sont un moyen très précis de décrire les collocations. Étant donné que deux variantes d'un même pragmatème peuvent être réductibles l'une à l'autre moyennant une fonction lexicale, nous nous servirons de ce formalisme comme partie de la description de microstructure des pragmatèmes. Ainsi, par exemple, nous dirons que *Il est formellement interdit de fumer* est une variante intensive de *Il est interdit de fumer*, étant donné que **Magn**(*interdit*) : *formellement [~]* ; nous dirons que *Faites un bon voyage* est une variante à verbe support de *Bon voyage* parce que $\mathbf{Oper}_1$(*voyage*) = *faire*, etc.

# LES PRAGMATÈMES DANS LE DICTIONNAIRE

Dans ce chapitre, nous étudierons la présence et la description des pragmatèmes dans les dictionnaires. Nous commencerons par de grands dictionnaires monolingues du français. Ensuite, nous examinerons des dictionnaires bilingues aussi bien français-anglais que français-espagnol. Finalement, nous aborderons la lexicographie de spécialité, aussi bien celle qui aborde les différents diasystèmes de la langue (diatopie, diachronie, diastratique, diatechnique, diamodale et diaintégrative) que la lexicographie spécialisée en la description des phrasèmes (la phraséographie).

## LES PRAGMATÈMES DANS LE DICTIONNAIRE MONOLINGUE

Afin de pouvoir quantifier certaines de nos observations, nous avons procédé dans Blanco (2012), que nous suivrons ici de près, à un travail empirique qui a consisté à consulter de façon systématique (à partir d'une liste de 250 pragmatèmes français que nous avons établie) le *Trésor de la Langue Française informatisé* (désormais TLFi, http://atilf.atilf.fr) et *Le Grand Robert de la Langue Française* version électronique (désormais GRLFi). Précisons que nous n'avons cependant retenu pour ce test que des pragmatèmes dont le support naturel est l'écrit, car, en principe, ils devraient se prêter mieux à la description lexicographique. Nous considérerons, par ailleurs, quelques dizaines de pragmatèmes appartenant essentiellement au code oral.

Signalons d'abord que le caractère sémantiquement compositionnel de la plupart des pragmatèmes ne favorise pas qu'ils soient recueillis systématiquement dans le dictionnaire. En effet, tout semble indiquer que l'on a tendance à les considérer, à tort, non comme des unités linguistiques mais comme des formations syntagmatiques libres. En plus, leur caractère d'unités phrastiques fait qu'ils soient, en général, décrits de façon fort incomplète car ils exigeraient une microstructure *sui generis* qui n'est pas du tout prévue. Ainsi, même en appliquant un critère extrêmement tolérant quant à la forme et à la lemmatisation du pragmatème, il se trouve qu'à peine 30 % des unités de notre corpus peuvent être considérées comme présentes dans au moins un des deux grands dictionnaires consultés.

Précisons, par ailleurs, que nous n'avons utilisé pour le test mentionné que les séquences appartenant à un état de langue synchronique et ayant un haut degré de plausibilité. Des exemples de formules absentes des deux dictionnaires de langue cités sont : *À consommer de préférence avant* [...] ; *Briser la glace en cas de* [...] ou *Vous n'avez pas la priorité.*

Nous avons testé les deux dictionnaires mentionnés pour chacun des ancrages lexicaux possibles pour chaque pragmatème (une formule donnée pouvant figurer sous plusieurs entrées). Toutes les catégories d'information lexicographique ont été prises en considération (aussi bien des sous-entrées que des exemples, des citations, des renvois...). De cette façon, nous avons pu observer les répétitions, redondances et même les contradictions existantes dans le traitement lexicographique des pragmatèmes. Le GRLFi, par exemple, présente *Défense de marcher sur la pelouse* et ses variantes sous quatre entrées différentes (c'est nous qui soulignons le pragmatème ou ses autonymes[1], qui sont parfois discontinus). L'abbréviation *s.v.* correspond à *sub verbo* (sous l'entrée du dictionnaire correspondante au lemme mentionné) :

s.v. **défense** (dans la citation n° 13) : *ignorante des lois, des polices (...) des permis de pêche, des <u>défenses</u> d'afficher, de fumer, <u>de marcher sur le gazon</u>* (...) René Fallet, *le Triporteur*, p. 189.

s.v. **pelouse** (comme exemple de la première acception) : Terrain couvert d'une herbe courte et serrée, sans utilité agricole. [...]. *<u>Prière de ne pas marcher sur les pelouses</u>.*

s.v. **marcher** (comme exemple de la première acception de la deuxième structure – *marcher sur* (ou *dans*) –. du verbe intransitif) : Mettre le pied sur (qqch.) tout en avançant, en marchant. *<u>Défense de marcher sur les pelouses</u>.*

1 L'énoncé autonyme est un signe de type métalinguistique ou métasémiotique qui désigne un autre signe en se servant pour cela du même signifiant. Par exemple : *Son "Bonjour" était froid...*

> s.v. **interdire** (comme exemple de l'emploi impersonnel de la première acception) : – Impers. *Il est expressément, formellement interdit de fumer dans la salle. Il est interdit de marcher sur les pelouses.*

Le TLFi présente ce pragmatème sous une seule entrée :

> s.v. **pelouse** (comme exemple de la première acception) : *Pelouse ensoleillée, onduleuse, vallonnée ; pelouse centrale ; pelouse circulaire, rectangulaire ; pelouse interdite ;* [...]

À partir de cet exemple (et de bien d'autres), nous pouvons conclure que les dictionnaires de langue ne procèdent pas à une lemmatisation standardisée des pragmatèmes. Le traitement lexicographique, sous la forme d'une microstructure qui leur soit propre, est inexistant ou très approximatif.

Considérons maintenant les pragmatèmes que nous avons récupérés dans les deux dictionnaires en question. Pour la commodité de la présentation, nous organiserons les observations qui suivent en quatre sections, qui correspondent aux différentes configurations morphosyntaxiques des pragmatèmes étudiés.

Il serait à remarquer qu'un certain nombre des pragmatèmes qui font l'objet de notre recherche ne sont pas sémantiquement compositionnels, c'est-à-dire qu'ils présentent un figement de type sémantique, en plus du figement pragmatique. Bien que les dictionnaires ne soient jamais aussi exhaustifs dans la description des unités polylexicales que dans celle des unités unilexicales, il est évident qu'un pragmatème qui coïncide formellement avec un phrasème non compositionnel a beaucoup plus de chances de figurer dans le dictionnaire : le lexicographe ressent le besoin d'en donner une description propre, soit comme sous-entrée (surtout pour les locutions fortes qui exigent une description complètement *ad hoc*), soit comme exemple de l'une des acceptions du lemme (pour les semi-locutions et les locutions faibles dont la description peut être, de façon plus ou moins heureuse, subsumée sous la description d'une de leurs composantes lexicales).

## SYNTAGMES NOMINAUX

Certains pragmatèmes sont, en surface, des syntagmes nominaux, même s'ils correspondent en fait à des énoncés complets. Les phrasèmes nominaux formés par Nom + Adjectif pour lesquels nous avons consulté les dictionnaires sont : *Accès interdit* ; *Accès libre* ; *Eau non potable* ; *Eau potable* ; *Embarquement immédiat* ; *Entrée interdite* ; *Entrée libre* ; *Liquidation totale* ; *Parking gratuit* ; *Parking payant* ; *Plage privée* ; *Prix imbattables* ; *Prix sacrifiés* ; *Route barrée* ; *Route glissante* ; *Service compris* ; *Stationnement interdit* ; *Stationnement payant* ; *Stationnement réglementé* ; *Usage externe* ; *Voie orale* ; *Voie privée* et *Zone bleue.*

Pour les syntagmes Adjectif + Nom, nous avons cherché : *Libre service* et *Pur coton.* En ce qui concerne les syntagmes Nom + Préposition + Nom, les suites retenues ont été : *Chutes de pierres* ; *Danger de mort* ; *Issue de secours* ; *Nettoyage à sec* ; *Signal d'alarme* ; *Sortie de secours* ; *Voie sans issue.*

Les formules formées à partir de *Défense de [...]* ou de *Prière de [...]* représentent un cas spécial parce que leur deuxième composante lexicale pleine correspond à un infinitif, qui peut être accompagné ou non d'un complément : *Défense d'afficher* ; *Défense de fumer* ; *Défense de marcher sur la pelouse* ; *Défense de stationner* ; *Prière de ne pas déranger* ; *Prière de ne pas marcher sur les pelouses* ; *Prière de refermer la porte.*

Au total, nous avons récupéré dans les dictionnaires 39 pragmatèmes qui correspondent à des syntagmes nominaux. Il est à signaler que quand l'une de ces suites est effectivement présente dans un dictionnaire, il ne s'agit pratiquement jamais du pragmatème en tant que tel, mais du phrasème nominal correspondant. Dans le TLFi, seuls trois cas sont vraiment des pragmatèmes. Leur présence est assurée soit au moyen d'une citation ou d'un renvoi, soit à travers la description du pragmatème, soit par le biais de la mention de la situation de communication. Il s'y ajoute les supports matériels des pragmatèmes (écriteau, panneau...) :

> s.v. **interdit** : 1. Qui est interdit, défendu par la morale ou par la loi ; non autorisé, illégal, illicite. *Accès, stationnement interdit ; pêche, chasse interdite ; reproduction interdite ; amour interdit. En arrivant en vue du bois, nous rencontrâmes un sentier gardé par un écriteau sur lequel ou pouvait lire : « Passage interdit »* (DUHAMEL, *Notaire Havre*, 1933, p. 68) :

> s.v. **zone** : *Zone bleue.* V. bleu I C [...] Étymol. et Hist. 1957 *zone bleue* (L'Aurore, 9 oct., 1f. ds QUEM. DDL t. 20, s.v. *disque de stationnement*).

> s.v. **bleu** : URBAN. *Zone bleue.* Rues d'une ville où le stationnement des véhicules est limité par un panneau primitivement bleu, d'une manière plus stricte en durée.

Le GRLFi présente, comme pragmatèmes, les formules suivantes :

s.v. **embarquement** : (Personnes). Action de s'embarquer. *Embarquement immédiat, porte n° 9* (dans un aéroport).

s.v. **interdit** : Non autorisé. *Entrée interdite. Passage interdit* (→ Écriteau, cit. 3). Sens, stationnement interdit. Chantier interdit au public. Film interdit aux moins de seize ans. – Reproduction interdite. Chasse interdite. – Trafic interdit.

s.v. **service** : [...] *Service compris. Repas à 50 francs, service compris, y compris la rémunération du personnel. 20 % de service.* ⇒ Pourboire. – Par métonymie. Le service : le personnel. *N'oubliez pas le service.* 7.2 *Quand elle eut reposé le verre, elle prit le ticket et lut le prix : 1,50 service compris (...)* J.-M. G. Le Clézio, la Fièvre, p. 42.

s.v. **zone** : Anciennt. En France. (1957). *Zone bleue* : zone urbaine où le stationnement des véhicules est réglementé. → Disque* de stationnement.

s.v. **bleue** : (1957). *Zone* bleue* : zone à stationnement limité, dans une grande ville.

Le GRLFi donne pour ces formules soit un exemple sur leur fontionnement comme pragmatèmes (*Embarquement immédiat, porte n° 9* ; *Quand elle eut reposé le verre, elle prit le ticket et lut le prix : 1,50 service compris*), soit le renvoi à un exemple (**interdit** renvoie à **écriteau**, où nous pouvons lire : *Nous avions rencontré par hasard un écriteau portant « Passage interdit ». Mon père a tranquillement arraché l'écriteau. Il disait en souriant : « Ce passage n'est plus interdit, marchez mes enfants. »* G. Duhamel, *Chronique des Pasquier*, IV, XI, p. 354.), soit encore une définition accompagnée de l'indication du support du pragmatème (*Disque de stationnement* pour *Zone Bleue*).

En dehors de ces quelques exemples où l'on peut trouver des éléments qui font partie d'une vraie description linguistique du pragmatème, les dictionnaires ne contiennent que des descriptions des phrasèmes nominaux homographes des pragmatèmes. Ces descriptions ne sont pas adaptées à des unités pragmatiquement conditionées : elles ne comportent aucune précision ni sur la situation de communication où elles devraient être employées ni sur leur sémantique propre. Dans le TLFi, nous pouvons lire :

s.v. **imbattable** : *Prix imbattable.* Qui ne peut être plus avantageux. *Les propriétaires (...) offraient à des prix imbattables des rideaux venus de leurs propres magasins* (CAMUS, *Exil et Roy.*, 1957, p. 1632).

Dans le GRLFi, nous avons :

> s.v. **libre** : *Entrée* libre* : entrée qui n'est soumise à aucune formalité, au paiement d'aucun droit.
>
> s.v. **entrée** : *Entrée interdite. Entrée libre*, dans un magasin, une exposition…
>
> s.v. **imbattable** : Qui ne peut être abaissé, inférieur à la concurrence (d'un prix). *Des prix imbattables*. – Que la concurrence ne peut pas battre.
>
> s.v. **issue** : *Chemin, rue, voie sans issue*. – Cul-de-sac, impasse (cit. 1)

Comme nous pouvons voir dans **libre(-)service** du TLFi, une entrée spécifique peut être consacrée à un phrasème nominal. Cependant, le pragmatème homographe n'y est ni mentionné ni décrit, même si, à partir des définitions concernant le phrasème nominal, on peut récupérer certains éléments de sa description :

> s.v. **libre(-)service** : Technique de vente, système de prestation de service, payant ou non, qui implique que le client ou l'usager se sert lui-même. Magasin, restaurant où l'on applique cette technique ; tout service qui est l'application de ce système.

Même si c'est relativement rare, le dictionnaire peut consacrer un sous-lemme à une structure, comme le fait le TLFi s.v. **usage** :

> s.v. **usage** : *À usage + adj., à usage de + subst.* Destiné à être utilisé de façon précise, spécifique. *Médicament à usage interne, externe.*

SYNTAGMES NOMINAUX, PLUS COMPLÉMENT

Le pragmatème peut correspondre (comme nous avons vu ci-dessus) à un syntagme nominal ou peut comporter en plus un complément de type adverbial, en général de temps : *Date de péremption : [Jour]/[Mois]/[Année] ; Liquidation totale avant cessation d'activités ; Stationnement autorisé dimanche et jours fériés ; Stationnement autorisé les jours impairs ; Stationnement autorisé les jours pairs.*

Notons que la possibilité de faire une adjonction de type adverbial prouve que le pragmatème constitue un énoncé complet (autrement, il serait impossible de lui adjoindre directement ce type de complément).

Le plus souvent, les dictionnaires ne font pas référence aux compléments adverbiaux des pragmatèmes, pourtant idiosyncrasiques et de grande importance pour une interprétation correcte de ces formules. Aussi bien le TLFi que le GRLFi donnent *Liquidation totale* s.v. **liquidation**, comme simple indication de la cooccurrence de *liquidation*, sans aucune autre information rattachée à cette formule. Pourtant, il est possible de répertorier une dizaine de compléments adverbiaux appropriés pour le pragmatème *Liquidation totale* : *avant cessation d'activité* ; *pour travaux* ; *avant déménagement* ; *pour fermeture définitive*. De plus, le complément direct doit être indiqué (*Liquidation totale de N[produit]*), ce qui permet encore d'introduire d'autres compléments (*jusqu'à épuisement des stocks. Tout doit partir. Tout doit disparaître)*.

Le GRLFi offre le pragmatème *Stationnement autorisé* (absent du TLFi) s.v. **stationnement**, mais sans donner aucune indication sur les compléments adverbiaux possibles (par exemple : *sur trottoir, devant garage, jours fériés, du 1er au 15 du mois...*) :

> s.v. **stationnement** : Spécialt. Arrêt d'un véhicule sur la voie publique, action de le ranger pour un certain temps. *Problèmes de stationnement au centre des grandes villes* (→ Circulation, cit. 5 ; déviation, cit. 1 ; parquer, cit. 7). *Stationnement autorisé, unilatéral, unilatéral alterné, bilatéral* (dans une rue), *limité* (dans certains quartiers : zone bleue*), *réglementé*. [...]

Le TLFi donne une définition et une citation pour le pragmatème *Date de péremption* (qui est absent du GRLFi). Il s'agit pourtant d'une description qui vise le phrasème nominal et non pas le pragmatème, qui, en tant qu'unité situationnellement contrainte, ne saurait fonctionner sans l'indication précise d'une date ou sans le renvoi à l'endroit où l'on peut lire cette indication (par exemple : *Date de péremption : voir étiquette sur l'emballage*) :

> s.v. **péremption** : *Date de péremption*. Date à partir de laquelle la fraîcheur d'un produit (alimentaire, pharmaceutique, ménager) n'est plus assurée. *Certains produits ont une vie plus ou moins courte, notamment dans l'alimentation : ils doivent porter en dehors des fruits et légumes une date de péremption (ou date limite de vente) en clair. Au-delà de cette date, ils doivent être détruits* (Wellhoff Comm., 1977).

Le phrasème nominal peut comporter un complément, comme *Chantier interdit au public* dans le GRLFi. Le TLFi, à son tour, donne *interdit au public* sous la première acception de la voix **public**. Un phrasème nominal peut aussi se voir étendu par un syntagme prépositionnel à sens conditionnel : *Tarif réduit sur présentation d'un justificatif* (le GRLFi donne

*Tarif réduit*, sans aucun commentaire, si ce n'est un renvoi à *Demi-tarif*, défini comme 'tarif réduit de moitié').

Le phrasème nominal peut également comporter une extension de nature adjectivale, qui correspond souvent à un prédicat verbal approprié au phrasème (et qui peut, donc, prendre celui-ci comme complément). C'est le cas, par exemple, dans *Tenue correcte exigée* = *On exige une tenue correcte (pour la soirée, pour la réception...)*. Normalement, les dictionnaires mentionnent le phrasème nominal sans extension adjectivale. Ainsi, on trouve *Chèque restaurant* dans le GRLFi (s.v. **chèque** sous la rubrique *En appos., pour former des composés*) mais non la formule *Chèques restaurant acceptés*. La même chose est à signaler à propos de *Tickets restaurant acceptés*. Le GRLFi donne quand-même l'exemple de *Restaurant qui accepte les tickets-repas* s.v. **ticket** (dans la sous-entrée *ticket-repas*).

En ce qui concerne la formule *Port du casque obligatoire*, nous trouvons dans le TLFi (s.v. **port**[2] acception 3) *port du casque obligatoire (sur un chantier)*, qui correspond au pragmatème plus une indication situationnelle. Par contre, le GRLFi ne donne qu'une forme non standardisée s.v. **casque** en tant qu'exemple de l'acception I.2 : *Le port du casque est obligatoire dans certains sports, sur les chantiers.*

Ni le TLFi ni le GRLFi ne donnent des informations sur la suite *Tenue correcte exigée*, mais ce dernier propose, s.v. **tenue** B.3 : *Tenue convenable, correcte, décente, impeccable, débraillée, négligée, minable. Une tenue correcte est de rigueur.* et s.v. **correct** 2 : *Une tenue correcte est de rigueur.* Faisons remarquer que ces deux formules, pourtant identiques, ne sont pas mises en relation par un renvoi.

SYNTAGMES ADJECTIVAUX

Dans le cas des pragmatèmes, le nom sur lequel s'applique le syntagme adjectival est présent par ostension. Ainsi, par exemple, *Lavable en machine* s'applique au nom du vêtement sur lequel est apposée l'étiquette qui porte cette indication. Le vêtement, en tant qu'objet physique, est l'entité qui assure l'ancrage du pragmatème à sa situation de communication. On constate ici la particularité du figement des pragmatèmes, qui fait intervenir de façon directe les actants de la situation extralinguistique. Cette référence est une forme de deixis, car si l'étiquette changeait de place (soit pour l'apposer sur un autre objet, soit tout simplement pour la jeter), le pragmatème ne fonctionnerait plus. En effet, si l'on collait une étiquette *Lavable en machine* sur un livre, le résultat serait pragmatiquement inadéquat (indépendamment des valeurs de vérité que l'on puisse attribuer à l'énoncé). Si, par contre, on la collait sur un tissu non lavable en machine, l'énoncé serait adéquat, bien qu'il soit faux. Par contre, un phrasème sémantique considéré isolément ne peut être ni faux ni absurde. Seul un pragmatème peut l'être, parce que, répétons-le, il ne s'agit pas d'une unité lexicale mais d'un énoncé complet. Notons au passage que le GRLFi donne l'exemple de *Linge lavable en machine*, s.v. **machine** 4b, qui ne correspond pas au pragmatème *Lavable en machine*, mais au phrasème adjectival (qui peut être pronominalisé tout comme un adjectif : *Ce linge est lavable en machine* = *Ce linge l'est*).

Sous l'entrée correspondant à **satisfait**, le GRFLi donne, sans aucun commentaire, le pragmatème *Satisfait ou remboursé*. Le pragmatème réapparaît s.v. **remboursé** du GRFLi accompagné de l'indication *formule employée dans le commerce*. Le TLFi l'inclut sous l'entrée **satisfait** avec un renvoi à l'entrée **rembourser**, où nous pouvons lire :

> Part. passé en empl. adj. *Satisfait ou remboursé. Satisfaite ou remboursée. 15 jours pour demander l'échange ou le remboursement* (Catal. La Redoute, printemps-été 1989, p. 1152).

Les interdictions sont très souvent présentées sous forme de pragmatèmes adjectivaux. Il existe toute une série de formules d'interdiction, plus ou moins routinisées, commençant par *Interdit à…* Les dictionnaires en rendent compte de façon très asystématique. Dans le GRLFi, nous trouvons :

> s.v. **interdit** 1. *Chantier interdit au public. Film interdit aux moins de seize ans.*

Et dans le TLFi :

> s.v. **interdit** P. méton. Dont l'accès, l'usage, la publication est interdite. *Lieu, sens interdit ; journal interdit ; film interdit aux moins de dix-huit ans.*
>
> s.v. **mineur** *Emploi subst. Émancipation, enlèvement de mineur ; interdit aux mineurs de moins de 13 ans.*

SYNTAGMES VERBAUX

Pour un pragmatème comme *Attachez votre ceinture*, il faut expliciter du moins le moyen de transport où on le trouve (aérien, par contraste avec *Il est obligatoire d'attacher la ceinture de sécurité*; *Mettez votre ceinture de sécurité*; *Mettez votre ceinture à l'arrière*, etc., qui sont caractéristiques du transport routier). Nous n'avons pas pu trouver ce pragmatème dans les deux dictionnaires que nous sommes en train d'analyser, bien que le GRLFi signale la cooccurrence avec *attacher* à propos de *Ceinture de sécurité*. Des informations beaucoup plus détaillées sur le sens de ces pragmatèmes pourraient être fournies. Au risque d'aller jusqu'à des informations à caractère encyclopédique, faisons remarquer que la ceinture doit rester attachée pendant tout le trajet en automobile, ce qui n'est pas toujours le cas dans l'avion. Ce type de considérations pourrait légitimement faire partie de la description du pragmatème, dont le figement porte finalement sur la structure conceptuelle. Notons, par ailleurs, que le GRLFi donne un sens métaphorique de *Attachez vos ceintures !* ce qui montre que la non compositionnalité sémantique favorise la prise en compte d'une unité donnée :

> *Ceinture de sécurité*, et, absolt, *ceinture* : dispositif spécial qui maintient les passagers d'un avion ou d'une automobile attachés à leur siège, et destinée à atténuer les effets d'un choc éventuel (– aussi Bretelle, I., 4.). *L'hôtesse lui a demandé d'attacher sa ceinture et de redresser le dossier de son fauteuil.* – Par métaphore et fam. *Attachez vos ceintures !* : prenez des précautions ; ou : attention, il va y avoir du danger, de l'action.

L'entrée **servir** et l'entrée **chaud** du TLFi sont deux autres exemples qui montrent bien que les chances d'un pragmatème donné d'être incorporé (mais pas forcément décrit) dans un dictionnaire augmentent de façon considérable quand il (ou son syntagme homonyme) est à la base d'un sens figuré. En effet, l'emploi figuré de *Servir chaud* est illustré dans le TLFi par deux citations littéraires, alors que le pragmatème ne comporte pas d'exemples :

> s.v. **chaud** A. Emplois adv. 1. Loc. verbales a) *Boire, manger, servir, tenir chaud*, etc. P. métaph. [Avec une nuance temp.] *Écrire vite et servir chaud* (MAURIAC, Journal 4, 1950, p. 204).

> s.v. **servir** : I.B.I [Avec ell. du compl. d'obj. dir.] *À servir très frais*. Au fig. Servir chaud. Proposer, donner à apprécier à l'instant même, sur le champ. *Debray : Comment ! Chateaubrun ? Mais je le croyais en Afrique. Chateaubrun : J'arrive d'hier (...) Albert : Et je vous l'offre aujourd'hui. On ne peut pas servir plus chaud, j'espère !* (DUMAS père, Cte de Morcerf, 1851, I, 1er tabl., 4, p. 7).

Le GRLFi propose uniquement le syntagme :

> s.v. **chaud** III Adv. 1 (Du sens I, A, 1). *Servir chaud. Buvez chaud. Manger chaud.*

Voici le traitement succinct que le TLFi réserve aux pragmatèmes *Servir frais*, d'une part, et *À servir glacé* d'autre part :

> s.v. **frais** : *Boire, servir frais.* Boire, servir une boisson refroidie ou rafraîchie jusqu'à une température agréable.

> s.v. **glacé** : *En partic.* Congelé ou refroidi artificiellement. *Café glacé, champagne glacé, chocolat glacé (synon. esquimau) ; bombe glacée. À servir glacé.*

Pour ce qui est du GRLFi, nous avons :

> s.v. **frais** I.1. [...]– Loc. [...] *Servir frais, mais non glacé.*

> s.v. **servir** III. 4 Passif. *Ce vin doit se servir très frais, être servi très frais.*

Le pragmatème *Roulez au pas* relève de l'acte de parole 'ordonner'. Il apparaît, en général, sur un panneau de signalisation routière, accompagné parfois de certaines indications, comme *Priorité aux piétons.* Le GRLFi et le TLFi ne rendent pas compte du pragmatème, mais du phrasème adverbial *Au pas* :

> s.v. **pas** : Par ext. *Aller, rouler au pas* : avancer très lentement, en parlant d'un véhicule. *Allez au pas pour entrer dans le garage.*

> s.v. **pas** : [En parlant d'un véhicule] *(Rouler) au pas.* Avancer très lentement. *Puis la fraîcheur du Bois enveloppa la calèche ralentie. Les voitures (...) allaient à la file, au pas* (A. FRANCE, Jocaste, 1879, p. 80).

Le GRFLi attire l'attention sur la construction absolue de *Frapper avant d'entrer* et *Entrez sans frapper* (formules absentes du TLFi). L'utilisation de ce pragmatème comprend, bien entendu, la référence à une porte. En fait, nous pourrions dire (bien entendu, par abus de langage) que l'écriteau est normalement posé sur son complément d'objet direct (sur ce à quoi renvoie le complément d'objet direct) ne figurant pas dans l'énoncé du pragmatème :

> Fig. (Sujet n. de personne ; sans compl. direct). [...] – *Frapper à la porte*, ou, absolt, *frapper*, pour se faire ouvrir. Heurter. | *« Frappez, et l'on vous ouvrira »* (→ Demander, cit. 15). *Frapper avant d'entrer. Entrez sans frapper. On est prié de frapper fort.*

Quant à *Ne pas dépasser la dose prescrite*, il apparaît s.v. **dose** 1.a (alinéa SYNT.) du TLFi sans aucun commentaire. *Reboucher après usage* est cité comme exemple, aussi dans le TLFi, s.v. **reboucher** B.1.

> 1. [Le compl. désigne un récipient] Introduire à nouveau un bouchon dans le goulot. *Reboucher une bouteille, une fiole ; à reboucher après usage.*

Finalement, seul le dictionnaire GRLFi mentionne *Repasser à l'envers*, se contentant de l'inclure sans commentaires s.v. **repasser** A.3.c :

> Absolt. *Repasser* (→ Brider, cit. 1 ; lingerie, cit. 2). [...] *Repasser à l'envers.*

Nous pensons pouvoir affirmer que le TLFi et le GRLFi (des dictionnaires par ailleurs excellents dont la valeur est universellement reconnue et ne fait aucun doute) non seulement ne décrivent pas de façon adéquate les pragmatèmes mais, dans la plupart des cas, ne les mentionnent même pas. Il s'agit d'un déficit qui est dû, à notre avis, au fait que l'unité linguistique qui est le pragmatème n'est pas reconnue comme telle. Le fait de ne pas identifier ce type de phrasèmes implique un traitement lexicographique peu satisfaisant.

À la suite de cette présentation, il serait peut-être le moment de s'arrêter sur les raisons pour lesquelles de très grands dictionnaires monolingues marginalisent à ce point des unités phraséologiques dont l'importance pour la compétence linguistique est si évidente. Deux types de raisons peuvent être invoqués : des raisons théoriques et des raisons techniques.

Pour le premier type de raison, il serait pertinent de mentionner la problématique de la polylexicalité dans le traitement lexicographique. Derrière tout type de traitement lexicographique se profile une vision du lexique qui en fournit l'explication et en justifie la structuration. Que ces choix théoriques soient explicités ou non, ils représentent le repère fondamental qu'il faut interroger pour comprendre la logique qui préside au traitement consacré à chaque phénomène. S'agissant de la lexicographie française, il y a lieu de retenir un positionnement qui privilégie la monolexicalité au détriment de la polylexicalité, ce qui signifie que toutes les séquences polylexicales, quels qu'en soient la nature et le mode de fonctionnement, sont réduites dans leur traitement à l'un de leurs constituants. Une telle réduction fausse nécessairement la description, et ce pour au moins deux raisons : la première, c'est que la globalité de la séquence figée transcende ses constituants ; la seconde concerne la dispersion des informations descriptives sur plusieurs articles, si l'unité est traitée dans tous les articles des unités monolexicales qui la composent.

C'est cette conception du lexique qui constitue le principal handicap devant un traitement exhaustif des unités polylexicales.

Sur le plan strictement technique, il ne faut pas oublier les contraintes de nature dictionnairique, comme la taille des dictionnaires papier et les questions de lemmatisation. Pour ce qui est de la taille, il faut rappeler que le lexicographe, devant tenir compte des contraintes relatives à l'espace dans lequel il doit évoluer, se trouve dans l'obligation de sacrifier plusieurs informations, même si elles sont jugées par ailleurs essentielles. Ainsi tout un pan du lexique se trouve marginalisé, celui qui implique la dimension polylexicale. Quant à la lemmatisation, elle pose des problèmes également liés au statut de l'unité polylexicale : c'est une unité qui, tout en étant figée, peut avoir des variantes et comporter des possibilités de restructuration dont il faut tenir compte ; elle implique en plus une dimension syntaxique qui va de pair avec la concaténation des constituants dans le cadre de la formation.

Pour les pragmatèmes s'ajoutent deux difficultés supplémentaires : le fait qu'il s'agit d'un énoncé complet malgré sa structure de surface qui peut correspondre à une configuration syntagmatique quelconque ; le figement conceptuel qui impose qu'on tienne compte dans la description lexicographique des conditions d'emploi des pragmatèmes. Ces deux difficultés marginalisent les pragmatèmes dans les dictionnaires, même si des dictionnaires comme le Robert, sous la direction d'Alain Rey, font une attention particulière aux faits phraséologiques en général (Mejri, 2010a).

## LES PRAGMATÈMES DANS LE DICTIONNAIRE BILINGUE

Les dictionnaires bilingues recueillent plus volontiers les pragmatèmes que les dictionnaires monolingues. Cela est probablement dû au fait que le décodage des pragmatèmes est considéré souvent comme allant de soi (ces unités étant le plus souvent compositionnelles), tandis que la traduction ne peut pas être considérée comme allant de soi pour des raisons évidentes. En effet, la traduction implique un encodage et l'encodage met en relief le caractère restreint, et donc non prévisible, des pragmatèmes.

LEXICOGRAPHIE BILINGUE FRANÇAIS-ANGLAIS

Pour cet alinéa, nous dépouillerons *Le Grand Dictionnaire Hachette-Oxford* français-anglais (2007), dorénavant HFA, et *Le Robert & Collins* (2010) français-anglais, dorénavant RCF. Il s'agit de deux ouvrages basés sur des corpora et présentant une grande couverture lexicale.

## *Le HFA*

Le *Grand Dictionnaire français-anglais, anglais-français Hachette-Oxford* HFA (2007) présente une annexe assez complète consacrée à la correspondance (qui contient, bien entendu, les pragmatèmes d'usage) ainsi qu'un alinéa consacré à l'usage du téléphone, du SMS et du courrier électronique. Cela permet de proposer certains pragmatèmes qui ne trouveraient pas leur place dans le corps du dictionnaire à cause de leur marque diamodale (par exemple *à 1 2 c 4* qui correspond à *à un de ces quatre*). Ils sont cependant présentés sans équivalents de traduction. Voici quelques cas :

*@2m1 (à demain)*
*Bap (bon après-midi)*
*Bjr (bonjour)*
*Cpg (c'est pas grave)*
*Dsl (désolé)*
*Dzolé (désolé)*
*jSpR ktu va bi1 (j'espère que tu vas bien)*
*koi29 (quoi de neuf ?)*
*komencava (comment ça va ?)*
*p2k (pas de quoi)*
*savapa (ça va pas ?)*
*stp (s'il te plaît !)*

Par ailleurs, nous trouvons de nombreux pragmatèmes dans les articles du HFA. En général, ils sont présentés comme exemples, sans distinction formelle qui permette de les reconnaître. Cependant, un certain nombre sont donnés entre guillemets simples, ce qui semble doter la suite d'un caractère autonymique. En voici quelques cas :

s.v. **accès** '~ interdit' 'no entry', 'no admittance' ; '~ interdit aux visiteurs' 'visitors no admitted' ; '~ interdit aux chiens' 'no dogs (allowed)' ; '~ réservé au personnel or au service' 'staff only'

s.v. **baignade** '~ interdite' 'no swimming', 'no bathing'

s.v. **chantier** ~ interdit au public 'no admittance to the public'

s.v. **chien** 'chien ~' 'beware of the dog'

s.v. **citation** 'fin de ~' 'unquote'

s.v. **conserver** 'à ~ au frais' 'keep refrigerated'

s.v. **défense** '~ d'entrer' 'no entry' '~ de toucher' '(please) do not touch'

s.v. **droit** 'à qui de ~' 'to whom it may concern'.

s.v. **entrée** '~ interdite' 'no admittance', 'no entry'

s.v. **établissement** 'l'~ décline toute responsabilité en matière de vol' 'the management does not accept responsibility for theft'

s.v. **fabriquer** 'fabriqué en France' 'made in France'

s.v. **fermeture** 'attention à la ~ des portes' 'mind the doors'.

s.v. **fin** 'fin' (dans un film, roman) 'the end'

s.v. **frais** 'servir ~' 'serve chilled'

s.v. **lire** 'lu et approuvé' 'read and approved'

s.v. **passage** 4 (franchissement) '~ interdit, voie privée' 'no entry, private road'

s.v. **peinture** '~ fraîche' 'wet paint'

s.v. **portée** 'tenir hors de ~e des enfants', 'ne pas laisser à la ~e des enfants' 'keep out of reach of children'

s.v. **service** 'à votre ~' (je vous en prie) 'dont mention it', 'not at all' ; 'que puis-je faire *or* qu'y a-t-il pour votre ~ ?' 'may I help you ?'.

s.v. **vendre** 'à ~' 'for sale'

Des options de traduction peuvent être données d'après la diatopique :

s.v. **Noël** 'Joyeux ~' 'Merry Christmas', 'Happy Christmas'

s.v. **occupé** ça sonne ~ Télécom it's engaged GB ou busy ; 'toutes nos lignes sont ~es, veuillez patienter' 'all our lines are busy, please hold' ; s.v. interdiction : '~ de fumer' 'no smoking' , '~ de dépasser' 'no overtaking' GB, 'no passing' US ; '~ de stationner' 'no parking'

Cependant, il est plus fréquent (quoique pas du tout systématique) de trouver des indications diatechniques précisant le domaine d'emploi du pragmatème :

> s.v. **toucher** 1 'prière de ne pas ~' 'please do not touch' 3 'Touché !' (en escrime) 'touché !' ; (à la bataille navale) 'hit !'.

Le type d'indication qui est le plus propre du pragmatème est l'indication du support ou du lieu :

> s.v. **entrer** entrez ! come in! ; 'défense d'~' (sur une porte) 'no entry' ; (sur une barrière) 'no trespassing'
>
> s.v. **travaux** nmpl 'fermé pour travaux' (sur une devanture) 'closed for repairs ou alterations' ; 'attention travaux' gén 'caution, work in progress' ; (sur une route) 'caution, road under repair'.

Il est intéressant de constater la polysémie du pragmatème *Entrée libre* qui est résolue grâce à l'indication de support : s.v. **entrée** '~ libre' (gratuite) 'free admission' ; (publique) (dans un magasin) 'browsers welcome' ; (dans un monument) 'visitors welcome'.

Parfois, on trouve entre guillemets une suite de pragmatèmes, par exemple s.v. **rien** : 'merci' – 'de ~' 'thank you' – 'you're welcome', 'not at all'. Le tiret cadratin marque bien que la deuxième séquence implique un changement d'interlocuteur.

On trouve parfois aussi le contexte du pragmatème entre guillemets, par exemple : s.v. **courage** 'je vais travailler' – 'bon ~ !' 'I'm going to work' – 'work hard' ou *iron* 'good luck to you !' : ~ ! don't lose heart. La phrase *je vais travailler* sert uniquement à contextualiser *Bon courage.* Par ailleurs *Courage !* n'est pas présenté entre guillemets.

Sous **à volonté** loc adv 1 (autant que l'on veut) 'vin/pain/crudités à ~' 'unlimited wine/bread/salad', la séquence comporte un cumul qui ne favorise pas la lecture de *à volonté* comme pragmatème.

Nous trouvons aussi s.v. **pierre** 'attention, chute de ~s' 'beware of falling rocks' mais s.v. **chute** la suite, très semblable, *attention aux ~s de pierres look out for falling rocks*, apparaît sans guillemets.

De la même façon, s.v. **danger,** nous avons '~ de chute' 'Danger : steep drop' ; 'danger de noyade' 'Danger : unsafe for bathing' ; 'attention ~ !' Danger ! Mais s.v. **chute** la suite *Danger de chute* est absente.

La traduction pose problème dans certains cas. Par exemple, s.v. **volonté** 'que ta volonté soit faite' Relig 'thy will be done'.

Parfois, les équivalences de traduction laissent à désirer. Sous l'entrée **paraître** 'à ~' forthcoming titles, l'équivalent recouvre seulement un des emplois du pragmatème. Sous **arrêt** 'Dijon : trois minutes d'~' 'this is Dijon, there will be a 3-minute stop', l'équivalent de traduction n'est pas un pragmatème et n'est pas lié à un contexte ferroviaire.

Mais nous trouvons un grand nombre de pragmatèmes dans le HFA qui ne comportent pas de guillemets. Parmi eux, il y a des salutations :

s.v. **bientôt** à ~ see you soon ; à ~ le plaisir de vous lire I look forward to hearing from you soon ;

s.v. **demain** à ~ ! see you tomorrow

s.v. **enchanté** : ~ (faire votre connaissance) delighted to meet you ; how do you do?

s.v. **heureux** : très ~ de faire votre connaissance (very) pleased to meet you ; Monsieur et Madame Bon sont ~ de vous faire part de… Mr and Mrs Bon are pleased to announce…

s.v. **prochain** à la ~e ! see you !

s.v. **salut** ~ ! (bonjour) hello !, hi ! ; (au revoir) bye ! ; ~ à ta sœur ! say hello to your sister ! ; ~ les filles / les copains / beauté ! hi girls/pals/beautiful ;

Cependant, toutes les salutations ne sont pas recensées. Nous ne trouvons pas *Bonne nuit* s.v. **nuit**, par exemple. Ni *À plus tard* (présent uniquement dans l'annexe SMS : @+ à plus tard), *À tout à l'heure*, *À tout de suite*… Il y a d'autres pragmatèmes phatiques :

s.v. **allô** excl hello !, hallo ! ~ ? bonjour ! ici Sarah, pourrais-je parler à Yves ? hello, Sarah here, could I speak to Yves ?

s.v. **aller** B vi 1 (se porter, se dérouler, fonctionner) comment vas-tu, comment ça va ? how are you ? ; ça va (bien) I'm fine

s.v. **coucou** B excl (bonjour) cooee! ; (en se cachant) peekaboo!

Nous trouvons également des souhaits :

s.v. **tien, tienne** à la tienne ! (à ta santé) gén cheers ; iron the best of luck !

s.v. **vôtre** à la (bonne) ~ ! (à votre santé) cheers ! ; iron the best of luck !

s.v. **santé** à votre ~ ? cheers !

s.v. **anniversaire** bon or joyeux ~ happy birthday !

s.v. **appétit** bon ~ ! enjoy your meal

s.v. **voyage** bon ~ ! have a good trip or journey !

s.v. **fête** bonne ~ ! happy nameday !

s.v. **bon** 11 (dans les souhaits) [chance, nuit] good ; [anniversaire] happy ; ~ retour (have a) safe journey back ! bonne journée/soirée have a nice day/evening ; ~ séjour/week-end ! have a good ou nice time/weekend !

s.v. **bienvenu** soyez la ~e welcome !

À notre avis, les équivalents de traduction proposés ne sont pas toujours les plus adéquats. Par ailleurs, le pragmatème *À vos souhaits !* n'est pas recensé s.v. **souhait** :

s.v. **continuation** bonne ~ ! all the best !

s.v. **amours** nmpl ou nfpl à tes ~s ! (quand on éternue) bless you !

Nous avons également des ordres ou indications :

s.v. **abordage** à l'~ ! stand by to board !

s.v. **attacher** veuillez ~ vos ceintures please fasten your seat belts.

s.v. **avant** : en ~, marche ! Mil, fig forward march!

s.v. **casque** le port du ~ est obligatoire crash ou safety helmets must be worn

s.v. **chut** : chut excl shh!, hush!

s.v. **feu** ~ feu ! fire ! 10 (tir) ~ ! Mil fire !

s.v. **marque** à vos ~s, prêts, partez ! (au départ d'une course) on your marks, get set, go !

s.v. **obligatoire** : tenue de soirée ~ evening dress is obligatory

Sous l'entrée **asseoir**, l'on distingue explicitement entre l'invitation et l'ordre : *asseyez-vous (invitation) do sit down, do take a seat GB, please be seated* ; (ordre) *sit down.* Et s.v. **table** *à ~ ! dinner's ready!* on donne un équivalent de traduction qui restreint le sens du pragmatème français.

Nous trouvons également des interdictions :

s.v. **déconseillé** : ~ aux enfants de moins de 10 ans not recommended for children under 10 months ; baignade ~e bathing unsafe.

s.v. **formellement** il est ~ interdit/illégal de faire it is strictly forbidden/ illegal to do

s.v. **interdit** : baignade/pêche/chasse ~e swimming/fishing/hunting prohibited ; stationnement ~ no parking ; entrée ~e no entry ou admittance ; dépassement ~ no overtaking GB, no passing US ; film ~ au moins de 13 ans film unsuitable for children under 13 ; film ~ aux moins de 18 ans film for adults over 18 only

s.v. **zone** ~ interdite no-go area GB, off-limits area ; (sur un panneau) no entry

Nous avons aussi des mises en garde. Par exemple, s.v. **chaud**, l'équivalent de traduction n'est pas un pragmatème, mais un cliché. Il peut, en effet, être employé dans une grande diversité de situations. Le pragmatème présenté s.v. **chaussée** est immédiatement suivi de *chaussée déformée*, qui n'est pas du tout un pragmatème.

s.v. **chaud** : ~ devant ○ ! watch out ! (le symbole ○ signifie 'informel').

s.v. **chaussée** : ~ glissante slippery surface.

s.v. **chute** attention aux ~s de pierres look out for failing rocks

s.v. **marche** 7 attention à la ~ ! mind the step ! GB, watch the step !

Des pragmatèmes liés à la correspondance ou au téléphone :

s.v. **amicalement** 2 (en fin de lettre) (bien) ~ best wishes

s.v. **amitiés** nfpl (en fin de lettre) kindest regards ; toutes mes ~s à my kindest regards to

s.v. **appareil** 2 (téléphone) telephone ; qui est à l'~ ? who's calling please? ; on te demande à l'~ you're wanted on the phone ;

s.v. **attention** à l' de F. Pons for the attention of F. Pons ; excl (pour avertir) (cri) look out !, watch out ! ; (écrit) gén attention ! ; (en cas de danger) warning ! ;

s.v. **cordialement** ~ (vôtre or à vous) (dans une lettre) yours sincerely

s.v. **écouter** je vous écoute I'm listening ; allô oui, j'écoute ! hello ! ;

s.v. **embrasser** : je t'embrasse (en fin de lettre) lots of love ; (au téléphone) lots of love, take care ; embrasse ta mère pour moi give my love to your mother s.v. **moi** c'est ~ (au téléphone) it's me ;

s.v. **part** C de la part de loc prép c'est de la ~ de qui ? (au téléphone) who's calling ou speaking please ?

s.v. **passe** 6 (au téléphone) tu peux me ~ Chris? Can you put Chris on? ; attends, je te la passe hold on, here, she is, I'll put her on ; je vous le passe (sur un autre poste) I'm putting you through

Des pragmatèmes liés à la signalétique :

s.v. **attention** (panneau routier) caution ! ; ~ à la peinture/marche/voiture mind the paint/step/car

s.v. **dames** 2 (inscription) ladies

s.v. **piéton** passage pour ~s pedestrian crossing

Il est à remarquer que s.v. **sens** les pragmatèmes sont présentés sous la rubrique « Composés », où ils ont le statut de lemmes. Cependant, ils doivent ce statut à leur composition morphologique (N Adj) et non pas à leur figement situationnel : s.v. **sens** Composés ~ **giratoire** : *suivez le ~ giratoire go round the round-about* GB, *follow the trafic circle around* US ; ~ **interdit** (panneau) *one-way sign* ; ~ **unique** (panneau) *one-way sign* ; (rue) *one-way street.* La même chose s.v. **aire** : Composés ~ **de jeu** *playground* ; ~ **de repos** *rest area* : ~ **de services** *services* pl GB, *motorway* GB ou *freeway* US *service station* ; ~ **de stationnement** *parking area.*

Nous avons également des pragmatèmes liés à la politese conversationnelle :

s.v. **après** ~ vous ! (par politesse) after you !

s.v. **santé** comment va la ~ ? how are you ? ; 2 (en buvant) à votre ~ ! cheers ! ; à la santé de Janet ! here's to Janet ! buvons à votre ~ let's drink to your (good) health.

Et encore d'autres, comme des questions liées à une situation de communication diatechniquement marquée :

s.v. **combien** ça fait ~ ? (valeur) how much does that come to ?

s.v. **déclarer** avez-vous qch à ~ ? (à la douane) do you have anything to declare?

s.v. **tour** 6 (moment d'agir) gén turn ; à qui le ~ ? whose turn is it ? c'est ton ~ it's your turn

Des appels à l'aide :

s.v. **aide** à l'~ help !

s.v. **garde** à moi, la ~ ! help! guards!

Beaucoup de pragmatèmes sont présentés. Ils ne sont pas dotés d'une microstructure appropriée à ce genre de formules, mais ils sont, en général, bien traduits. Bien entendu, la liste des pragmatèmes courants qui ne figurent pas dans le dictionnaire est aussi très longue : rien sous **strapontin** ni sous **ascenseur**, **glissant**, **incendie**, etc.

## *Le RFA*

Le *Dictionnaire Le Robert & Collins* (2010) (français-anglais, anglais-français) présente également un nombre important de pragmatèmes parmi ses exemples. Parfois ceux-ci sont marqués avec des guillements français. Notons que l'équivalent (s.v. **consommer**) de la formule *À consommer avec modération* (*to be drunk in moderation*) limite l'emploi du pragmatème aux boissons alcoolisées (il serait énoncé à la suite de *L'abus d'alcool est dangereux pour la santé*). Or, cela peut amener l'usager à des traductions inadéquates. Il serait donc préférable d'employer *Enjoy responsibly*.

s.v. **attention** : « à l'~ de M- Dupont » for the attention of Mr. Dupont

s.v. **conserver** : « ~ à l'abri de la lumière » "keep ou store away from ligth" ; « à ~ au froid » "keep refrigerated"

s.v. **consommer** : « à ~ de préférence avant le » "best before" « à ~ avec modération » "to be drunk in moderation"

s.v. **danger** : « danger de mort » "danger of death"

s.v. **défense** : « défense d'entrer » "no entrance", "no entry", "no admittance", « défense de fumer/stationner » "no smoking/parking", "smoking/parking prohibited"

s.v. **précaution** : « à manipuler avec précaution » "handle with care"

etc.

La marque des guillemets français semble réservée aux pragmatèmes écrits, car on trouve pour l'oral :

s.v. **abordage** : à l'~ up lads and at'em!

s.v. **aide** : à l'~ help!

s.v. **attacher** : veuillez attacher votre ceinture (en avion) (please) fasten your seatbelts

s.v. **attention** 2. locution ~ ! tu vas tomber ! watch out ou mind (out) (Brit) ou careful! you're going to fall.

s.v. **demain** : à ~ (gén) see you tomorrow

s.v. **marcher** : En avant, marche ! quick march!, forward march!

Cependant, il arrive que des pragmatèmes relevant du code écrit apparaissent sans marque particulière. Notons aussi la légère différence qui existe entre les équivalents de traduction proposés pour le même pragmatème s.v. **attention** et s.v. **marche** :

s.v. **attention** ~ chien méchant beware of the dog
~ travaux caution work in progress
~ à la marche be careful of the step, mind the step (Brit)
attention à la ~, ~ fraîche (caution) wet paint
~ fragile (sur colis) fragile, handle with care

s.v. **marche** Attention à la marche mind (Brit) or watch (US) the step

s.v. **port** le port du casque est obligatoire sur le chantier hard hats must be worn on the building site

Il est à souligner que ces pragmatèmes, lemmatisés sous *attention*, seront difficilement accessibles pour l'usager qui aura tendance à les chercher sous les ancrages lexicaux *chien*, *travail*, *marche*, *peinture* et *fragile* respectivement (sous ces entrées, le pragmatème est répété, mais cette fois-ci entre guillemets). Il y a parfois des renvois : ainsi, sous **péremption**, nous trouvons v. **date** et sous **date** v. *Date de péremption* (bien qu'en tant que locution nominale, non pas en tant que pragmatème).

Certains pragmatèmes apparaissent en tant que sous-entrées (en gras et en caractères bleus). Dans ces cas, ils bénéficient de la condition de sujets de la prédication lexicographique, ce qui leur revient en propre :

s.v. **paraître** : « à ~ » "forthcoming"

s.v. **plus** : ◊ à plus tard !, à plus ! * see you later!

s.v. **prochain** : à la prochaine ! (= salut) see you!*, be seeing you! (l'astérisque indique "langage familier")

s.v. **tien, tienne** : à la ~ne ! your (good) health!

Faisons remarquer que le RFA tient souvent compte de la diatopie pour les équivalents de traductions (spécialement pour la distinction entre anglais britannique et anglais américain) : RFA : *Attention à la marche mind* (Brit) or *watch* (US) *the step.*

LEXICOGRAPHIE BILINGUE FRANÇAIS-ESPAGNOL

En ce qui concerne la lexicographie bilingue français-espagnol, espagnol-français, nous examinerons d'abord le *Diccionario Larousse Español-Francés* (2003) en édition électronique (dorénavant LEF) (une version semblable est présentée en ligne par http://www.larousse.com) et le *Diccionario Espasa Grand, español-francés* de Espasa Calpe (2000) (dorénavant EEF), consultable en ligne sur le site de *Wordreference*. Nous reprendrons les exemples de Blanco (2014b).

Le LEF et le EEF sont probablement les dictionnaires bilingues espagnol-français les plus consultés. Le premier a fait l'objet d'éditions et réimpressions multiples qui ont pourtant conservé l'essentiel des données et le second est disponible en ligne sur un site très connu.

Nous avons cherché systématiquement dans ces deux dictionnaires un millier de pragmatèmes prélevés arbitrairement sur nos bases de données. Environ 20 % des pragmatèmes de notre liste de contrôle étaient présents sous une forme ou une autre dans, au moins, un de ces deux dictionnaires.

Le pragmatème peut apparaître comme une entrée à part entière, comme une sous-entrée, en qualité de phrase figée ou en tant qu'exemple. Dans les deux premiers cas, il peut être accompagné d'une microstructure spécifique. Dans les autres cas, il hérite d'une partie de la microstructure de l'article dans lequel il est mentionné. Les lexies pragmatiquement conditionnées (ou pragmatèmes unilexicaux), qui, en tant que telles, se voient associer une indication de catégorie grammaticale, ont beaucoup plus de chances d'être présentes dans le dictionnaire que les pragmatèmes polylexicaux. Souvent, elles sont considérées comme des interjections. Dans le LEF, par exemple, nous trouvons s.v. **buenas** interjección *¡buenas!* bonjour ! et s.v. **hola** interjección *¡hola!* bonjour (familiar) salut ! La catégorie *interjección* est aussi retenue, mais de façon beaucoup moins systématique, pour quelques pragmatèmes polylexicaux, par exemple, pour *Buenas tardes*.

Parfois un pragmatème est proposé comme exemple dans l'article consacré à une interjection. Ainsi dans **¡viva!** interjeccion *¡viva!* hourra ! *¡viva España!* vive l'Espagne ! (LEF), la suite *¡viva España!* est, en réalité, un exemple du pragmatème *¡Viva N!* et non pas de l'interjection. Les points d'exclamation qui accompagnent souvent les pragmatèmes reflètent leurs caractéristiques prosodiques spéciales et mettent en évidence leur caractère d'unités phrastiques.

Certains pragmatèmes apparaissent en qualité d'exemples pour une acception donnée d'un lemme ; par exemple, nous avons *cárgamelo en cuenta* s.v. **cargar** 5. (anotar) mets-le sur mon compte, ou encore *¿cómo estás?* s.v. **estar** 6. (estado) comment vas-tu ? (LEF).

Le dictionnaire EEF comporte aussi des indications de catégorie grammaticale renvoyant aux pragmatèmes. Par exemple *exclamación* (abrégée *excl.*), s.v. **adiós** : II. excl au revoir ! ou s.v. **halte** : IV excl halte ! Parfois, on les marque comme *locución* (abrégée *loc*) : s.v. **bolsa** : 5 Loc : *¡la bolsa o la vida!* la bourse ou la vie ! ; s.v. **hasta** : 3 Loc : *¡hasta ahora!* à tout de suite ! ; *¡hasta otra!* au revoir !

Dans le EEF, nous avons repéré un total de 136 pragmatèmes. Ils peuvent être dotés de différentes informations comme c'est indiqué dans (Blanco, 2014b, p. 142) :

– une indication du domaine de spécialité, par exemple s.v. **acción** : *¡acción!* Cine action ! ; s.v. **descansar** : *¡descanso!* Mil repos ! ;
– une indication de type diastratique, par exemple s.v. **hola** : excl bonjour ! fam salut[2] ! ;
– l'indication d'un événement qui crée la situation appropriée au pragmatème, par exemple s.v. **jesús** : excl [después de estornudar] à tes/vos souhaits ! ;
– l'indication du statut de l'illocuteur, par exemple s.v. **atender** : (cliente) *¿le atienden?* on s'occupe de vous ? ;
– l'acte de parole, par exemple s.v. **buenas** : (saludos) *¡buenas!* bonjour ! ;
– un repère temporel, par exemple, s.v. **buenas** : *¡buenas noches!* bonsoir (al atardecer) bonne nuit ! (al acostarse) ; *¡buenas tardes!* (desde mediodía hasta media tarde) bonjour ! ; (más tarde) bonsoir ! ;

2 L'étiquette diasystématique s'applique à l'équivalent de traduction, mais elle permet de discriminer les deux emplois de *hola*.

- le type de support du pragmatème, par exemple s.v. **caballero** : 3. (en letrero) "caballeros" "messieurs" ;
- l'indication de l'objet sur lequel s'applique le pragmatème, par exemple s.v. **fecha** : *fecha de caducidad* (en los alimentos) date limite de consommation ;
- une indication morphosyntaxique à caractère contrastif, par exemple s.v. **horaire** : *horaire commercial* heures *fpl* d'ouverture ;
- une précision sur le canal de la communication, par exemple s.v. **¿oiga ?** : (al telefonear) allô !, qui est à l'appareil ? ;
- l'indication d'une action qui crée la situation appropriée au pragmatème, par exemple s.v. **tomar** : *¡toma! (cuando se da algo) tiens!*

Dans le LEF, nous avons trouvé un total de 123 pragmatèmes. Les éléments de microstructure qui s'y réfèrent peuvent comporter différents types d'informations lexicographiques (Blanco, 2014b, p. 141) :

- le domaine de spécialité, par exemple s.v. **apto** : 3. CINE *película no apta para menores* film interdit aux moins de dix-huit ans ; s.v. **descanso** : *¡descanso!* MILITAR repos ! ;
- le type de support du pragmatème, par exemple s.v. **atentamente** : 3. [en cartas] *le saluda muy atentamente* veuillez agréer, Madame/Monsieur, mes salutations distinguées ;
- l'acte de parole, par exemple s.v. **buenas noches** : *¡buenas noches!* [despedida] bonne nuit ! ; [saludo] bonsoir ! ; s.v. **tener** : [para desear] *¡que tengas un buen viaje!* bon voyage ! ; *que tengan unas felices Navidades joyeux Noël !* ;
- un repère temporel, par exemple s.v. **buenas noches** : *¡buenas tardes!* [hasta las siete] bonjour ! ; [después de las siete] bonsoir ! ;
- une indication de type diatopique, par exemple s.v. **buen día** : *¡buen día!* (América) bonjour[3] ! ;
- une indication de type diastratique, par exemple s.v. **haber** : *¿qué hay?* (familiar) ça va ? ; s.v. **hola** : *¡hola!* (familiar) salut ! ;
- un repère spatial, par exemple s.v. **caballeros** : [en aseos] messieurs ; s.v. **otro** : *¡otra!* [en conciertos] une autre ! ; s.v. **quién** : *¿quién es?* [en

3 Les marques *América* et *americanismo*, d'emploi courant dans les dictionnaires de langue espagnole, sont très imprécises, étant donné la grande diversité de l'espagnol américain. Elles ne s'appliquent qu'aux formes spécifiquement américaines et relèvent ainsi de la lexicologie différentielle. En effet, est marqué comme américain seulement ce qui ne se dit pas en Espagne.

la puerta] qui est là ? ; s.v. **vado** : [en acera] bateau *vado permanente* sortie de véhicules ;

- une précision sur le canal de la communication, par exemple s.v. **decir** : *¿diga?, ¿dígame?* [al teléfono] allô ! ; s.v. **quién** : [al teléfono] qui est à l'appareil[4] ? ;
- l'indication de l'objet sur lequel s'applique le pragmatème, par exemple s.v. **fecha** : *fecha de caducidad* [de alimentos] date limite de consommation ; [de medicamento] date limite d'utilisation ; s.v. **traspasar** : [negocio] céder *se traspasa* bail à céder ; **en vente libre** [médicament] → *sin receta médica*.
- un synonyme, par exemple s.v. **hasta** : *hasta luego* à tout à l'heure, à plus tard ; [adiós] au revoir ; le synonyme, qui ne s'applique qu'au troisième équivalent de traduction, permet de mettre en évidence la polysémie du lemme ;
- l'indication d'un événement qui crée la situation appropriée au pragmatème, par exemple s.v. **jesús** : *¡jesús!* [tras estornudo] à tes/vos souhaits ! ;
- l'indication d'une action appropriée au pragmatème, par exemple s.v. **salud** : *¡salud!* [para brindar] à la tienne/vôtre ! ; s.v. **so** : *¡so!* ho ! (pour arrêter un cheval).

Nous venons de passer en revue les dictionnaires espagnol-français ; la situation est très semblable dans les dictionnaires français-espagnol. Voici quelques éléments de microstructure que nous observons appliqués aux pragmatèmes (LFE correspond au Larousse français-espagnol et EFE au dictionnaire Espasa Calpe) (Blanco, 2013a, p. 17) :

- un synonyme : **disparais** ! [sors !] → *¡fuera!* (LFE) ;
- un hyperonyme : **renseignement** → (servicio) *información* (EFE) ;
- un argument sémantique : **en vente libre** [médicament] → *sin receta médica* (LFE) / **à emporter** → (comida) *para llevar* (EFE)[5] ;

---

4 Dans l'entrée **poner** du LEF nous trouvons 7. [telegrama, fax] envoyer *¿me pones con él?* tu me le passes ? Il s'agit sans doute d'une erreur, puisque le pragmatème relève, en fait, de la téléphonie.

5 Parfois cette indication n'est pas linguistiquement homogène. Ainsi, s.v. **prendre** 2. [aliment, décision, mesure] *tomar* : *vous prendrez quelque chose ?* → *¿tomará algo?* (LFE), les substantifs *aliment, décision et mesure* sont présentés sur un même plan, alors qu'*aliment* est un complément d'objet direct de *prendre*, mais *décision* et *mesure* sont des noms prédicatifs qui se combinent avec le verbe support *prendre*.

- une indication temporelle : **bis ! bis !** → (al final de un espectáculo) *¡otra! ¡otra!* (EFE) / **bonsoir** [la nuit] → *buenas noches* (LFE) ;
- une indication du cadre spatial dans lequel s'utilise le pragmatème : **vous désirez ?** [dans un magasin] → *¿en qué puedo servirle?* (LFE) ;
- une indication du support physique du pragmatème : **stop** → (señal de tráfico, en telegrama) *stop* (EFE) / **Cher Monsieur** [dans une lettre] → *Muy señor mío, Estimado señor* (LFE) ;
- une indication de l'acte de parole effectué avec le pragmatème : **allô** [sollicitant une réponse] → *¿oiga?* (LFE) / **gros bisou** [formule d'adieu] → *un beso muy fuerte* (LFE) ;
- une indication de la situation dans laquelle est formulé le pragmatème : **qui est à l'appareil ?** [téléphone] → *¿quién es?*(LFE) ;
- une indication d'action : **à ta santé !** → (al brindar) *¡a tu salud!* (EFE) / **à tes/vos souhaits !** → fig (estornudo) *¡Jesús!, ¡salud!* (EFE) ;
- une indication de domaine de spécialité : **repos !** (Militaire) → *¡descansen!* (EFE) ;
- une explication à caractère encyclopédique (le lemme est intégré dans ladite explication et on ne propose pas d'équivalent de traduction) : *Los franceses desean "bonne fête" a la persona cuyo nombre coincide con el del Santo celebrado ese día.* (EFE) ;
- une indication de catégorie grammaticale : **pardon** (interjection) → *¡perdón!* (LFE) / **amicalement** (adv.) → *amistosamente* (EFE) ;
- une indication de transition sémantique : **à tes/vos souhaits !** fig → *¡Jesús!, ¡salud!* (EFE) ;
- une indication diastratique : **ça fait combien ?** fam → *¿cuánto es?* (EFE) ;
- une indication diatopique : **bonjour** → (por la mañana) *buenos días* (España) / *buen día* (América) (EFE) ;
- une indication syntaxique concernant la forme sous laquelle est lemmatisé le pragmatème : s.v. à, **à plus tard !** 3. [introduit un complément de temps] → *¡hasta luego!* (LFE) ;
- la précision que le pragmatème est une réponse codifiée à un autre pragmatème : **ça va bien** → *tirando* (respuesta) (EFE).

Les indications, beaucoup trop hétéroclites, devraient être formalisées et systématisées. En effet, soit elles ne sont pas toujours fournies, alors qu'elles seraient pertinentes ou utiles, soit elles ne sont pas toujours présentées de la même façon (par exemple, *¡Jaque!*, *Échec !* dans le LEF n'est pas accompagné d'une étiquette de spécialité, alors que le pragmatème appartient à un domaine bien précis, celui des échecs, sauf emplois métaphoriques).

Certains pragmatèmes sont considérés comme des acceptions d'un adjectif, ce qui est évidemment inexact, puisque le pragmatème est une unité linguistique à part entière. C'est le cas de *Feliz Navidad* et de *Feliz cumpleaños*, aussi bien dans le LEF que dans l'EEF :

> **feliz** adjetivo
> heureux (féminin heureuse)
> [cumpleaños, Navidades] joyeux (féminin joyeuse)
> [Año Nuevo] bon (féminin bonne)

> **feliz** *adj*
> 1 heureux(euse) ; **hacer f. a alguien** rendre qqn heureux.
> 2 *(cumpleaños, Navidad)* joyeux(euse) ; *(Año Nuevo, viaje)* bon(bonne)

Cette présentation ne rend pas compte, par ailleurs, du fait que le pragmatème *Feliz cumpleaños* admet la variante *Cumpleaños Feliz.*

Faisons remarquer qu'aussi bien la structure retenue que les exemples proposés sont très proches dans les deux dictionnaires, ce qui pourrait mettre en évidence des filiations qui existeraient entre eux ou des choix lexicographiques partagés.

Nous ne prenons pas en considération ici les séquences qui peuvent être homographes par rapport à certains pragmatèmes. Un homographe serait, par exemple, *¡paso!* dans le dictionnaire EEF, qui est traduit par le cliché *je m'en fous.* Il ne s'agit pas du pragmatème *¡paso!* utilisé pour indiquer que l'on renonce à son tour dans un jeu de table (*Je passe*) ou que l'on abandonne une main dans un jeu de cartes (*Je jette*). Il ne s'agit pas non plus du pragmatème *¡paso!* utilisé en restauration (*Chaud !* ou *Chaud devant !*) qui a pour objet d'annoncer le déplacement du serveur qui doit se frayer un passage.

Le dictionnaire EEF est intégré au site de Wordreference et bénéficie donc des outils de ce cadre, parmi lesquels il y a des forums qui contiennent un grand nombre de questions-réponses sur des aspects du vocabulaire traité dans le dictionnaire. Souvent, les réponses apportées aux différentes consultations sont tout à fait judicieuses et enrichissent ainsi indirectement le dictionnaire. Pour ce qui est des pragmatèmes, le forum du dictionnaire espagnol-français contient de nombreuses questions qui s'y rapportent, ce qui montre bien qu'il existe un besoin réel d'information à propos de ces formules. Dans le forum (consulté le 15 février 2013 pour un grand nombre de ces suites), il était possible de trouver des données pertinentes (absentes du dictionnaire) sur les pragmatèmes suivants (Blanco, 2014b, p. 143) : *A quien corresponda / A quien pueda interesar* ; *Adiós muy buenas* ; *Besos/Besitos* ; *Cerrado por vacaciones* ; *En prensa* ; *Entrada libre y gratuita* ; *¿Está Fulanito?* ; *Gracias – No se merecen* ; *Guardar archivo* ; *Hola de nuevo* ; *Les envío un cordial saludo / un abrazo* ; *Llamo de parte de* ; *¡Mucho gusto!* ; *¡Oído cocina!* ; *Pago mínimo con tarjeta : x €* ; *Preparados, listos, ya* ; *Próxima apertura / Próxima parada* ; *¿Quién habla?* ; *Si usted gusta* ; *Te envío un beso y un abrazo* ; *Tierra/Barco a la vista.*

Plusieurs éléments peuvent être retenus par rapport au traitement lexicographique du pragmatème :

- La traduction met à l'épreuve le concept même de pragmatème dans ce sens que la recherche d'équivalents aux pragmatèmes traités et la difficulté que les dictionnaires rencontrent lors de ce traitement pointent clairement les traits saillants du pragmatème : un énoncé autonome, de sens généralement compositionnel, ayant un ancrage à la fois lexical et situationnel, ritualisé, croisant généralement des faits relevant de la performativité, de la stéréotypie langagière et comportementale, dépassant dans certains cas le cadre strictement linguistique pour engager une dimension anthropologique ;
- C'est cette dernière dimension qui pose le plus de difficultés dans le traitement lexicographique bilingue, parce que le culturel que véhicule le pragmatème couvre des faits qui relèvent du comportement verbal (l'emploi du pragmatème adéquat à la situation choisie), une attitude qui trahit un mode d'organisation qui donne aux relations sociales leur cohérence (voir par exemple les différentes consignes en rapport avec l'usage de certains produits), une appropriation de l'espace et du temps inscrite dans le langage (voir les salutations pendant les différents moments de la journée ou les formules d'excuses ou de courtoisie) et des ritualisations diverses qui risquent d'avoir des conséquences importantes en cas de manquement du respect de ces usages par le locuteur dans l'emploi des pragmatèmes adéquats ;

– La traduction est également un outil heuristique certain qui aide à mettre en relief l'idiomaticité des langues, c'est-à-dire les manières spécifiques de signifier des actes verbaux à travers des formules spécifiques : les pragmatèmes associent à la dimension purement linguistique des unités culturelles, *Cf.* la notion de *culturème* chez Pamies (2007);
– Le mérite du traitement lexicographique bilingue, c'est de croiser deux approches qui mettent en lumière certains aspects qu'une approche monolingue laisserait dans l'ombre. La description lexicographique est censée rendre compte des spécificités linguistiques conceptuelles et pragmatiques des pragmatèmes; la traduction y ajoute la mise en parallèle d'éléments supposés être totalement ou partiellement équivalents.

## LES PRAGMATÈMES DANS LA LEXICOGRAPHIE SPÉCIALISÉE

Nous interpréterons le titre de cet alinéa de deux manières différentes. D'abord, nous étudierons la présence des pragmatèmes dans la lexicographie qui s'occupe des variétés diasystématiques du français. Ensuite, nous considérerons de façon spéciale la lexicographie spécialisée en phraséologie, ou phraséographie.

### LES PRAGMATÈMES DANS LA LEXICOGRAPHIE DIASYSTÉMATIQUE

Les différents axes de variation diasystématique (Hausmann, 1989) constituent un point de vue possible pour le classement des pragmatèmes. Les axes les plus pertinents pour nous sont la diatopie, la diachronie, la diastratique et la diatechnique (terminologies ou lexicographie de spécialité). Nous considérerons également la variation diamodale (variation d'après le canal de communication). Nous mentionnerons aussi la diaintégrative (surtout pour le cas des anglicismes). Bien entendu, ces marques peuvent se combiner entre elles. Ainsi, il est possible d'avoir, par exemple, un pragmatème diatechniquement marqué qui soit, en même temps, diachroniquement marqué (*À Dieu va !* ou *À Dieu vat !*

dans le vocabulaire de la marine) ou un autre qui soit diatechniquement marqué et, en même temps diaintégrativement marqué (*Out !* dans le tennis), ou encore un autre qui soit diaintégrativement et diamodalement marqué (par exemple *Kissoux !* anglicisme et langage SMS), etc.

*Lexicographie diatopique*

Nous avons dépouillé, à titre d'exemple, l'*Inventaire des particularités lexicales du français en Afrique noire* (Équipe IFA, 2004). Sur environ 5 000 entrées, nous trouvons une quarantaine de pragmatèmes, qui comprennent (notons que les abréviations correspondent à B.F. Burkina Faso ; BE Bénin ; C.A. Centrafrique ; C.I. Côte d'Ivoire ; CAM Caméroun ; COM Comores ; MA Mali ; NI Niger ; RW Rwanda ; SEN Sénégal ; TCH Tchad ; TO Togo ; ZA Zaïre) :

– des formules de salutation :

*À plus* B.F., C.I., MA., SEN. Se dit en guise d'au-revoir. SYN : *à nous revoir, à toute.*

*À toute* B.F., C.I., MA., SEN. À tout à l'heure.

*Bissimilaï* B.F., MA., NIG. Formule d'invitation (à manger pour des convives, à entrer pour les visiteurs) // Formule d'adieu : « Que Dieu vous garde ».

*Bonana* ; *Bonane* (rare) ; *Bonne anna* (rare) ZA. Bonne année.

*Bonne arrivée* BE, C.A., C.I., MA, TCH, TO. Bienvenue ENCYCL. Ce souhait de bienvenue correspondant à une situation traditionnelle dans les lang. loc., s'emploie en toutes circonstances, soit pour le retour au foyer après un long voyage, soit pour le retour quotidien à la maison après le travail.

*Bonsoir* B.F., NIG. Salutation fréquemment utilisée dès que midi est passé. REM. Norme différente de celle indiquée par le P.R. : « salutation du soir ».

*Nous sommes à demain* B.F. Formule de salutation échangée par deux personnes qui doivent se revoir le lendemain : « à demain ».

*Lafia* ; *alafia* ; *alaphia* ; *lapia* TCH. TO. Terme de salutation V. bonne arrivée, *lalé*. REM. Employé en arabe tchadien et dans de nombreuses autres langues du TCH.

*Lalé* TCH. Terme de salutation. V. bonne arrivée, lafia.

*La nuit* B.F. formule de salutation employée dès la fin de l'après-midi avant même que la nuit ne tombe : bonsoir, bonne nuit. Il a seulement dit : « la nuit ! » et il est parti.

*Dis donc* C.A., SEN. Utilisée non seulement pour appeler l'attention d'une tierce personne mais pour la saluer. Dis donc ! Comment ça va ? (on lève la main en disant dis donc) // Dans l'en-tête des lettres, équivalent de « cher », « chère ».

– formules conversationnelles :

*Ça te va ?* ; *Ça vous va ?* B.F. (équivaut à *comment vas-tu ?*)
*Et autrement ?* B.F. Formule fréquente dans les salutations pour demander globalement des nouvelles. Elle intervient soit lorsqu'on a demandé des nouvelles des principaux membres de la famille afin de clore les salutations, ou bien, dès le début des salutations, afin de les abréger : Bonjour Amadou. Comment ça te va ? – Ça va bien. Et autrement ? SYN. : à part ça ?
*Être là* CAM., C.I. Utilisé en réponse à une demande de nouvelles : aller bien, être en bonne santé : « Et ta femme ? Elle est là ! ».
*Seulement* BE, B.F., C.I., SEN, TO *Ça va ? Un peu seulement.*
*Un peu, un peu* BE, B.F., C.I. MA, NIG, TO Réponse à « comment ça va ? » Ça va un peu un peu !
*À la zaïroise* ZA Pas très bien : « Comment ça va ? – Oh ! À la zaïroise ! »
*Entre le zist et le zest* B.F. Couci-couça « Comment vas-tu ? – Oh ! entre le zist et le zest. »

– des pragmatèmes liés à des échanges commerciaux :

*Barka* B.F. Lors d'une vente, l'acheteur dit « barka » pour faire baisser les prix, le vendeur dit « barka » au contraire pour les faire monter. SYN : *abarka* (MA.).
*Combien ? Combien ?* C.I., MA., ZA. « Ces ananas, combien ? combien ? » Cinquante, cinquante.
*Glaçon* TCH. Terme d'appel destiné à attirer l'attention du marchand ambulant qui vend des esquimaux.
*Servant* C.A., CAM, TCH Serveur, garçon. S'emploie aussi au fém. Servante. SYN. Serviteur.

– des excuses :

*L'araignée a engourdi mon corps* TO. Formule de politesse pour s'excuser d'une faute.
*Obligé* SEN. Formule par laquelle on justifie une intrusion dans une réunion, un groupe, en marquant son approbation des activités de ce groupe.

– des termes d'adresse ou assimilés :

*Caisse* ZA. COM. Formule figée que l'on entend de la bouche des enfants, au passage d'un Européen.
*Citoyen* ZA. S'emploie comme terme d'adresse au lieu de « Monsieur », « Madame ». Pour désigner leur instituteur ou institutrice, leur professeur, les élèves emploient l'expression Mon Monsieur, Ma Madame.
*El-hadji* (*El-hadja*) BE, B.F., C.I., MA., NIG, SEN., TO. Titre donné à un musulman (musulmane) qui est allé en pèlerinage à La Mecque.

*Ma sœur* BE, B.F., C.I., SEN., TO., ZA. Terme d'adresse pour une femme appartenant à la même génération que celui qui parle.

– et encore des formules de requête, des ordres, des propositions, des souhaits, des avertissements, des marques d'approbation, des remerciements, etc. :

*Pardon* BE, B.F., C.I., NIG, SEN, TO, ZA (accompagnant une requête) S'il te plaît, je t'en prie, je t'en supplie : « Donne-moi 10 Ka*, pardon ! ».
*Abombez !* C.I., MA (employé seulement à l'impératif, avec le sens de 'accélerez' : *Allez, chauffeur : abombez !*
*Baraka* ; *Barika* ; *Barka* B.F. Interj. Correspondant à « merci ».
*Appétit* CAM. Réduction de « bon appétit » : *Appétit tout le monde.*
*Agoo* BE, TO (cri d'avertissement signifiant « attention », « écartez-vous ».
*Alhamdoulilahi* NIG ('plût à Dieu', s'emploie à l'appui d'un constat de bonne santé, pour signifier qu'on n'a plus faim (formule de refus poli : 'non merci').
*Authentique !* TCH., pour applaudir un discours.
*Fais-nous-fais* ; fais nous faire C.I. Formule par laquelle on fait comprendre à qqn qui demande un service que ce ne sera pas entièrement gratuit : « Fais-nous-fais, qui n'est autre qu'une illustration de la corruption entretenue par certains fonctionnaires et agents de l'État au détriment de leurs concitoyens ».
*Qui gagné gagné, perdu perdu* (phrase rituelle du meneur de jeu lorsqu'il mélange les cartes après les avoir retournées).
*Vois-moi* C.I. Loc. utilisée pour faire comprendre qu'on attend un service, un cadeau, un pot-de-vin.
*Mettez-vous* RW., ZA. Asseyez-vous ! (formule de politesse lorsqu'on accueille qqn chez soi).

Bien sûr, il serait possible de trouver des pragmatèmes diatopiquement marqués dans d'autres pays francophones. Par exemple, nous avons *À tantôt !* (au Québec et en Belgique pour *À tout à l'heure !*), *À la revoyure !* et *Au plaisir de se revoir !* au Québec, etc.

*Lexicographie diachronique*

Nous reviendrons ci-dessous sur les pragmatèmes diachroniquement marqués. Nous les traiterons donc ici de façon rapide.

Dans *Les expressions désuètes* de Dominique Foufelle (2012), nous trouvons :

*À l'aise, Blaise !* (*C'est facile !*)

*À la tienne Étienne !* (*À ta santé !*)
*Au hasard, Balthazar !* (*À l'aventure ! Prenons le risque !*)
*En veux-tu en voilà* pour marquer qu'il y a abondance de quelque chose que l'on demandait ou souhaitait.
*En voiture Simone* (*Allons-y !* avec la continuation possible *c'est moi qui conduis, c'est toi qui klaxonnes !*)
*Fonce Alphonse !* (*Dépêche-toi !*)
*La messe est dite* (*Les carottes sont cuites* ; tout est terminé, il n'y a plus rien à faire ou à espérer. Quand la messe est dite, la décision finale ou le verdict est tombé (*Ite missa est*).
*Minute, papillon !* (pour demander de ne pas aller si vite ou pour marquer que l'on n'est pas d'accord)
*Passez, muscade* (*Le tour est joué*)
*Sus aux victuailles !* qui équivaut à *À table. J'ai faim après ma sieste de 22h, fais péter les croquettes et sus aux victuailles !*
*Tout juste, Auguste !* (*C'est bien vu !*)
*Tu parles, Charles !* (*Cause toujours, tu m'intéresses !*)

Bien entendu, la lexicographie non spécifiquement diachronique contient, et marque comme tels, un certain nombre de pragmatèmes diachroniques, par exemple RFA s.v. **tien, tienne** : *tu vas faire tout ce travail tout seul ? – à la tienne !* † * (iro) *you're going to do the job all by yourself? – good luck to you!* (le symbole † marque un emploi vieilli et l'astérisque un emploi familier.

Dans Rey et Chantreau (1989), nous trouvons aussi des pragmatèmes diachroniquement marqués. Par exemple, la locution verbale *crier haro* formée à partir d'une ancienne interjection-pragmatème (Ca 1180 *haro!* interj. exprimant la détresse, l'appel au secours). Ou *crier merci*, crier au miracle.

Dans Rat (1957), nous trouvons le pragmatème *Dieu vous soit en aide !* :

> *À vos souhaits ! Ne fût-ce que pour l'heur qui vous valu / D'un « Dieu vous soit en aide ! »* alors qu'on éternue. *Ce Dieu vous soit en aide !* est remplacé aujourd'hui quelquefois par *Dieu vous bénisse !* et plus communément par *À vos souhaits !* c'est-à-dire : Que tout soit conforme à vos souhaits ! Une vieille femme qui ne se croyait qu'un peu sourde, entendant le canon qu'on tirait un jour de fête publique, dit aussi à son mari : « À vos souhaits, mon ami ». Elle croyait qu'il avait éternué ! (Duclos).

Nous avons donné ci-dessous quelques exemples de pragmatèmes procédant de dictionnaires qui répertorient des expressions désuètes ou « traditionnelles ». Il ne fait pas de doute que le dépouillement des dictionnaires monolingues généraux à partir du XVII^e siècle pourrait donner des résultats intéressants concernant les pragmatèmes diachroniquement marqués. Cela exigerait cependant une recherche spécifique de très longue haleine que nous ne pouvons même pas entamer ici.

### *Lexicographie diastratique*

Les dictionnaires de français familier ou argotique que nous avons pu consulter comportaient un nombre très réduit de pragmatèmes. Citons, à titre d'exemple, *Oui ou merde ?* (variante de *Oui ou non ?* lorsqu'on s'adresse à une personne indécise) ; *Rebelote !* (dans le sens de *Et ça recommence !*) ou *J'me casse* (pour annoncer que l'on part). Ces trois formules sont présentes dans Duneton (1998). Elles sont accompagnées d'un ou de plusieurs exemples et d'une brève rubrique sur leur origine. Dans Merle (1986), on trouve : *Tu sais quoi ? Tu connais la nouvelle ?* et dans La Rue (1986) : *Du maigre !* qui équivaut à *Silence !*

Il s'agit donc d'une faible présence des pragmatèmes, qui sont, sans doute, plus nombreux dans les variantes diastratiques de la langue française (concernant les formules de salutation, par exemple).

C'est dans des dictionnaires phraséographiques que l'on peut trouver un nombre supérieur de pragmatèmes diastratiquement marqués. Ainsi, dans Rey et Chantreau (1989), nous trouvons les séquences marquées comme familières :

> *À bas les pattes ; Bas les pattes !* comme *Défense de toucher ; Pas touche !*
> *Accrochez les wagons !* avec lequel on salue une éructation sonore.
> *Bon débarras !* avec lequel on se réjouit du départ de quelqu'un qui était une gêne (aussi *Bon vent !*) ou de la disparition de quelque chose qui était perçue négativement.
> *Bonsoir la compagnie !* comme formule de congé adressée à un groupe.
> *Ça s'arrose* ou *On va arroser ça*, formules avec lesquelles on se félicite d'un événement heureux.
> *Et d'un !* (*et de deux !* ; *et de trois !*) par lequels on marque les termes d'une énumération de griefs, de plaintes, de critiques…
> *Faites chauffer la colle !* que l'on dit de façon plaisante en entendant un bruit de casse ou de chute.
> *Tu as le bonjour d'Alfred !* employé pour se débarrasser de quelqu'un.

Dans le recueil phraséographique Ahsraf et Miannay (1995), nous avons :

*À la tienne, Étienne !* qui se dit en portant un toast.

*Descendez, on vous demande !* qui accompagne ironiquement la chute de quelqu'un (de la même façon nous trouvons dans ce recueil *Faites chauffer la colle !* expliqué ci-dessus).

*J'ai failli attendre !* (phrase attribuée à Louis XIV), ironique pour *Il était temps !*

*Parle à mon cul, ma tête est malade* pour faire comprendre que l'on ne veut pas écouter.

*T'as le bonjour d'Alfred !* pour se débarrasser d'un importun.

## *Lexicographie diatechnique*

Bien entendu, il est hors de question de passer en revue les très nombreux dictionnaires spécialisés du français ou incluant le français comme une des langues de description. Cependant, un examen, même très sommaire, d'ouvrages comportant ces caractéristiques offre un panorama plutôt décevant concernant le traitement des pragmatèmes, qui ne sont presque jamais pris en considération (du moins en tant que tels). Toutefois, la consultation fréquente de ces ouvrages permet de dénicher quelques perles. Nous nous bornerons ci-dessous à présenter quelques séquences appartenant à différents domaines de spécialité.

Dans plusieurs dictionnaires de marine, nous trouvons *À dieu va !* défini comme un commandement d'exécution pour virer de bord, vent devant. Au XIXe siècle, il aurait été remplacé par *Envoyez !* L'équipier accuse réception par *À la bonne heure !* Un autre pragmatème que l'on rencontre (moins fréquemment que le premier) est *Tiens-bon !* (adressé à des hommes qui agissent sur un cordage afin qu'ils ne tirent plus la corde tout en restant pourtant en position).

Le fait que la situation spécialisée soit souvent très contrainte nous permet de déceler certaines lacunes lexicales. Ainsi, par exemple, quand le bûcheron a abbatu l'arbre, il peut crier en anglais *Timber !* (litt. *Du bois*) et en espagnol *¡Árbol va!* (litt. *Arbre va*) mais il n'y a pas de formule spécifique en français pour une telle situation (*Attention !* ou *Gare !* doivent être employées).

Si les dictionnaires ne nous fournissent pas de nombreux pragmatèmes, certains glossaires de spécialité et certains ouvrages spécialisés contiennent bel et bien des listes de pragmatèmes. C'est le cas, par exemple, des manuels d'ordre serré qui se doivent de présenter les différents commandements : commandements préparatoires (*Attention !* ; *Peloton !*), commandements d'exécution (*À droite !* ; *Halte !* ; *Marche !*).

Ces deux types de commandement peuvent se trouver dans le même pragmatème : *Présentez… Arme !* ; *En avant… Marche !*. Certains pragmatèmes peuvent fonctionner en série, par exemple pour le saut du parachutiste : *Préparez-vous !* ; *Debout !* ; *Accrochez !* ; *À la porte !* ; *Go !*. Nous reviendrons ci-dessous sur ce sujet en analysant un guide militaire français-allemand de 1916.

Dans les manuels d'ordre serré, nous trouvons même des indications d'ordre prosodique (presque toujours absentes dans d'autres types de recueils), par exemple : *Le commandement préparatoire doit être prononcé dans le haut de la voix, en allongeant très légèrement la dernière syllabe* (indications de fréquence et de durée). Et, dans l'illustration de variantes, par exemple *Vouuus !* (pour *Garde à vous !*) ou *Poooo* (pour *Repos !*). L'allongement est représenté par reduplication des voyelles (comme dans *Buuuut !* pour le football).

Les dictionnaires spécialisés en sports n'incluent pas, en général, les pragmatèmes. Par contre, les lexiques d'arbitrage contiennent des pragmatèmes pertinents. Ces énoncés peuvent être diaintégrativement marqués. Par exemple, nous trouvons *Net !* qui est un anglicisme du tennis et peut être remplacé par *Filet !* Pensons aussi au célèbre *Shuffle up and deal !* des croupiers dans le jeu du poker. Pour la roulette, par contre, c'est le français qui domine : *Faites vos jeux* (début des mises), *Les jeux sont faits* (lancement de la bille), *Rien ne va plus* (fin des mises).

Dans certains cas, tous les termes sont étrangers, ainsi par exemple, l'arbitrage du judo se sert des termes japonais (*Hajime !* pour marquer que le combat peut commencer ; *Sono mama !* pour demander que les combattants s'immobilisent ; *Yoshi !* pour que le combat reprenne, etc.).

Les glossaires de l'automobile incluent des pragmatèmes concernant des indications (*Contrôle Radar* ; *Sortie d'usine*), interdictions (*Zone 30*), priorité (*Vous n'avez pas la priorité*), obligation (*Halte Péage*), danger (*Traversées fréquentes de grands animaux* ; *Verglas fréquent*) et des pannonceaux, qui donnent des précisions sur d'autres panneaux (*Sauf bus taxis vélos*).

Les lexiques de signalétique (que ce soit signalisation routière, ferroviaire, signalétique de chantiers, etc.) contiennent évidemment les pragmatèmes pertinents. Dans ces domaines, les dictionnaires visuels (souvent multilingues) peuvent également être d'une aide précieuse, car on y trouve des symboles de sécurité, de signalisation routière, des panneaux de circulation et d'autres panneaux d'usage courant, ainsi que des étiquettes pour l'entretien des textiles (*Laver à la main à l'eau tiède*; *Ne pas repasser*; *Repasser à basse température*, etc.).

Les manuels de correspondance (administrative, commerciale, etc.) et les recueils de modèles de lettres sont une source précieuse pour identifier et décrire beaucoup des pragmatèmes liés à la communication écrite : *Je soussigné [Nom]*; *Fait pour servir et valoir ce que de droit*; *Fait à [Lieu] le [Date]*; *Je vous prie d'agréer, Madame, Monsieur, l'expression de mes salutations distinguées*, etc.

Des normes ou des directives permettent de récupérer des énoncés liés à la sécurité, lesquels, quand ils sont ritualisés, correspondent à des pragmatèmes ou à des moules de pragmatèmes. C'est le cas, par exemple, des *Phrases de risque* (Phrases R), recueillies dans l'annexe III de la directive européenne 67/548/EEC : *Nature des risques particuliers attribués aux substances dangereuses*. Des exemples de Phrases R sont : R12 *Extrêmement inflammable*; R36 *Irritant pour les yeux*; R45 *Peut provoquer le cancer*, etc. Ou bien des Conseils de prudence (appelés Phrases S), annexe IV de la directive européenne 67/548/EEC. Sont des Phrases S : S2 *Conserver hors de la portée des enfants*; S15 *Conserver à l'écart de la chaleur*; S25 *Éviter le contact avec les yeux*; S44 *En cas de malaise, consulter un médecin (si possible lui montrer l'étiquette)*.

Une autre source importante est le *Système général harmonisé* ou SGH, qui répartit les produits en 27 classes de danger : H221 *Gaz inflammable*; EUH201A *Attention ! Contient du plomb*; P103 *Lire l'étiquette avant utilisation*. Réitérons qu'il ne s'agit pas toujours de pragmatèmes, soit parce qu'ils ne sont pas suffisamment ritualisés, soit parce qu'ils correspondent en réalité à des parties de pragmatèmes : P301 *En cas d'ingestion : [P]*; P306 *En cas de contact avec les vêtements : [P]*, etc.

Des pragmatèmes liés à l'emballage de produits alimentaires peuvent être extraits du Règlement (UE) n° 1169/2011 du Parlement européen et du Conseil du 25 octobre 2011 concernant l'information des consommateurs sur les denrées alimentaires. D'autres normes européennes concernent une grande variété de produits et dispositifs, comme la sécurité des jouets, du matériel pyrotechnique, des ascenseurs, des équipements médicaux, des produits pharmaceutiques, des chaudières, des appareils électriques, des appareils à gaz, la sécurité dans des hôtels et restaurants, la qualité des eaux de baignade, l'étiquetage des produits cosmétiques, etc.

Finalement, il ne faut pas négliger les catalogues commerciaux des entreprises spécialisées en signalétique, car ils contiennent des centaines de séquences, dont des douzaines correspondent à des pragmatèmes.

Mentionnons aussi ici que les guides de conversation sont une grande source de pragmatèmes. Signalons également que la sphère réligieuse constitue un champ de spécialité riche en pragmatèmes spécifiques. Pensons, par exemple, à l'emploi de *Bismillah* (la basmala) en arabe avant d'accomplir certaines actions. Certaines formules, comme les invocations, les oraisons jaculatoires dans le christianisme ou les *doua* dans l'Islam (Mejri, 2010b ; Ouerhani, 2015) se situent à mi-chemin entre les pragmatèmes (unités phrastiques) et les unités textuelles.

## *Lexicographie diamodale*

Les tours propres à la correspondance administrative relèvent d'un marquage diamodal, tout comme le contenu de beaucoup de courriers électroniques ou de *posts* dans des forums électroniques, les *tweets*, etc. Un cas très évident de marquage diamodal est constitué par les SMS. Nous avons donné ci-dessus une liste de pragmatèmes en SMS provenant du dictionnaire Hachette français-anglais, anglais-français (2007). Ici nous mentionnerons rapidement que l'on trouve en SMS un grand nombre d'abréviations et de siglaisons (Fairon, Klein et Paumier, 2006) :

> *Cmt tu vas ?* (pour *Comment vas-tu ?*)
> *Comen va ? la fami ?*
> *Slt. Ca va ?* (pour *Salut*)
> *BON ANIF* (pour *Bon anniversaire*)
> *STP* (pour *S'il te plaît*)
> *SVP* (pour *S'il vous plaît*)

On trouve souvent des graphies à fonction expressive :

> *a plussssssssss*
> *bizzzzzoux*
> *C moiiiiii*

On généralise certains pluriels :

> *Bizoux et encor merci*
> *Bonne soirée ! Kissoux* (avec intégration de l'anglicisme)

*Gros calinoux a Pupuce*

Mais peut-être la caractéristique la plus saillante est le grand nombre de variantes à peine codées, comme :

*Bonne swarée et a+ Bisouxx*
*Bizzøux. bone soiré*

## *Lexicographie diaintégrative*

La variation diaintégrative concerne la présence, dans une langue donnée, d'unités appartenant à un autre système linguistique et qui sont encore perçues comme étrangères au système (soit parce que leur incorporation est récente, soit parce qu'elles n'ont pas connu d'adaptation importante).

À titre d'exemple, nous trouvons les pragmatèmes suivants dans le *Dictionnaire des anglicismes* (Les usuels du Robert) de Rey-Debove (1992) :

*Allô !* (téléphone).
*All right !*
*Bye Bye !* (abrégé en *Bye !*), *Cf.* aussi l'italien *Ciao !* (mais seulement comme prise de congé). *Cf.* aussi *Good Bye !*
*Go !* (notamment comme signal de saut pour les parachutistes).
*Hallo* (syn. de *Hello*).
*May Day !* (signal radiotéléphonique international utilisé comme message de détresse). Remplacé par *S.O.S.*
*Out !* Tennis (hors des limites du court).
*Play !* Tennis (excl. employé par le serveur pour annoncer qu'il va jouer un coup, opposé à *Ready !* réponse du relanceur).
*Pull !* Chasse. Signal donné au puller pour qu'il lâche les oiseaux (tir aux pigeons)
*Ready*. Sport. Vieilli. Excl. employée dans différents jeux, notamment le tennis, la boxe, pour aviser ses adversaires qu'on est prêt.
*Stop* Interj. (1792). Commandement impératif ou cri d'arrêt.
*Stop* Télécom. Dans les messages télégraphiés mot conventionnel pour séparer nettement les phrases.

Concernant les pragmatèmes, il est intéressant de constater que notre expérience cinématographique nous familiarise avec des traductions qui ne s'emploient, en fait, que dans le cadre des doublages, comme *Objection, Votre Honneur !* des films de tribunaux (*Your Honor, I must protest!*) ou les traductions littérales de *Aye, aye sir !* Faisons remarquer les nombreux anglicismes du type : *Votre attention s'il vous plaît !* (pour *Attention ! Attention !*) ; *Merci de + verbe à l'infinitif* (pour *Prière de*), etc.

Comme on a pu le constater, la dimension culturelle est au cœur même du traitement des pragmatèmes : elle s'impose d'elle-même dès qu'on cherche à décrire les différents actes auxquels réfèrent ces séquences : les salutations, les interdictions, les excuses, les échanges conversationnels, etc. sont autant de situations qui se déclinent non seulement en termes de réalisations linguistiques et discursives mais également en termes d'attitudes et d'habitudes qui conditionnent les usages et les modes d'être dans une communauté linguistique donnée. Les pratiques lexicographiques et la linguistique d'une manière générale ont eu jusque-là du mal à intégrer ces éléments culturels dans la description linguistique, allant objectivement contre la thèse qui voit dans la langue non seulement un code mais également une culture, deux faces de la même réalité qu'est la langue (à l'instar de l'image du billet de monnaie employée par Saussure pour monter qu'elle ne vaut que par les deux faces. Toute dissociation entre les deux mettrait en péril le fonctionnement du système). Ainsi en est-il de la langue. Derrière cette prise de conscience de l'importance culturelle dans la description des langues se profilent les réflexions menées dans la cadre des études phraséologiques, des travaux de didactique et des débats en traductologie (Mogorrón et Mejri, 2008, 2010). Trois problèmes essentiels se posent à ce propos :

- Le premier concerne les questions méthodologiques relatives à la description des culturèmes : faut-il les intégrer dans l'aspect sémantique des réalisations linguistiques, rejoignant en cela l'ancien débat se rapportant à la distinction entre sèmes linguistiques et éléments encyclopédiques ? À partir de quel degré de pertinence pourrait-on leur donner le statut d'éléments descriptifs nécessaires ?
- La deuxième difficulté, corollaire de la première, relève de la pertinence de l'approche onomaséologique dans la description des faits linguistiques ayant une densité culturelle très importante comme c'est le cas des pragmatèmes : comme cette démarche prend comme point de départ le concept pour aller vers le signe linguistique, le découpage conceptuel sous forme d'unités discrètes pose problème : on se demande jusqu'à quel point le découpage conceptuel

en termes d'entités comme Salutations, Interdiction, Excuse, etc. peut rendre compte de la structuration générale conceptuelle des pragmatèmes, d'autant plus que de tels concepts sont des constituants parmi tant d'autres (contenu sémantique, éléments rituels, situation énonciative, etc.) ;

– Parmi tous ces constituants, il serait intéressant de mettre à l'épreuve de telles interrogations en proposant de nouvelles modalités de description des pragmatèmes ; c'est ce que nous tenterons de faire dans le dernier chapitre.

## LES PRAGMATÈMES EN PHRASÉOGRAPHIE

Il est bien sûr possible de glaner quelques pragmatèmes dans les ouvrages consacrés aux expressions idiomatiques et aux locutions. Dans Rey et Chantreau (1989), nous trouvons comme entrées les souhaits :

*Bonne continuation !* formule avec laquelle on souhaite à quelqu'un de poursuivre une activité plaisante (par exemple manger).

*Bon courage !* exclamation avec laquelle on souhaite à quelqu'un d'avoir l'énergie pour accomplir une tâche ou une activité (différent de *Courage !* avec lequel on exhorte à se maintenir ferme face à un danger ou à des complications).

Un certain nombre de pragmatèmes recueillis dans le Rey et Chantreau (1989) sont diastratiquement marqués (et plus concrètement familiers). D'autres, sont des pragmatèmes spécialisés (diatechniquement marqués) :

*Autant pour les crosses !* ou *Au temps pour les crosses !* employé par l'instructeur militaire pour demander de recommencer un geste quand le mouvement des fusils et le bruit des crosses n'a pas été synchronisé lors d'un exercice.

*Aux armes !* avec lequel on ordonne de prendre les armes et de s'apprêter au combat.

*Fouette cocher !* adressé au cocher pour qu'il fasse partir la voiture (souvent au sens figuré pour *Partons !*).

*Ohé du canot !* cri d'appel d'une embarcation à une autre.

*Vous n'avez rien à déclarer ?* formule des employés de douane, souvent présentée en écriteau (*Rien à déclarer*), et qui a donné lieu à de nombreux défigements et emplois détournés.

Par rapport à *Ohé du canot !*, il est intéressant de noter que le mot *canot* est prononcé avec *t* final, dans la tradition marine. C'est justement cette particularité qui justifie, aux yeux des auteurs du Rey et Chantreau

(1989), l'inclusion de cette séquence (par ailleurs compositionnelle) dans un dictionnaire de phraséologie.

Nous trouvons encore bien d'autres pragmatèmes dans le Rey et Chantreau (1989). Ce dictionnaire semble privilégier les pragmatèmes comportant une intonation exclamative bien marquée. Par exemple, l'expression *Merci, mon chien !* qui est intéressante dans la mesure où il s'agit d'une formule adressée aux enfants qui disent *merci* sans l'accompagner d'un terme d'adresse poli. Ce tour se trouve chez Balzac. Nous avons aussi :

> *C'est dit !* ou *Voilà qui est dit !* pour faire comprendre que la question dont on parlait est arrêtée et que l'on n'y reviendra pas.
> *Première nouvelle !* qui marque l'étonnement en entendant quelque chose que l'on ignorait.
> *Vous m'en direz des nouvelles !* employé quand on fait goûter à quelqu'un quelque chose (un vin, un mets) que l'on considère particulièrement bon.

Dans Rat (1957), on trouve quelques pragmatèmes incorporés dans des expressions historiques, comme *Après vous, Messieurs les Anglais* (bataille de Fontenoy, 1745), littéraires comme *Sésame, ouvre-toi !* ou liés à des jeux comme *Coucou boulitte !* (en se cachant).

Ce dictionnaire contient également un petit nombre de pragmatèmes courants, comme *À vos souhaits !* mais il les traite dans une perspective historique. Par exemple *À vos souhaits !* est mis en rapport avec des pragmatèmes vieillis de même valeur, comme *Dieu vous soit en aide* ou *Dieu vous bénisse.*

Dans Ahsraf et Miannay (1995), nous trouvons un certain nombre de pragmatèmes que nous avons déjà signalés, soit parce qu'ils sont familiers, soit parce qu'ils figurent aussi dans les dictionnaires phraséologiques cités ci-dessus :

> *À la tienne, Étienne !* pop. Se dit en portant un toast.
> *Bon courage !* Exclamation servant à encourager quelqu'un qui s'apprête à accomplir une tâche.
> *Bon débarras !* fam. Expression marquant la satisfaction lors du départ de quelqu'un.
> *Bonne continuation !* fam. Invitation à poursuivre une activité agréable et appréciée.
> *Descendez, on vous demande !* fam. Expression qui accompagne ironiquement la chute de quelqu'un.

> *Faites chauffer la colle !* fam. Exclamation accompagnant la casse d'un objet.
> *J'ai failli attendre !* fam. Il était temps (phrase attribuée à Louis XV).
> *T'as le bonjour d'Alfred !* pop. Se dit pour se débarrasser d'un importun.

D'autres pragmatèmes présents dans Ahsraf et Miannay (1995), que nous n'avons pas encore mentionnés, sont liés à la formulation d'une promesse :

> *Cochon qui s'en dédit* fam. Formule soulignant une promesse.
> *Croix de bois, croix de fer, si je mens je vais en enfer* fam. Expression soulignant une affirmation solennelle.
> *Demain, on rase gratis* fam. Se dit pour une promesse qui ne sera pas tenue.

D'autres encore sont diachroniquement marqués :

> *À l'avantage !* fam. Au plaisir de vous revoir (usage ancien).
> *Dieu vous garde !* Formule d'adieu.
> *Dieu vous le rende !* Formule de remerciement.

Or, dans beaucoup de cas, ce que l'on décrit n'est pas le pragmatème en soi, mais une utilisation ironique de la séquence ou une généralisation. Cela est dû, nous semble-t-il, à ce que les dictionnaires de phraséologie tendent à ignorer la phraséologie compositionnelle et se concentrent sur la phraséologie non compositionnelle, puisque celle-ci pose des problèmes non seulement en expression mais aussi en compréhension. Ainsi, Ahsraf et Miannay (1995) traitent *Attachez vos ceintures* (par ailleurs aussi bien sous **attacher** que sous **ceinture**) non dans son emploi en tant que pragmatème mais par extension sémantique. Nous lisons, donc, s.v. **attacher** *Attachez vos ceintures* fam. Se dit par manière d'avertissement et s.v. **ceinture** *Attachez vos ceintures* fam. Se dit par manière d'avertissement devant un danger.

Nous trouvons différents pragmatèmes qui sont décrits non pas en tant que tels mais en tant que clichés formés à partir de pragmatèmes (le lien avec la situation d'origine s'est perdu ou, tout au moins, relâché et la séquence peut ainsi s'appliquer à une large variété de situations) :

> *Un train peut en cacher un autre.* Un danger visible peut en cacher un autre moins visible.
> *Chaud devant !* fam. attention.
> *Fouette, cocher !* fam. Expression marquant la résolution.

*Tu brûles* fam. Tu es sur le point de trouver.

Le cas extrême est le pragmatème *Branle-bas de combat* qui devient un substantif avec le sens de 'préparatifs', sans force illocutive. Nous sommes donc loin de *Branle-bas de combat ! Tout le monde sur le pont !*

Notons qu'il y a un degré de coïncidence élevé entre les séquences répertoriées par Ahsraf et Miannay (1995) et celles qui apparaissent dans le Rey et Chantreau (1989). Mis à part celles déjà citées ci-dessus, Ahsraf et Miannay (1995) contient encore d'autres pragmatèmes présents également dans Rey et Chantreau (1989) comme : *Accrochez les wagons !* pop. Expression saluant une éructation ; *Ça s'arrose !* fam. Cet événement mérite qu'on le fête en offrant à boire, etc.

À la fin de ce chapitre, nous voudrions avancer un certain nombre de précisions qui participent de la cohérence générale des différents paragraphes et qui aident à dégager la structuration générale des données fournies. Trois points sont à retenir : l'équivalence interlinguale et intralinguale, la stéréotypie langagière et la congruence.

L'équivalence lexicale, qu'elle soit exprimée en termes de paraphrase ou de synonymie, met l'accent sur la manière dont la langue structure le lexique et comment la variation s'exprime entre autres à travers des équivalences. Deux points sont à retenir selon que l'équivalence s'exprime dans le cadre de la même langue ou entre deux langues. L'équivalence intraphrastique, comme on l'a vu, se réalise à travers soit des parasynonymes de pragmatèmes soit par le biais de paraphrases définitoires que les lexicographes fournissent comme des équivalents sémantiques des pragmatèmes. C'est ce dernier type d'équivalence que nous avons étudié pour montrer en quoi elle est souvent incomplète parce qu'elle s'établit entre une séquence lexicale, formellement identique à l'énoncé pragmatémique correspondant, et sa signification globale, ou que l'entrée définie se trouve être un pragmatème sans que la paraphrase définitoire retienne la dimension énonciative partiellement ou totalement.

Quand il s'agit de l'équivalence traductionnelle, elle est soit une parfaite correspondance (ce qui est rare), soit une équivalence approchée. Une telle équivalence n'implique pas nécessairement ni les mêmes contenus sémantiques ni les mêmes contraintes énonciatives. C'est pourquoi les dictionnaires bilingues ont du mal à apporter des solutions satisfaisantes pour la traduction des pragmatèmes.

Un autre aspect, évoqué en filigrane, c'est celui de la stéréotypie. Partant de l'idée que tout pragmatème véhicule une dimension stéréotypique, il y a lieu de souligner cette particularité langagière qui ne s'exprime pas de la même manière pour les autres séquences polylexicales : celle de fixer, à travers le pragmatème, un ensemble d'éléments conceptuels ritualisés et pragmatiquement prégnants. L'énoncé du pragmatème, souvent compositionnel, comporte en lui-même, c'est-à-dire dans sa littéralité, une fixité qui le rattache à la situation qui lui est propre. Les multiples façons de dire *Bonjour* en tunisien illustrent parfaitement cette dimension stéréotypique[6].

Quant à la congruence, elle joue normalement au niveau de l'appariement qui s'effectue entre les constituants de la séquence figée. Dans le cas des pragmatèmes, la congruence porte sur l'appariement entre la forme polylexicale fixe et la situation énonciative. Sans un tel appariement, le segment linguistique figé tombe tout naturellement dans les segments polylexicaux dépourvus de toute dimension pragmatique.

Il ressort, donc, des pratiques lexicographiques en matière de pragmatèmes que ce qui leur échappe c'est la prise en compte de ces paramètres qui participent de la définition de cette entité linguistique.

6 *Que ta journée soit de dattes et de miel*, *Que ta journée soit de roses et de jasmins*, *Que ta journée soit de lumière*, etc. sont autant de manières de dire *bonjour* en Tunisie.

# LES PRAGMATÈMES DANS LES OUVRAGES D'APPRENTISSAGE ET DE RÉFÉRENCE

Dans ce chapitre, nous nous interrogerons sur la place réservée aux pragmatèmes dans les ouvrages d'apprentissage et de référence. Nous commencerons par observer l'introduction et le traitement des pragmatèmes dans les manuels de français langue étrangère de niveau élémentaire. Ensuite, nous aborderons les pragmatèmes dans une large variété de guides de conversation, sujet auquel nous prêterons une attention spéciale étant donné le rôle majeur que ces séquences sont amenées à jouer dans ces petits-grands outils. Finalement, nous observerons comment quelques grammaires du français présentent les pragmatèmes.

## LES PRAGMATÈMES DANS LES MANUELS DE LANGUE ÉTRANGÈRE

Sans prétendre à une analyse en profondeur du pragmatème dans le cadre du manuel de français langue étrangère (qui mériterait sans doute un ouvrage à part entière), nous passerons rapidement en revue les pragmatèmes que nous avons répérés dans deux manuels récents destinés à un public du niveau A1.

Le premier manuel auquel nous ferons référence est *Mobile* (Reboul *et al.*, 2012) des éditions Didier. Déjà sur la première page de l'unité 0, nous trouvons, comme exercice de mise en train, un nuage de mots-clés ou nuage de tags contenant treize mots ou expressions françaises proposés à l'élève, afin qu'il puisse vérifier s'il en reconnaît quelques-uns. Il s'agit d'une activité de pré-apprentissage pensée pour motiver l'élève en lui faisant prendre conscience de certaines connaissances qu'il aurait déjà à sa disposition. Cinq de ces treize mots ou expressions correspondent à des pragmatèmes : *bonjour*, *merci*, *au revoir*, *attention* et *s'il vous plaît* (les huit restants sont : *journal*, *mode*, *radio*, *taxi*, *hôtel*, *musique*, *liberté*, *culture*, presque tous font partie de ce que l'on appelle des « mots internationaux » qui peuvent être reconnus par des locuteurs de langues fort diverses).

Cette première proposition de *Mobile* montre bien la saillance de certains pragmatèmes et le rôle qu'ils seront amenés à jouer pendant le processus d'apprentissage de la langue étrangère, spécialement si l'on tient compte du fait que les conditions d'emploi des pragmatèmes peuvent varier de façon importante d'une langue à l'autre, même quand il s'agit de langues proches et de formes linguistiques semblables.

Par la suite, *Mobile* regroupe, dans certaines sections présentes tout au long du volume, différents types de pragmatèmes. Le premier regroupement (p. 17) correspond à *Saluer* (sous l'alinéa *Communication*), avec :

> *Bonjour Madame/Monsieur*
> *Salut !*
> *À bientôt !*
> *Au revoir !*

Un message minimal sur un répondeur permet de contextualiser deux de ces pragmatèmes :

> Bonjour ! Je m'appelle Viktor. Je suis... Mon numéro de téléphone, c'est le... Mon adresse mail : ... Au revoir !

Une fois que ces indications, très succinctes, ont été travaillées, on donne (p. 21) un tableau plus détaillé, toujours sous l'alinéa *Communication* (rubrique *Saluer*) :

> Dire « bonjour » :
> situation formelle : *Bonjour Madame/Monsieur/Mademoiselle !* ; *Bonsoir Madame/Monsieur/Mademoiselle !* ; *Comment allez-vous ?* ; *Vous allez bien ?*
> situation informelle : *Salut Alex !* ; *Bonjour Vanilda* ; *Comment tu vas ?* ; *Tu vas bien ?* ; *Ça va ?*
>
> Dire « au revoir » :
> *À bientôt / à demain / à plus tard / Bonne journée ! / Bonne soirée !*
> situation formelle : *Au revoir Madame/Monsieur !*
> situation informelle : *Salut Louis !*

Les dialogues centrés sur des situations liées à un domaine précis font émerger des pragmatèmes caractéristiques desdites situations, comme les pragmatèmes concernant les achats (Demander/donner le prix : *Combien ça coûte ?* ; *Combien je vous dois ?* ; *Je vous dois combien ?* ; *C'est…* ; *Ça coûte…* ; *Ça fait…*), le restaurant (Prendre/passer une commande : *Vous avez choisi ?* ; *Et comme boisson ?* ; *Avec ceci ?* ; payer : *Excusez-moi, vous pouvez me donner l'addition s'il vous plaît ?* ; *L'addition, s'il vous plaît*).

La présentation de « faux documents authentiques » (documents apparemment extérieurs au texte du manuel mais ayant été en réalité élaborés pour qu'ils accompagnent la progression de l'élève) constitue une autre source de pragmatèmes spécialisées. Ainsi dans les pages 14, 83, 93 et 106, on propose des captures d'écran qui contiennent chacune un courrier électronique. Les pragmatèmes que nous avons identifiés dans ces courriels sont (dans l'ordre d'apparition) :

*Merci de confirmer votre présence avant le 5 juin*
*Salut Farid*
*Comment ça va à Rennes ? Pas trop fatigué ?*
*Bises*
*Madame,*
*Vous trouverez en pièce jointe*
*Merci de me confirmer la bonne réception du document*
*Cordialement*

Nous observons deux formules d'introduction (familière : *Salut [Npropre]* et standard : *Madame*). Le courriel qui commence par *Salut Farid* a comme objet *coucou*, mais il s'agit d'une unité en mention (*faire un coucou*), non en usage. Bien entendu, la même forme aurait pu être employée comme pragmatème (*Coucou !*). Nous avons également deux formules de prise de congé (familière : *Bises* et standard : *Cordialement*), une formule de courtoisie (*Comment ça va ?*) accompagnée d'une formule hyponymique par rapport à la première (*Pas trop fatigué ?*). Deux des pragmatèmes ci-dessus sont liés au domaine spécifique du courriel : *Vous trouverez en pièce jointe* et *Merci de me confirmer la bonne réception du document*. Il est à signaler que nous trouvons une suite très proche, *Merci de confirmer votre présence (avant le 5 juin)*, dans le courriel présenté page 14 du manuel (qui est répété p. 93 à l'occasion d'une autre activité). Mais cette dernière suite appartient à la correspondance formelle en général et n'est donc pas spécifique au monde numérique.

D'une façon générale, le fait de présenter des supports textuels variés a l'avantage d'introduire des pragmatèmes spécialisés, comme les deux pragmatèmes directement liés à l'usage du courriel dont nous venons de parler, ou encore la suite *Je certifie avoir pris connaissance des conditions générales et déclare les accepter*, qui figure dans une fiche factice de pré-inscription à un cours de langue présentée p. 23. Ou encore la mention *Lu et approuvé* présente dans une « Charte du colocataire », qui imite un contrat p. 62. Dans le domaine de l'oral, nous trouvons plusieurs pragmatèmes propres aux conversations téléphoniques (offertes dans des transcriptions audio que *Mobile* inclut en annexe) :

> *– Société Lepetit, bonjour !*
> *– Bonjour, je voudrais parler à M. Moreau.*
> *– C'est de la part de qui ?*
>
> *– Je vous rappelle plus tard*
> *– Ne quittez pas ! Je vous le (la) passe*
> *– Vous voulez laisser un message ?*
> *– Allô ?*
> *– C'est Monsieur Dubois*
> *– Lucile Girard à l'appareil*

Certaines de ces formules apparaissent également dans deux messages laissés sur des répondeurs (avec, respectivement, un style professionnel et un style personnel) :

> *– Bonjour ! Bienvenu à l'Association J'arrive. Laissez votre message avec vos coordonnées : merci !*
> *– Bonjour ! Laissez votre numéro de téléphone, je vous rappelle.*

Dans le cadre d'une activité d'expression orale, sont présentées les formes *Konnichi wa !* (japonais), *Namasté !* (hindi) et *¡Buenos días!* (español), qui sont mises en rapport avec leur équivalent approximatif en français (*Bonjour !*). Il s'agit d'une activité de prise de conscience et d'expression orale (intitulée « quatre façons de se saluer dans le monde ») qui prend comme objet justement les pragmatèmes de salutation et qui devrait permettre aux élèves de réfléchir sur la particularité de ces formules.

*Mobile* présente en annexe un lexique multilingue (français, anglais, espagnol, portugais, chinois, arabe) d'environ 250 entrées, qui inclut quelques pragmatèmes correspondant à des unigrammes : *bienvenue*, *fermé*, *ouvert*.

Nous considérerons maintenant un deuxième manuel de français langue étrangère (toujours niveau A1), *Amical* de CLE international. Il est significatif que la leçon 0 de cette méthode s'intitule *Bonjour !* et que, dans la rubrique *Vocabulaire* du tableau des contenus, le seul contenu non métalinguistique se trouve dans la leçon 1 et corresponde aux pragmatèmes *bonjour*, *au revoir*, *s'il vous plaît*, *merci* et *ça va*.

Bien entendu les dialogues de la leçon 1 contiennent certains pragmatèmes incontournables (*bonjour*, *Ça va ?* ; *Ça va bien. Et vous ?* ; *Très bien, merci*). Même la section *Phonétique* de cette leçon est consacrée en exclusivité à ces pragmatèmes. On trouve également dans les dialogues de cette leçon d'autres pragmatèmes tout aussi nécessaires mais moins facilement repérables. C'est le cas de *Bonjour, madame. Une baguette, s'il vous plaît* où nous avons un pragmatème syntagmatique : *Dét_indéf. N<produit>* (dans un contexte d'achats où le client mentionne un nom de produit comme requête). Un autre cas de pragmatème syntagmatique est *C'est Npropre* dans un contexte où l'on présente quelqu'un (*C'est Nicolas. C'est Julie*) ou dans une conversation téléphonique (*Bonjour. C'est vous, Claire ? Non, c'est Émilie*).

D'autres pragmatèmes fréquents mais un peu moins basiques que les précédents sont introduits au cours des leçons successives ; par exemple, dans la leçon 2 : *Mesdames, messieurs, bonjour ! Je suis Jacques Blanc. À vous !* ; dans la leçon 6 : *Bon anniversaire !* ; dans la leçon 9 : *C'est combien, monsieur ?* ; dans la leçon 10 : *Pas chères, les belles oranges, pas chères* ; dans la leçon 12 : *C'est toi, Louis ?* ; *Oui, oui, c'est moi.* ; dans la leçon 14 : *À mardi* ; dans la leçon 16 : *Bonjour ! Qu'est-ce que vous prenez ? [...] L'addition s'il vous plaît.*

Un petit exercice a pour objet de mettre dans l'ordre un petit dialogue constitué des répliques suivantes : a. *Je vous en prie* ; b. *Non, je suis pas française* ; c. *Oh, pardon, madame, excusez-moi !* ; d. *Vous êtes suisse ?* Il permet donc de s'exercer à l'usage de *Je vous en prie* comme réplique à *Pardon*.

Nous trouvons parfois des contextes qui peuvent être équivoques. Ainsi, dans la leçon 9, est présentée une séquence comme *C'est 7 € le kilo* et, en même temps, l'opposition *C'est un euro. Ce sont des euros.* La suite *C'est Dnum N<monnaie>* constitue un pragmatème, mais non pas la suite *C'est Dét N*, qui correspond à un présentatif. Le voisinage des deux séquences pourrait perturber l'apprenant.

Les rubriques *Pour communiquer* de chaque leçon ont une très grande proportion de pragmatèmes (par exemple, leçon 4 : *Désolé(e) (Je suis désolé(e) !)* ; *Bravo…*). Même le langage métalinguistique de la section qui s'intitule *Récapitulons* renchérit sur l'usage des pragmatèmes, en les présentant en mention, mais en italique, comme pour renforcer les formes en question : « Maintenant, vous savez : Dire *bonjour*, *au revoir* » ; « Dire *pardon*, *merci*… » À ce stade, presque 30 % des séquences que l'apprenant est capable de produire correspondent à des pragmatèmes ou contiennent un pragmatème.

Comme nous l'avons vu dans *Mobile*, dans *Amical* nous trouvons des faux documents authentiques : courriels, lettres, cartes postales, etc. qui contiennent les pragmatèmes propres à ces types de canaux (*Cher [N]* ; *Bises*…). Il est intéressant de trouver, leçon 24 dans le cadre d'un petit jeu, une réflexion d'ordre historique sur la forme *Allô*. On nous demande :

> e. « Pourquoi les Français disent *Allô* au téléphone ? Réponse : Parce que c'est une adaptation française de *Hello !* C'est le premier mot que Thomas Edison a dit au téléphone. »

Les anecdotes sur les origines des mots ou des expressions favorisent la mémorisation et augmentent la motivation de l'élève, même si, trop souvent, elles sont fausses ou approximatives (comme justement celle qui est proposée pour *Âllo !*).

*Amical* se termine par un lexique français-anglais-japonais-arabe-chinois de 509 entrées où sont marquées en rouge les entrées qui correspondent à des « manières de dire ». Parmi celles-ci nous trouvons une vingtaine de pragmatèmes, qui représentent donc près de 5 % des entrées du glossaire. Précisons que le terme *manière de dire* ne correspond à aucune réalité linguistique précise, mais a le mérite de mettre en valeur certains pragmatèmes, certains clichés, quelques adverbes de phrase et quelques verbes composés de fréquence élevée. Ce terme n'est pas sans rappeler le titre *Manière de langage*, que nous rencontrerons ci-dessous à propos des guides de conversation d'époques révolues.

À la lumière du traitement consacré aux pragmatèmes dans ces manuels, nous retenons les éléments de réflexion suivants :

– l'apprentissage des langues par les étrangers est un secteur qui s'intéresse à des compétences basiques dont l'acquisition des langues dépend étroitement ; l'expérience prouve que les pragmatèmes font partie du stock lexical fondamental dont un étranger ne peut pas se passer ;

- l'efficacité de l'enseignement passe par des éléments de définition qui ne relèvent pas de l'analyse linguistique courante, mais qui implique des façons d'être et des manières de communiquer qui relèvent d'une ritualisation stéréotypée ;
- c'est la complexité d'une telle tâche qui réduit le nombre de pragmatèmes étudié et qui perturbe les descriptions avancées.

## LES PRAGMATÈMES DANS LES GUIDES DE CONVERSATION

Connaître certains pragmatèmes à très grande fréquence, comme *Bonjour !*, *Merci !* ou *Combien ça coûte ?* fait partie d'une compétence minimale en langue étrangère. Même si la description de ces séquences est loin d'être simple, pour s'en servir dans un contexte touristique, il peut être suffisant d'avoir recours à une liste de correspondances plus ou moins approximatives que les guides de conversation offrent dans leurs sections du type *Mots et expressions utiles*, *Les indispensables*, *Phrases et questions importantes*, etc. Il ne faut pourtant pas oublier qu'il s'agit, en quelque sorte, d'un type de traduction spécialisée, puisqu'il s'agit d'unités phrastiques d'un type très particulier.

Dans la plupart des cas, ces « expressions utiles » des guides de conversation correspondent à des pragmatèmes ou à des clichés. Le locuteur qui dit *Je vous remercie* se sert d'une phrase interprétable d'après le lexique français et les règles générales de la grammaire française. Cependant, il s'agit bel et bien d'une "expression figée". En effet, une phrase qui véhiculerait le même contenu sémantique, comme, par exemple, *#J'éprouve de la gratitude envers vous*, serait également grammaticale mais inadéquate du point de vue pragmatique. De même, l'affiche sur la porte d'une chambre où l'on peut lire *Prière de faire ma chambre* a comme contrepartie *Ne pas déranger* et non pas *#Prière de ne pas faire ma chambre*. Cette dernière phrase est grammaticale et parfaitement interprétable, puisque sémantiquement compositionnelle, mais elle n'est pas ritualisée, c'est-à-dire, qu'elle n'a pas été entérinée par l'usage. Notons que des variantes comme *Merci de faire ma chambre, Merci de faire la chambre* sont pourtant acceptables. Il ne s'agit donc pas d'invariabilité, mais de ritualisation.

Les guides de conversation, sans doute perçus comme des produits strictement utilitaires, n'ont jamais trop intéressé les linguistes. Par ailleurs, les disciplines qui entrent en jeu pour la rédaction de ces ouvrages (notamment, l'enseignement des langues et des cultures, la traduction et la lexicographie) ne leur ont pas vraiment accordé droit de cité parmi leurs produits les plus prestigieux (dictionnaires, manuels...). Il faut bien reconnaître que certains guides de conversation, élaborés par traduction-adaptation et publiés non signés, sont de qualité médiocre. D'autres affichent des objectifs non réalistes et prétendent se substituer à une méthode de langue étrangère, ou à un traducteur-interprète qui accompagneraient métaphoriquement le propriétaire du petit ouvrage. Ils ressembleraient ainsi un peu aux « méthodes miracle » du type *Apprenez le N[langue] en (10, 30, ...) jours.*

Malgré tout, il n'y a pas de doute qu'un guide de conversation utilisé à bon escient (désormais souvent à partir d'un dispositif électronique) peut s'avérer fort utile. Pour certaines langues (ou plutôt pour certaines paires de langues, puisque la langue de l'utilisateur doit toujours être prise en compte), il existe d'excellents produits. Encore faut-il savoir s'en servir de façon critique.

L'utilisateur type d'un guide de conversation n'a pas forcément de connaissances préalables de la langue qui fait l'objet du guide (et peut ne pas avoir de compétences métalinguistiques très poussées). Le rôle du guide de conversation serait alors de permettre à l'usager d'arriver à produire et à comprendre des mots-clés, des phrases et des expressions faisant partie d'un niveau A1 (découverte) ou A2 (survie) en y ajoutant, au besoin, des phrases plus spécifiques selon ses besoins particuliers ou les situations concrètes auxquelles il devra faire face (en général, pendant un voyage).

Dans ce qui suit, nous examinerons quelques guides de conversation de nature fort diverse. Nous commencerons par des guides contemporains. Nous prenons, d'abord, en considération des guides de russe, conçus principalement à l'intention des hispanophones et des francophones.

Nous aborderons, ensuite, des guides de conversation de l'espagnol élaborés pour un public francophone. Nous continuerons en explorant des guides de conversation de l'allemand à l'usage des francophones, datant de la première moitié du XXe siècle. Nous finirons par considérer des *Manières de langage*, c'est-à-dire des ouvrages en français destinés au public anglais de la fin du XIVe siècle et début du XVe siècle. Ils sont l'équivalent des guides contemporains mais, bien entendu, ils présentent des particularités assez marquées. Cela nous donnera un large éventail de variations autour du thème guide de conversation.

GUIDES DE CONVERSATION DU RUSSE

Pour Blanco (2010b), nous avons dépouillé plusieurs guides de conversation du russe élaborées à l'intention des hispanophones. Il s'agit des ouvrages suivants : Auteurs divers (1998 et 2008a) ; Pflüger et Mata (2006) ; Kalashnikova-Shamshurina *et al.* (2008) ; Pravednicoff et Romero (2008) ; Prozorovskaia *et al.* (2005) ; Strutunnof (2009), mais aussi des guides conçus pour des francophones : Auteurs divers (2008b et 2009b) ; Becker et Gagneur (2010). Nous avons étudié également des guides pour des russophones devant communiquer en catalan (Bataller, 2006 ; Bayarri et Mans, 2003[1] ; Bonafont et Kharshiladze, 2007) et un guide du russe à l'intention des anglophones, à titre de *tertium comparationis* (Auteurs divers, 2009a).

À partir du corpus obtenu, et en nous appuyant sur notre expérience préalable d'élaboration de la *Guia de conversa Wikitravel català-rus* (https://wikitravel.org/ca/Wikitravel:Guies_de_Conversa_rus) (Blanco et Yakubovich, 2010)[2], nous avons passé en revue un certain nombre de pragmatèmes figurant dans les guides cités et nous avons discuté des problèmes de traduction qu'ils posaient. Dans ce qui suit, nous reprendrons bon nombre des observations faites dans Blanco (2010b).

1 Bataller (2006) et Bayarri et Mans (2003) sont des guides de conversation russe-valencien. Précisons que *valencià* est le nom que reçoit la langue catalane parlée dans la Communauté Valencienne (Espagne).

2 Ainsi que des guides pour d'autres langues, comme le guide de conversation en français pour des hispanophones : *El francés facile para viajar* (Blanco *et al.*, 2009). Notre guide linguistique catalan-russe Wikitravel contient 417 phrases, dont 46 correspondent à des pragmatèmes. Les pragmatèmes ne sont donc pas à considérer comme un phénomène marginal, puisqu'ils représentent plus de 10 % du matériel linguistique disponible dans le guide. La vraisemblance d'utilisation de ces 10 % de données est, en plus, fort élevée.

## *Usage et choix des salutations*

Dans le *Cadre Commun Européen de Référence pour les Langues*, les tâches communicatives et les finalités correspondant au niveau introductif ou au niveau de découverte (*Breakthrough*, A1) dans la rubrique 4.4.3.1 *Interactions orales* (table *Conversation*) sont (c'est nous qui soulignons) :

> Peut présenter quelqu'un et utiliser des expressions élémentaires de salutation et de congé.
>
> Peut demander à quelqu'un de ses nouvelles et y réagir.
>
> Peut comprendre des expressions quotidiennes pour satisfaire à des besoins simples de type concret si elles sont répétées, formulées directement, clairement et lentement par un interlocuteur compréhensif. (Auteurs divers, 2000, p. 62)

Concernant les niveaux A1 et A2 (Niveau de survie ou Niveau *Waystage*), en particulier A2.1, certains pragmatèmes sont même explicitement cités :

> Peut s'exprimer et répondre aux fonctions langagières de base telles que l'échange d'information et la demande et exprimer simplement une idée et une opinion.
>
> Peut entrer dans des relations sociales simplement mais efficacement en utilisant les expressions courantes les plus simples et en suivant les usages de base.
>
> Peut se débrouiller dans des échanges sociaux très courts, en utilisant les formes quotidiennes polies d'accueil et de contact. Peut faire des invitations, des excuses et y répondre.
>
> Peut établir un contact social de base en utilisant les formes de politesse les plus élémentaires ; accueil et prise de congé, présentations et dire « merci », « s'il vous plaît », « excusez-moi », etc. (Auteurs divers, 2000, p. 95)

Les formules de salutation et de prise de congé que nous avons retenues pour le guide Wikitravel catalan-russe sont les suivantes (nous ajoutons entre crochets des équivalents français approximatifs ; les indications métalinguistiques données en catalan entre parenthèses font partie du guide et précisent les conditions d'emploi de certains pragmatèmes) :

| | |
|---|---|
| *A reveure* [*À la prochaine*] | До встречи |
| *Adéu* [*Au revoir*] | До свидания |
| *Bon dia* [*Bonjour*] | Здравствуйте |
| *Bon dia* [*Bonjour*] | Доброе утро (de bon matí) |

| | |
|---|---|
| *Bon dia* [*Bonjour*] | Добрый день (matí i tarda) |
| *Bona nit* [*Bonne nuit*] | Спокойной ночи (abans d'anar a dormir) |
| *Bona tarda* [*Bonsoir*] | Добрый вечер (només al vespre) |
| *Fins després* [*À plus tard*] | До скорого |
| *Hola* [*Salut*] | Привет (només si es tuteja algú) |
| *Un plaer conèixer-te* [*Enchanté*] | Очень приятно (com a rèplica) |

La microstructure prévue pour les unités linguistiques retenues dans un guide de conversation est, en général, extrêmement simple. Il s'agit, le plus souvent, d'une pseudo-phonétisation du mot ou de la phrase présentés, de quelques notes non systématisées concernant leurs conditions d'utilisation et/ou d'un commentaire de quelques aspects culturels relatifs à la langue d'arrivée. Le rédacteur d'un guide doit sélectionner les équivalents de traduction de telle façon qu'ils recouvrent la plupart des sens possibles de l'expression en langue source, en sacrifiant ainsi la précision à la facilité d'utilisation du guide. On doit répondre sans cesse, et de façon univoque, à la question naïve, mais pourtant fondamentale : « Comment dit-on *x* en russe ? ». Dans les cas où des traductions différentes s'imposent malgré tout, on a recours à la répétition de l'entrée avec, en général, ajout d'une petite glose explicative.

Voici les équivalences proposées pour *Buenos días* dans trois guides de conversation espagnol-russe différents :

| | |
|---|---|
| *Buenos días* | Доброе утро (Auteurs divers, 1998) |
| *Buenos días* | Добрый день (Pravednicoff et Romero, 2008) |
| *Buenos días* | Здравствуй/-те (Kalashnikova-Shamshurina *et al.*, 2008) |

Cet exemple met bien en évidence qu'une traduction basée sur l'équivalence directe ne va pas de soi. Les conditions d'utilisation du catalan *Bon dia* et de l'espagnol *Buenos días* sont tout simplement différentes de celles de leur équivalent formel en russe : Добрый день. À la première heure du matin, il faudra dire Доброе утро. Pendant la matinée, le russophone saluera avec un Добрый день et il continuera à se servir de la même formule jusqu'au coucher du soleil. Par contre, les locuteurs du catalan et de l'espagnol auront recours respectivement à *Bona tarda* et *Buenas tardes* respectivement, soit à partir de midi, soit après le déjeuner (qui, rappelons-le, n'a pas lieu à midi, mais plus tard, en général, entre deux et trois heures de l'après-midi). Ainsi, *Bona tarda* et *Buenas tardes* marqueront, en fait, la reprise du travail après une pause, inconnue dans les pays russophones, qui, pour ce qui est du petit commerce, va normalement de 14.00 h. à 17.00 h.

Une fois le soleil couché (ou, en été, à partir de 17.00 h. même s'il fait jour), le russophone se servira de Добрый вечер, tandis que l'hispanophone et le catalanophone continueront à dire *Bona tarda* / *Buenas tardes* et ne passeront éventuellement à *Bona nit* / *Buenas noches* qu'après la tombée de la nuit. Un russophone se sert de Спокойной ночи uniquement comme prise de congé, avant de se retirer pour le repos nocturne (tout comme le français *Bonne nuit*), alors que *Bona nit* / *Buenas noches* peuvent être employés comme salutation (pour souhaiter la bienvenue au public dans un spectacle, par exemple, là où le français aurait recours à *Bonne soirée*).

Comme alternative aux salutations marquant un moment de la journée, le russe dispose de Здравствуйте (vouvoiement) et Здравствуй (tutoiement). Il s'agit d'un pragmatème unilexical (ou lexie pragmatiquement restreinte) qui provient du slave commun **sŭ-dorv-* ('bien portant') et dont le sens étymologique est *Soyez en bonne santé !*. Comme équivalent de traduction, l'espagnol et le catalan n'ont qu'une formule relativement familière (*¡Hola!*), qui convient à Здравствуй mais pas tout à fait à Здравствуйте.

Concernant la formule de prise de congé, le catalán *Adéu* convient aussi bien à un niveau formel qu'à un niveau familier. Le pragmatème *A reveure* est nettement moins fréquent. Le russe distingue entre la lexie pragmatiquement conditionnée пока (appartenant à un registre plutôt informel) et la formule До свидания. En espagnol, on a *Adiós*, souvent remplacé (en tout cas en Espagne) par *¡Hasta luego!* (qui n'est plus à mettre en rapport avec l'expectative réelle d'une rencontre prochaine). La formule *¡Hasta la vista!* (l'équivalent le plus littéral de До свидания) implique une expectative de séparation relativement longue ou un certain degré d'incertitude concernant une future rencontre. *Hasta pronto* peut s'employer pour des séparations que l'on prévoit plus courtes ou, de façon plus relâchée, comme formule de prise de congé relativement passe-partout.

Tout semble indiquer que le catalan et l'espagnol présentent une variabilité diatopique plus importante que celle du russe. Par exemple,

*Buen día* (au lieu de *Buenos días*) s'entend en Argentine et au Chili, ainsi que dans certaines zones de la Péninsule Ibérique. L'italianisme *Chau* est fréquent dans différents pays de l'Amérique du Sud (l'Uruguay, l'Argentine, le Paraguay), mais, à la différence de sa contrepartie italienne, il ne fonctionne que comme formule de prise de congé ; *Chao* est plutôt utilisé au Chili, au Pérou et au Venezuela ; l'anglicisme *Bye* est tout à fait courant au Mexique, etc.

Dans certaines régions de la Péninsule Ibérique qui ont des langues propres, on se sert volontiers d'un emprunt comme formule de prise de congé : *Adéu* se dit pour *Adiós* en Catalogne ; *Agur* s'emploie en basque aussi bien à l'accueil qu'à la prise de congé, mais s'emploie seulement avec cette dernière valeur quand on parle en espagnol. Il est intéressant de constater que les calques des salutations sont retenus, en général, comme clôture plutôt que comme ouverture d'une conversation, ce qui est probablement dû au fait que la formule d'accueil se doit d'indiquer aussi la langue choisie pour l'échange et elle ne peut, donc, être ambiguë à cet égard.

La variation diastratique est aussi très importante en espagnol : *Buenas* ; *A las buenas tardes* ; *Nos vemos* ; *Hasta más ver* ; *A más ver* ; *Hasta otro día* ; *Hasta la próxima* ; *Chao pescao* (*Cf. See you later, alligator*), etc. L'utilisation de certaines codas permet d'adopter un ton plus soutenu (*Buenos días tenga usted*) ou qui relève de la diachronie (*Buenos días nos dé Dios*). L'intensification permet d'obtenir des variantes emphatiques (*Muy buenos días*). On observe également des séquences pléonastiques (*Hola, buenos días* ; *Adiós, buenas noches…*) dont la combinatoire reste à décrire. Certaines de ces séquences sont lexicalisées : *Adiós muy buenas* est une combinaison tout à fait plausible comme prise de congé, mais elle sert également à exprimer le désintérêt du locuteur envers son interlocuteur et elle présente, dans cet emploi, une nuance péjorative ou dépréciative par rapport à celui-ci.

### *Formules de politesse*

Le Cadre commun européen de référence classe sous son alinéa 5.2.2.2 les *Règles de politesse* :

> Les règles de politesse fournissent une des raisons les plus importantes pour s'éloigner du « principe de coopération ». Elles varient d'une culture à l'autre et sont la source fréquente de malentendus inter-ethniques, en particulier

> quand l'expression de la politesse est prise au pied de la lettre. (Auteurs divers, 2000, p. 93)

Nous avons déjà signalé que la compétence sociolinguistique du niveau A1 suppose la connaissance de formules comme *Merci, s'il vous plaît* ou *Excusez-moi*, qui sont par ailleurs explicitement mentionnées dans le Cadre. Pour ce qui est des compétences conversationnelles du niveau A2, on nous précise que l'apprenant doit être en mesure d'« utiliser des formules de politesse simples et courantes pour s'adresser à quelqu'un ou le saluer ». Il devra également être capable de « dire en termes simples comment il/elle va et remercier. » (Auteurs divers, 2000, p. 62).

Pour le Wikitravel du russe (Blanco et Yakubovich, 2010), nous avons retenu les formules de politesse suivantes :

| | |
|---|---|
| *Si us plau* [*S'il vous plaît*] | Пожалуйста |
| *Gràcies* [*Merci*] | Спасибо |
| *De res* [*De rien*] | Не за что |
| *Em permet?* [*Vous permettez ?*] | Разрешите? |
| *Dispensi* [*Excusez-moi*] | Извините (avant de poser une question) |
| *Perdoni* [*Pardon*] | Извините (en tant qu'excuse) |
| *Ho sento* [*Je suis désolé*] | Простите |
| | |
| *Com estàs?* [*Ça va ?*] | Как дела? |
| *Bé, gràcies* [*Ça va, merci*] | Хорошо, спасибо |
| *Va tot bé* [*Ça va*] | Всё хорошо |

Le lecteur aura certainement remarqué que la liste ci-dessus présente deux occurrences de la formule Извините. La première (qui correspond au catalan *Dispensi*) permet d'attirer l'attention d'autrui (en général, comme introduction polie à une demande ou à une question). La deuxième (que nous avons traduite en catalan par *Perdoni*) est employée pour présenter des excuses, mais n'implique pas forcément un acte préalable que l'on souhaiterait se faire pardonner. En effet, elle peut s'employer simultanément à l'action qui motive son énonciation (le fait de frôler quelqu'un, par exemple).

Le pragmatème Простите (*Ho sento*), par contre, est réservé aux cas où le locuteur souhaite présenter des excuses relativement appuyées. D'après le niveau Seuil, il correspondrait à l'acte de parole I.4.3 *s'excuser*, tandis que les deux premiers pragmatèmes considérés correspondraient plutôt à I.9.1.1 *interpeller (en champ libre)* et à I.9.7.3 *par soi-même : demander de pardonner*.

Les formules de politesse peuvent présenter un haut degré de polysémie. La lexie pragmatiquement conditionnée *Gràcies!* (*Merci !*), qui présente une fréquence très élevée à l'oral, peut correspondre à un remerciement, à une acceptation, à un refus poli, à une formule de clôture et, sans doute encore à d'autres actes de parole encore. Un guide de conversation ne peut rendre compte de toutes ces valeurs, mais se doit d'apporter quand même certaines précisions relatives à ces emplois. D'emblée, et étant donné que les guides de conversation envisagent surtout la production orale, certaines indications prosodiques pourraient se révéler très utiles, en particulier si elles contribuent à préciser le sens de la formule en question. En effet, il est nécessaire de signaler que *Merci !* s'interprétera comme un *oui*, avec une intonation montante, et comme un *non*, avec une intonation descendante. Certes, coder des informations prosodiques à l'intention d'un public non familiarisé avec les notations métalinguistiques n'est pas une tâche facile, mais c'est le cas aussi de la transcription phonétique que l'on s'efforce à fournir tant bien que mal, même si c'est moyennant des pseudo-transcriptions fort approximatives.

Certains des pragmatèmes cités s'intègrent dans des schémas d'interaction, c'est-à-dire qu'ils apparaissent dans des paires (parfois même des triplets) de questions et réponses : requête et acceptation ou reqûete et refus ; offre et acceptation ou offre et refus ; excuse et acceptation ou excuse et refus, etc. C'est le cas également pour les salutations, mais avec des schémas souvent symétriques (*Bonjour ! – Bonjour !*), tandis que les réponses à des excuses sont, en général, complètement différentes de la formule d'excuse elle-même et, qui plus est, d'une fréquence très variable. Par exemple, Извините (*Pardon*) a une plausibilité d'occurrence largement plus élevée que les répliques possibles (comme Ничего ou Ничего страшного, qui correspondent à *Ce n'est rien* ; *Ça ne fait rien* ou à certains sens de *Je vous en prie*).

### *Panneaux et écriteaux*

La capacité d'interpréter correctement certains panneaux et affiches fait partie de la compréhension écrite du niveau A1. Et pourtant, la plupart de guides de conversation ne prévoient pas une section spécifique dédiée aux panneaux les plus courants, peut-être parce que l'on considère que la plupart d'entre eux ont un caractère international ou encore parce que les pictogrammes sont assez répandus. Si cette internationalisation est déjà discutable pour des systèmes très structurés (comme les panneaux de signalisation routière), elle est franchement douteuse pour ce qui concerne des indications peu ou pas réglementées (par exemple, pour les Toilettes, où nous trouvons une variété de dénominations ; en espagnol, nous avons observé : *Aseos*, *Lavabos*, *Baño*, *Caballeros/Damas*, *C/D*, *Señores/Señoras*, *Servicios*, *WC*… et une grande diversité de pictogrammes et d'images).

Nous ne nous étendrons pas sur la dimension intersémiotique des pragmatèmes. Elle soulève, parmi tant d'autres questions, celle des messages pluricodes (parole et image), qui peuvent aller de la redondance totale à une complémentarité absolue, chaque système sémiologique étant mis à contribution pour l'expression d'une partie déterminée du message.

Nous avons jugé utile de retenir, pour le Guide russe-catalan, les pragmatèmes suivants correspondant aux affiches les plus courantes :

| | |
|---|---|
| *OBERT* [*Ouvert*] | ОТКРЫТО |
| *TANCAT* [*Fermé*] | ЗАКРЫТО |
| *NO FUNCIONA* [*En panne*] | НЕ РАБОТАЕТ |
| *ENTRADA* [*Entrée*] | ВХОД |
| *SORTIDA* [*Sortie*] | ВЫХОД |
| *EMPÉNYER* [*Poussez*] | ОТ СЕБЯ |
| *ESTIRAR* [*Tirez*] | НА СЕБЯ |
| *SERVEIS* [*Toilettes*] | ТУАЛЕТ |
| *HOMES* [*Hommes*] | М |
| *DONES* [*Femmes*] | Ж |
| *PROHIBIT* [*Interdit*] | ЗАПРЕЩЕНО |
| *STOP* [*Stop*] | СТОП |

## GUIDES DE CONVERSATION DE L'ESPAGNOL

Nous examinerons maintenant les pragmatèmes contenus dans quelques guides de conversation de l'espagnol à l'usage de francophones. Nous considérerons un échantillon formé de neuf guides d'espagnol : quatre guides Assimil ; à savoir, un guide d'espagnol péninsulaire (Som,

2010a), un guide d'espagnol argentin (Som, 2010b), un guide d'espagnol mexicain (Witfeld, 2010) et un guide d'espagnol dominicain (Fründt, 2009) ; plus un guide Harrap (Busuttil et Fernández Lasa, 2002), un guide Lonely Planet (Esposto, 2012), un guide Larousse (Girac-Marinier, 2011), un guide Berlitz (Auteurs divers, 2011) et un guide de *Le livre de poche* (Ravier et Reuther, 2008).

Chacun de ces petits ouvrages contient, en moyenne, environ 150 pragmatèmes. Les petits dictionnaires bilingues, glossaires ou vocabulaires qu'ils comportent en annexe contiennent, en moyenne, 30 pragmatèmes, en général repris du corps des ouvrages. Nous calculons qu'entre 5 et 6 % du total des expressions présentées par ces guides correspondent à des pragmatèmes, proportion qui n'est en rien négligeable.

L'organisation de ces guides est thématique. Nous trouverons, donc, les différents pragmatèmes sous les sections concernant les situations dans lesquelles ils sont normalement produits, avec certaines répétitions pour des séquences moins marquées diatechniquement.

Tous les guides consultés présentent, en plus, une section spéciale (souvent sur un des rabats de la couverture) intitulée *Les indispensables* ou *Expressions indispensables* ; *L'essentiel* ; *Expressions incontournables* ; *Expressions importantes* ; *Mots et expressions utiles* ; *Questions et phrases importantes* ; *Questions et phrases de base* ; *Expressions usuelles* ; *Basiques*, etc. Elles contiennent quelques salutations, des remerciements, des formules de présentation et des formules d'excuse. Certaines de ces formules correspondent à des pragmatèmes, d'autres à des clichés non conditionnés situationnellement. Dans certains cas, on trouve comme « Expressions indispensables » même des phrases franchement éloignées de ce que l'on pourrait juger tel (*Ma sœur aînée habite à Nice* ou *Je porte des lentilles depuis cinq ans*) (Girac-Marinier, 2011), mais elles sont sans doute censées servir de moule pour la formation d'un certain nombre de phrases pouvant être appliquées à différentes situations quotidiennes.

La sélection des pragmatèmes présentés est, bien entendu, soumise à un certain arbitraire. Non seulement les pragmatèmes proposés sont différents d'un guide à l'autre mais leur lemmatisation (la forme effectivement présentée) et leur traduction est fort variable. Mais, sans doute, le point le plus délicat reste la description qui accompagne les pragmatèmes. Souvent elle est inexistante et la seule indication pertinente pour orienter l'emploi de ces séquences est le fait qu'elles se trouvent sous une rubrique consacrée à un thème ou à un autre (par exemple *Garçon !* sous la rubrique *Au restaurant*) (Auteurs divers, 2011). Précisons qu'aucune indication n'est donnée sur le fait que ce pragmatème n'est plus d'usage général et que son utilisation peut être aujourd'hui peu appropriée. L'équivalent de traduction est censé permettre à l'usager d'inférer, du moins de façon approximative, les conditions d'utilisation du pragmatème (par exemple *¿Qué e' lo' que?* éclairé par la traduction *Quoi de neuf ?*) (Fründt, 2009).

À cause des contraintes d'espace, les guides se servent souvent de conventions graphiques ou typographiques implicites (tantôt très intuitives, tantôt plus subtiles) pour véhiculer des informations. Par exemple, le guide de Ravier et Reuther (2008) présente en caractères majuscules, dans les sections de vocabulaire (sans pour autant préciser de façon explicite que l'emploi des majuscules sert à ce propos), des pragmatèmes qui font, en général, l'objet d'une affiche : *ENTRÉE LIBRE*, *TOILETTES*, *CHANGE*, *CAISSE*, *SORTIE*, etc. Exceptionnellement *ALLÔ !* est aussi présenté en majuscules, ce qui n'est pas le cas pour les autres pragmatèmes concernant principalement l'oral : *Bon appétit*, *Combien ?*, *Comment allez-vous ?*, etc.

Mais l'aspect le plus intéressant de notre point de vue, qui ne vise pas tant l'analyse du produit guide de conversation comme l'étude des pragmatèmes, consiste à observer les commentaires métalinguistiques que les guides, de temps à autre, se croient obligés de fournir sur les pragmatèmes.

Les coordonnées temporelles qui sous-tendent l'emploi de certaines salutations sont, d'ordinaire, précisées d'une façon ou d'une autre quand l'équivalent de traduction ne reflète pas la même organisation temporelle. C'est sans doute le point qui provoque le plus de commentaires. Som (2010a) prend la peine de préciser à deux reprises (sous *Notion du temps* et sous *Faire connaissance*) :

> [...] lorsqu'on rencontre une connaissance dans la rue ou dans tout autre lieu public, on se salue tout à fait couramment avec un *¡Buenas tardes!*, *Bon après-midi !*, même s'il est déjà 19 h ou 20 h, particulièrement en été. *¡Buenas tardes!* peut donc se traduire par *Bon après midi !*, *Bonsoir !* ou *Bonne soirée !* selon la circonstance. *La noche* commence bien sûr à la tombée du jour, mais peut se traduire par *le soir*, *la soirée* ou *la nuit*. [...] Rappelez-vous qu'en espagnol il n'y a pas de mot spécifique pour dire *soir* et *soirée*. Ces deux mots se traduisent respectivement par *tarde/noche* et *noche* la plupart du temps en fonction de

> l'heure. *¡Buenas tardes! Bon après midi !* peut se dire jusqu'à 19 h ou même 20 h, particulièrement en été. *¡Buenas tardes!* pourra donc se traduire par *Bon après-midi !*, *Bonsoir !* ou *Bonne soirée !*, selon la circonstance. Pour dire *Bonjour !*, on dit souvent aussi *¡Buenas!* dans un sens général et sur un ton plus décontracté. (Som, 2010a, p. 82)

Busuttil et Fernández Lasa (2002), à leur tour, spécifient que :

> Pour se saluer, on dit *buenos días* dans la matinée jusqu'à l'heure (tardive) du déjeuner, *buenas tardes* dans l'après-midi jusqu'au coucher du soleil, et *buenas noches* à partir de la tombée de la nuit. Il n'y a donc pas de règles fixes mais on aura tendance à dire *buenas noches* à 10h du soir en été et dès 6h en hiver. (Busuttil et Fernández Lasa, 2002, p. 8)

Parfois les indications métalinguistiques sont beaucoup plus succinctes : *Bonjour* (le matin), *Buenos días* (l'après-midi, jusqu'à 20h), *Buenas tardes* (Busuttil et Fernández Lasa, 2002, p. 8). Rubio-Longin (2013), dans son guide de l'espagnol de Cuba, fournit une indication à la fois précise et concise :

> *Bonjour !* (6 h 00 - 12 h 00) *¡Buenos días!*
> *Bonjour !* (12 h 00 - 18 h 00) *¡Buenas tardes!*

Mais, bien entendu, cela ne peut être qu'indicatif, la distribution réelle de *¡Buenos días!* et *¡Buenos tardes!* n'obéissant pas à de critères strictement horaires.

Les auteurs des guides d'espagnol argentin, mexicain et dominicain, respectivement, nous font noter que :

> *Hola*, *Salut*, est une salutation passe-partout, utilisée entre amis, dans la famille, dans les commerces, à l'université, etc. Si besoin est, *buen día / buenos días*, *buenas tardes*, *buenas noches*, fournissent un degré supérieur de politesse et de distance, le dernier étant l'équivalent à la fois de « bonsoir » et de "bonne nuit". Le classique *Ça va ?* (et les non moins importants *Ça roule ? Ça gaze ?*, etc.) du français a plusieurs cousins germains argentins : *¿Qué tal?* (raccourci de *¿Qué tal te va?*)… (Som, 2010a). L'espagnol cubain a *¿Qué bolá?* (dans le langage des jeunes) qui pourrait être mis en rapport avec *Ça gaze ?* (Rubio-Longin, 2013, p. 61).

> Les Mexicains sont très polis dans leurs relations avec les autres, et ce quel que soit le contexte. Prenez exemple et dites toujours *buenos días* et *buenas tardes*, *bonjour*, lorsque vous vous apprêtez à parler avec quelqu'un, *con permiso*,

> *pardon!* quand vous risquez de frôler les gens en passant dans les bus ou autres endroits, *pase usted, après vous !*, quand vous êtes plusieurs à rentrer dans un endroit (Witfeld, 2010)
>
> Si l'on veut être formel, on utilise aussi *buenos días, buenas tardes* ou *buenas noches* pour prendre congé. Voici deux autres phrases formelles que l'on utilise si l'on reste ou si l'on part : *¡Vaya con Dios! ¡Queden con Dios!* (Fründt, 2009)

Nous constatons que chaque auteur s'y prend différemment pour expliquer l'usage des pragmatèmes, pourtant basiques. De toute évidence, il n'existe pas une microstructure modèle qui puisse venir en aide aux concepteurs des guides quand il s'agit de véhiculer ce genre d'informations. De là l'importance de concevoir ce genre de dispositifs. Malgré tout, les bribes d'explication données peuvent permettre de faire un usage sinon tout à fait adéquat du moins approximatif de beaucoup de pragmatèmes. Certaines affirmations des guides restent cependant déconcertantes :

> Les Espagnols ont le contact facile. Il n'est pas rare que des inconnus dans la rue, à un arrêt de bus ou à la terrasse d'un café, par exemple, vous gratifient d'un *¡Hola!* (*Salut !*). Jouez donc le jeu et n'hésitez pas à engager le dialogue si les gens vous semblent sympathiques. (Som, 2010b)

Souvent, les indications métalinguistiques ont pour but de distinguer entre des pragmatèmes homonymes ou de désambiguïser une forme polysémique. Dans Som (2010b), nous avons *Felicidades* traduit par *Mes félicitations* / *Mes compliments* avec la note « *Felicidades* s'emploie aussi pour *Bon anniversaire* ». Dans Busuttil et Fernández Lasa (2002, p. 8), nous trouvons : *Excusez-moi* (pour attirer l'attention) vs *Excusez-moi* (pour s'excuser).

Nous avons même un cas où le commentaire prévient d'une possible confusion due à l'homophonie : Som (2010a) donne, ainsi, *ola* traduit par *vague* avec la note (À ne pas confondre avec *¡hola! salut !*).

Parfois le commentaire se révèle indispensable parce que la forme du pragmatème est trop ambiguë : *¡Señor/Señora, por favor! Monsieur/Madame, s'il vous plaît !* Pour appeler le serveur / la serveuse (Witfeld, 2010).

Occasionnellement, on précise le sens d'un pragmatème si l'équivalent de traduction ne semble pas suffire à cette tâche : *Recuerdos a... Salutations à...* (Cette expression est utilisée dans le sens de *Salue untel de ma part !* ou *Mon bon souvenir à untel !*) (Som, 2010b).

Normalement, les pragmatèmes-réponses sont moins présents que les pragmatèmes-questions (qui ouvrent l'interaction et qui, souvent, sont nettement plus ritualisés). Dans Witfeld (2010), nous trouvons cependant *Estoy viendo, gracias* (*Je regarde, merci*) sans son pragmatème associé *¿Qué desea? ¿Puedo ayudarle en algo?* (*Je peux vous aider ?*, pensons à l'anglais *Can I help you?*).

Le besoin de ce type d'éclaircissement se fait sentir surtout quand la forme française est moins ritualisée que la forme espagnole pour une situation précise, par exemple *¿Quién es el último? Qui est le dernier ?* (Il vous faudra *pedir la vez*, demander votre tour (littéralement « demander (la) fois »), et vous demanderez, comme tout nouvel arrivant : *¿Quién es el último?*) (Som, 2010b).

La description de la situation associée à certains pragmatèmes peut être assez précise. Ainsi Som (2010a) spécifie que :

> Dans les bus urbains, pour demander un arrêt, il faut d'abord se lever, aller jusqu'à la porte arrière et appuyer sur la sonnette. Les sonnettes ne sont pas relayées tout au long du bus, et il faut s'y prendre à l'avance ! En cas de besoin, vous pouvez crier : *¡Parada, por favor! Prochain arrêt, s'il vous plaît !* [...] (Som, 2010a)

Fründt (2009), à son tour, nous explique la raison d'être de la formule de congé dominicaine *¡Vete por la sombrita!* : « Cette expression, difficilement traduisible en français, est très courante en République dominicaine : le soleil tapant très fort dans le pays, on conseille par là de marcher sous les arbres afin de l'éviter ».

Witfeld (2010), en frôlant presque la littérature de voyages, nous apprend que :

> Il y a encore les peseros, des mini-bus vert clair ou blancs qui suivent des routes fixes mais sans arrêts prédéterminés [...] Quand il n'y a pas de sonnette, le machiniste fait comprendre aux voyageurs qu'ils doivent descendre au moyen d'un tonitruant *¡Bajan! Descendez !* (Witfeld, 2010)

Une autre raison importante qui appelle les commentaires métalinguistiques est la nécessité de préciser le niveau diastratique d'une expression :

> Voici des formes plus polies : *¿Cómo está usted? Comment allez-vous ?* (Som, 2010a)

Fründt (2009), par rapport à l'espagnol dominicain, nous dit :

> Vous voulez être plus informel ? Essayez ces formules : *La dolorosa, por favor* ; *¡Oiga, la cuenta y un policía!* (Fründt, 2009)

La diatopie est parfois aussi explicitement signalée :

> La signification de certains mots n'est pas la même en espagnol mexicain et en espagnol d'Espagne [...] ; par ailleurs, certains mots sont spécifiquement mexicains [...]. Voici quelques exemples parmi les plus courants : *¡Aguas! ¡Cuidado! Attention !* [...]. (Witfeld, 2010).

Quelquefois, l'indication métalinguistique est pensée pour éviter l'utilisation d'une phrase inadéquate qui risquerait d'être produite par un francophone : « On ne dit pas *todo va bien.* Vous pouvez dire à la place *ando bien* » (Som, 2010a). Notez que cette remarque concerne l'espagnol d'Argentine.

Parfois les indications métalinguistiques sont vraiment floues : « Bien évidemment, *gracias*, merci, et *¿y tú?*, et toi ?, sont partout des formules bienvenues » (Som, 2010b).

Il arrive qu'un certain point grammatical soit illustré par des pragmatèmes :

> *Se* peut aussi exprimer l'équivalent d'un passif ou d'une tournure avec *on* : *Se venden souvenirs On vend des souvenirs* ; *Se habla alemán On parle allemand.* (Som, 2010a).
>
> Remarque : la construction réfléchie *se* + verbe à la 3e personne traduit souvent le *on* français, lorsqu'il s'agit par exemple d'exprimer une généralité, une habitude, une possibilité ou encore une obligation : *Se habla francés On parle français.* (Som, 2010a).

Nous avons pu constater que l'utilisation et, à plus forte raison, la description des pragmatèmes véhiculant des salutations ou des formules de politesse, ainsi que le décodage des pragmatèmes utilisés dans des affiches, se révèlent plus ardus que ce que l'on pourrait imaginer au premier abord, surtout si l'on tient compte du fait que le besoin d'utiliser ces pragmatèmes s'impose dès le stade initial d'apprentissage d'une langue étrangère (voire même quand il n'y a pas d'apprentissage à proprement parler).

Citons de nouveau le *Cadre*, parce qu'il nous permet de constater jusqu'à quel point ce qu'il appelle « énoncés stéréotypés » (et non pas

« figés ») constituent, dès le départ, une partie fondamentale de la compétence de l'apprenant d'une langue étrangère (et *a fortiori* de l'utilisateur d'un guide de conversation)[3] :

> Peut se débrouiller avec des énoncés très courts, isolés, généralement stéréotypés, avec de nombreuses pauses pour chercher ses mots, pour prononcer les moins familiers et pour remédier à la communication. (Auteurs divers, 2000, p. 28)

De plus, la « capacité à aller au-delà de relations superficielles stéréotypées » fait partie des aptitudes et des savoir-faire interculturels décrits dans le *Cadre* (Auters divers, 2000, p. 84). Une autre preuve que les pragmatèmes représentent un repère important pour la description du niveau de connaissance en langue étrangère.

Si nous ajoutons à cela que :

> Le Niveau A1 est le niveau le plus élémentaire d'utilisation de la langue à titre personnel – celui où l'apprenant est capable d'interactions simples [...] en ne se contentant pas de répéter des expressions *toutes faites* et *préorganisées* (Auteurs divers, 2000, p. 32)

On peut en déduire que la connaissance des expressions stéréotypées doit comporter la capacité d'introduire, lors de leur formulation, certaines insertions et modulations. Un apprenant qui ne serait capable que de reprendre de façon identique des expressions se trouverait dans la même situation que l'utilisateur d'un guide portant sur une langue qui lui est parfaitement inconnue et qui n'a d'autre possibilité que répéter ce qu'il peut puiser dans son petit ouvrage papier ou électronique. Il ne s'agirait pas d'une compétence linguistique réelle.

Bien des questions restent ouvertes, aussi bien pour ce qui est du choix des pragmatèmes qui doivent être sélectionnés dans les guides de conversation que pour ce qui est des informations qui doivent être fournies sur la forme, la combinatoire et le sens desdits pragmatèmes. Il faudrait, sans doute, continuer à s'interroger sur la manière dont il faut présenter ces informations sans avoir pour autant recours à des dispositifs métalinguistiques qui ne seraient pas à la portée de l'usager non formé, qui s'attend à des équivalences bijectives et à qui l'on souhaite

3 Table *Niveaux communs de compétences – Aspects qualitatifs de l'utilisation de la langue parlée*). Colonne *Aisance* (Auteurs divers, 2000, p. 28).

proposer des produits qui permettraient un accès à la langue étrangère *facile*, *rapide*, *sans effort*, *pour tous*, etc.

GUIDES DE CONVERSATION DE L'ALLEMAND

Nous aborderons maintenant trois guides de conversation français-allemand. Ils présentent comme particularité le fait d'avoir été publiés en 1916, 1937 et 1940, des dates où, comme on sait bien, les relations franco-allemandes ne traversaient pas leurs meilleurs moments. Le guide de Buisson (1916), qui est en fait un guide à caractère militaire, présente la rubrique *Capture de soldats ennemis*, où nous trouvons quelques pragmatèmes sans doute nécessaires dans les circonstances considérées dans le guide, mais dont un locuteur actuel n'a, d'ordinaire, qu'une connaissance tout à fait passive :

> *Halte-là, qui vive ?*
> *Arrêtez-vous ou je tire !*
> *Levez les mains !*

De même, la rubrique *Commandements indispensables* (p. 36), qui fait penser aux *Indispensables* rencontrés ci-dessus, rassemble, dans ce cas, des pragmatèmes fort différents :

> *Cessez le feu !*
> *Reposez arme !*
> *Rendez-vous !*
> *Levez les mains !*
> *Silence !*
> *Sur un rang !*
> *Halte !*
> *Couchez-vous !*
> *Debout !*
> *Attention !*
> *En avant, marche !*
> *Par deux, par quatre !*
> *Halte, Front !*
> *À droite-droite !*
> *À gauche-gauche !*

D'autres rubriques encore (comme *Autres commandements* ou *Garde aux issues*) comportent presque exclusivement des pragmatèmes, environ une trentaine (*Garde à vous !* ; *Rompez les rangs !* ; *Repos !* ; *On ne passe pas !*, etc.).

Mais, malgré le caractère spécialisé de ces guides, ils se doivent de traiter des pragmatèmes qui correspondent à la langue générale. Une fois de plus, nous voyons différentes stratégies se mettre à l'œuvre pour rendre compte des différences de fonctionnement des pragmatèmes entre une paire de langues données. Buisson (1916) improvise ainsi la séquence *Bonne matinée Mademoiselle* pour rendre l'allemand *Guten Morgen, Fräulein* (sans doute parce que *Bonjour* ne refléterait pas le fait que *Guten Morgen* ne peut pas s'employer l'après-midi). Le *Bon matin* québécois aurait ici réglé le problème. Il semble cependant que *Bonjour* continue à être la meilleure solution, la symétrie avec la langue source ne devant pas être conservée à ce point.

Le guide français-allemand de Dumont (1937) contient certaines sections (comme « Indications », « Ordres », « Défenses », « Formules de salutation » ou « Formules épistolaires ») qui sont constituées presque uniquement de pragmatèmes. Dans les sections restantes, nous pouvons glaner quelques pragmatèmes que nous ne trouvons pas souvent dans d'autres guides (*En voiture !* ; *À qui ai-je l'honneur de parler ?* ; *Mes hommages à Madame* ; *Montrez-moi vos papiers* ; *Voyageurs, en voiture !* ; *Gardez la monnaie*…). Les années écoulées font que certaines sections aient aujourd'hui un charme spécial (il s'agit de sections comme « Chez le chapelier » ou « À la crèmerie » ; d'autres encore relèvent de pratiques en grande partie révolues ou beaucoup moins courantes, comme par exemple la section consacrée aux « Domestiques » sous « Logement »).

Le guide Denis (1940) comporte une section « Formules de politesse » avec certains pragmatèmes comme *Je vous suis très obligé* ou *Veuillez présenter mes hommages à mademoiselle votre sœur*… à la saveur archaïsante. Dans d'autres sections, comme « En voyage » ou « Poste, Télégraphe, Téléphone », nous avons aussi des séquences marquées (*Cocher, à la gare !* ; *En voiture pour Paris !* ; *Porteur par ici !* ; *Allô ! Voulez-vous me donner le numéro 6-24*). On y trouve une section consacrée à l'armée mais, bien qu'elle comporte des phrases tout à fait spécifiques au domaine (*La position a été prise d'assaut* ; *Nous avons creusé des tranchées*), elle ne contient aucun pragmatème.

GUIDES DE CONVERSATION DU FRANÇAIS

Si nous avons choisi ci-dessus un type spécifique de guides de conversation de l'allemand, qui nous a permis de recenser des pragmatèmes très particuliers, nous aborderons dans le présent alinéa des guides de conversation (en français) encore beaucoup plus éloignés des standards actuels. Il s'agit des *Manières de langage* de la fin du XIVe et du début du XVe siècle, que nous présenterons en suivant de près Blanco (2015). Leur étude nous permettra d'identifier et de recenser un ensemble de pragmatèmes diachroniquement marqués, mais qui remplissaient des fonctions similaires à celles des pragmatèmes contemporains.

Les *Manières de langage* sont des collections de dialogues-modèles qui devraient permettre à un anglophone apprenant le français de faire face à un certain nombre de situations quotidiennes. Il s'agit d'un type d'ouvrage d'apprentissage qui fait son apparition en Angleterre et vise à maintenir la connaissance du français dans les couches moyennes et supérieures de la société anglaise.

Au XIVe siècle, le français était une langue de prestige et d'une utilité certaine pour les rapports commerciaux. L'Angleterre maintenait encore d'importantes possessions sur le Continent. Les *Manières de langage* (ou *Manières de parler*) avaient comme finalité de permettre :

> [...] apprendre a parlere, bien sonere et parfitement escriere douce francés, qu'est la plus beale et la plus gracious langage et la plus noble parlere aprés latyn de scole que soit en monde et de toutz gentz melx preysé et amee que nulle autre. Quare Dieux le fist si douce et amyable princypalment au l'onore et louange de lui mesmez. (Kristol, 1995, p. 3)

Le public visé était probablement fort hétérogène. Il comprenait des clercs, des commerçants, qui entretenaient des relations suivies avec le Continent et, sans doute, un certain nombre de professionnels pour qui le français pouvait être un atout majeur.

Lors de la parution de la *Manière de langage* de 1396, le français était déjà une langue étrangère en Angleterre. Dès la fin du XIIe siècle, il n'était même plus la langue vernaculaire des classes supérieures, se trouvant réduit à la condition de langue de culture et de langue spécialisée (le *Law French*, par exemple, subsistera jusqu'au XVIIIe siècle). Certes, le français a pu encore être transmis de façon spontanée au sein de certaines familles appartenant aux classes dominantes, mais il est significatif que ces mêmes familles envoyaient leurs enfants en France afin qu'ils perfectionnent leurs connaissances en français. Une telle pratique s'est conservée au moins jusqu'à la perte de la Normandie en 1204.

L'utilisation des *Manières de langage* ne devait certainement pas ressembler à l'utilisation que l'on peut faire actuellement de nos guides de conversation. En effet, les dialogues des *Manières* étaient plutôt destinés à être répétés et appris par cœur qu'à être consultés quand le besoin s'en faisait sentir. De ce point de vue, ces ouvrages étaient donc proches du manuel de langue étrangère. Il est cependant intéressant de constater que leur plan général est comparable à celui des guides de conversation de nos jours. Voici une partie de ce qui pourrait être la table des matières de la *Manière* de 1396 (les titres ne figurent pas dans l'ouvrage original, mais ils nous permettront d'avoir une idée globale du contenu de cet ouvrage) :

> Introduction
> Le corps humain
> L'aménagement d'une maison
> Partir en voyage
> Les préparatifs de voyage
> Le repas d'adieu : viandes, volailles
> En route : demander son chemin
> Chanson d'amour / Chanson à boire
> Le serviteur à l'auberge
> Au marché : volailles et poissons
> La soirée à l'auberge : récit
> La nuit à l'auberge : aventure galante
> Le petit déjeuner
> [...]

Nous présenterons dans ce qui suit, toujours d'après Blanco (2015), quelques pragmatèmes extraits des *Manières de langage*. Nous organiserons notre présentation par actes de parole.

## *Saluer*

L'acte de parole qui est le mieux représenté dans les *Manières de langage* correspond à *saluer*. Les salutations du moyen français ne découpent pas la journée de la même façon que le français contemporain. Nous avons, par exemple, *Bon matyn* suivi de différentes formules d'adresse[4] :

– Bon matyn vous doigne Dieu *ou*
– Mon amy, Dieu vous donne bon matyn et bon aventure.
… et bon encontre
… et bon estrayne
… et bonne joie
… et bonne santee
– Sire, bon matin puissez vous avoir.
– Sire, boun matyn.
– Sire, boun matyn a vous.

Or, *Bon matyn* ne peut être employé pour l'après-midi, où l'on a recours à *Bones vespres* :

Aprés manger, vous dirrez ainsi:
– Dieu vous donne bones vespres, sir.

Il serait à remarquer que le *Dictionnaire du Moyen Français* (DMF) offre, s.v. **matin**, un exemple provenant d'un manuel de français à l'intention des enfants anglais :

[Dans une formule de politesse] *Bon matin* : Dame, Dieu vous doint bon matin. Sire, et a vous aussi (*Un Petit livre pour enseigner les enfantz de leur entreparler comun francois*, 1399. In : E. Stengel, Z. fr. Spr. Lit. 1, 1879, 15).

L'orthographe n'est pas du tout fixée ; elle a une claire tendance phonétique, non dépourvue pourtant de certaines considérations étymologiques, ce qui la rend fort instable. Voici une autre formule concernant une salutation ; elle est accompagnée d'un commentaire métalinguistique précisant la contrainte temporelle qui restreint l'énonciation du pragmatème :

Et quant vous prendrez congé de nully pur tout la nut, vous dirrez ainsi: – Sir, Dieu vous doint bon nut et bon repos, quar je m'en irray coucher. (Krystol, 1995, p. 30)

Bien entendu, il faut distinguer les indications métalinguistiques des contextualisations concrètes d'un pragmatème donné. Même si l'exemple

4 Tous les exemples proviennent de Kristol (1995).

qui suit contient la précision *aprés diner*, l'expression *je me recomande a vous* pouvait bel et bien être utilisée avant le repas.

> Et aprés diner, il prent congé du seignour ainsi: – Mon seignour, je me recomande a vous et je pri a Dieu que vous doint bone vie et loigne. (Krystol, 1995, p. 16).

À côté des pragmatèmes spécifiques aux périodes de la journée, nous avons des formules non marquées où l'on précise pourtant, de façon explicite, si la salutation s'adresse également à l'entourage de l'interlocuteur :

> – Mon tresdoulx sir, Dieu vous avance
> – Dieu vous benoit (et la compaigne).
> – Dieu garde la belle compaignie!
> – Dieu vous conduye.
> – Dieu vous esploit.
> – Nostre Seigneur vous ait en sa garde.

Nous trouvons des pragmatèmes spécifiques pour saluer à l'arrivée chez quelqu'un (situation habituelle pour le voyageur) et différentes réponses à ces salutations :

> – Dieu soit ciens.
> – Vous soiez bien venu. Que demandez vous?
> – Bien soiés venu, beau sir.
>
> – Ore soit Dieu.
> – Bien soiez venu, compaignon
> – Vous estez bien encontré.
> – Vous soiez bien trouvé.
>
> Et as overe[r]s et labourers, vous dirrés ainsi:
> – Dieu vous aid, mon amy.
> – Bien soiés venu, beau sir.

La formule *Dieu vous aid* n'est pas présente dans les dictionnaires de moyen français, qui offrent pourtant *Dieu t'aist!* comme formule adressée à quelqu'un qui vient d'éternuer (pensons au pragmatème contemporain *À vos souhaits !*) ou même à celui qui bâille (situation que le français moderne n'accompagne pas d'un pragmatème précis).

Les pragmatèmes destinés à la prise de congé suivent les salutations propres à la rencontre :

– Damoiselle, a Dieu vous commande.
– Sire, a Dieu
– Alez a Dieu.
– A Dieu soiez.
– Dieu soit garde de vous.

– Ore alez a Dieu, sir.
– Mon tresdoulx ami, je pri a Dieu q'il vous done bone vie et longe.

– Sire, Dieu ait en sa garde.
– Dame, Dieu vous conduy.

Les commentaires métalinguistiques (qui sont, somme toute, assez peu nombreux dans les *Manières*) peuvent être donnés en latin, comme cette observation qui concerne le tutoiement (Kristol, 1995, p. 39) :

> – Mon signeur, vous estez tresbien venu. *Vel sic:* Mon signeur, bien soiez venu. *Si vero tuizaveris aliquem, hoc modo responsionem tuam procul dubio reserabis:* Bial amy, bien sois venu.

Les pragmatèmes spécifiques à l'écrit se distinguent nettement de ceux relevant du code oral. Les lettres, destinées à être lues à voix haute, étaient le plus souvent dictées (Kristol, 1995, p. 28) :

– Esties vous un clerc?
– Oy sir [...]
Donques il seira et escriera un comissione en ceste manere:
'A toutz yceux qui cestes letres verront ou orront, Johan d'Orlians de Parys, salutz.' *ou*
'Sachent toutz gentz qi cestes lettres verront ou orront...'
'Conu soit a toutz gentz que je Johan...' *et cætera.*

## *Remercier*

Les formules de remerciement sont très importantes et elles sont donc prises en compte dès le début de l'enseignement d'une langue étrangère. Dans les petits ouvrages qui nous occupent, elles sont présentées, en général, comme réponses à des questions polies :

– Dame, bien, grant mercy, et le meulx que vous vaillez bien.

L'expression *grant mercy* n'est pas fréquente. D'ordinaire, on a recours à *Dieu mercy* et à ses variantes, qui ne constituent pas des remerciements du point de vue de l'acte de parole effectivement réalisé. Précisons que la formule *grant mercy* date de 1135 (aprox.) alors que *Dieu mercit* (sic) est antérieure (1100). Elles peuvent être mises en rapport à travers *Dieu merci et vous* ou *Dieu merci et la vostre* qui introduit l'acte de parole Remercier :

> – Tresbien, dame, vostre mercy.
> – Oy, sire, la vostre mercie.
> – Tresbien, mon seignour, Dieu mercy et melx pur vous.
> – Dieu mercie, bien, sire ; que bien aiez vous.
> – Bien, sire, a vostre commandement mercié soit Dieu.
> – Bien, sire, que bien aiez vous, loué soit Dieu.
> – Tresbien, mon seignour, Dieu mercy et melx pur vous.
> – Mon signeur, tresbon chere, Dieu mercy, et la vostre? Et mieulx que je vous vei en bonne santee du corps.

Seulement une des formules répertoriées fait référence non pas à un dire mais à un faire :

> – Dame, Dieu le vous rende.

*Inviter*

Les formules d'invitation nous permettent de constater l'existence d'une séquence fortement ritualisée réservée pour la situation où l'on s'apprête à boire. Le locuteur invite son interlocuteur à boire avant lui (avec la formule *Prennez vostre hannap*, un *hannap* étant une grande coupe à boire, en général métallique et disposant d'un couvercle). L'interlocuteur répond par *No fray devant vous*. Cette réponse ne semble exister que comme réplique appropriée à *Prennez vostre hanap*. Les deux pragmatèmes constitueraient donc une paire, tout comme *Merci* par rapport à *De rien*. La négociation qui s'établit avant de commencer à boire serait à rapprocher, *mutatis mutandis*, du pragmatème *Après vous* dont on se sert aujourd'hui pour négocier le passage à travers une porte.

Notons que cette paire de formules est complétée par une contre-réplique (*si frez* ou *vous ferez vrayment*). De plus, l'acceptation finale est marquée d'un autre pragmatème, soit un remerciement (par exemple : *vostre merci*), soit une évaluation positive de la boisson (*c'est bon boire*; *grant proue le vous face* ou *grant bien vous face il*). Voici deux exemples d'un tel échange (Krystol, 1995, p. 28 et 57 respectivement) :

– Preignés le hanape
– Vous commencerés.
– Non fray devant vous.
– Si frés vraiment.
– Par nostre Dame, cy est bon boire.
– Sir, grant proue le vous face.

– Ditez que elle nous aporte a boire.
– Sire, prennez le hanape, vous comencerez.
– Dame, non ferrey devant vous.
– Sire, vous ferez vrayement.
– Par sainte Marie, c'est bon boire.

### *Demander et proposer*

Les *Manières de langage* présentent, par moments, un certain ton familier, on oserait même dire « touristique ». L'acte de parole *demander* (informations, renseignements) est donc bien représenté, en particulier en ce qui concerne les échanges commerciaux (Krystol, 1995, p. 61) :

– Ditez, a combien cest cy? Ditez, coment le averey je?
– Le vuillez vous avoir
– Voire, sire, ditez a un mot.
– Sire, vous me donrez tant pour ce.
– Nemy, sire, sauve vostre grace, ce est trop.
– Et que me donrez vous donques?
– Ditez coment le me donrez vous a droit.
– Vous le averez a bon marché.
– Ditez a un mot et ne tarjez plus.
– Par mon seurement, sire, vous ne le averez rien mains.
– Sire, il ne vault pas le argent.
– Sir, coment le voillez vous avoire?
– Le averey je pour tant d'argentz?
– Nemy, sire, il me couste plus.

Certaines questions visent la prestation d'un service (*vuillez vous rien que je puisse faire?* ; *Que demandez vous?* ; *Que vous plest il?*) (Krystol, 1995, p. 64) :

– Dont venez vous?
– Sire, jeo venke de Dunbare.
– Dame, vuillez vous rien que je puisse faire?
– Oil, sire, molt la vostre mercy.

Nous avons considéré quelques pragmatèmes liés à différents actes de parole. Les *Manières* consultées en contiennent bien d'autres (par exemple *Souhaiter* ou *S'excuser*). La consultation d'autres *Manières* nous permettrait certainement de dénicher de nouvelles variantes pour ces formules. Le fait de constituer un inventaire des pragmatèmes le plus complet possible relevant d'un état de langue ancien pourrait être fort intéressant, car les pragmatèmes caractérisent une situation sociale et font revivre, en quelque sorte, une époque passée.

Bien que les guides de conversation ne constituent pas un type de texte servant couramment d'illustration à des études linguistiques, on constate à quel point ces ouvrages sont utiles à la compréhension des pragmatèmes et à la délimitation de ce phénomène linguistique assez particulier. Parmi les points qu'on pourrait retenir de ce rapide balayage, il y aurait lieu de mentionner les points suivants :

- le traitement des pragmatèmes relève du besoin que les voyageurs ont de communiquer dans les langues des pays de leur destination avec le plus d'économie et le plus d'efficacité ;
- les pragmatèmes retenus relèvent d'universaux conceptuels et de règles générales d'échanges humains ; mais ils résistent à une description non savante, réduite à l'essentiel et rapprochable des pragmatèmes des langues en usage dans les sociétés d'où viennent les voyageurs ;
- ce type d'ouvrage montre clairement à quel point ce genre d'énoncés est important par rapport à la sanction à laquelle il peut conduire quand il est mal maîtrisé ou mal employé, sanction qui découle d'une insécurité linguistique dont les frais sont un ensemble de désagréments qui vont des simples complications aux difficultés les plus dérangeantes ;

  c'est ce qui explique que ces ouvrages tentent de fournir, même si c'est avec des moyens de fortune, un maximum d'informations sur le sens, l'intonation et parfois les risques de confusion avec les formules en usage dans les pays d'origine dans des situations similaires, en attirant l'attention sur les nuances d'interprétation conditionnées par des paramètres culturels ;
- le bricolage descriptif auquel les auteurs ont recours est doublement instructif : il renseigne sur la complexité des énoncés décrits et

fournit des orientations sur l'intérêt que certains éléments peuvent avoir dans une description lexicographique exhaustive qu'on doit leur réserver ;
- tous ces éléments s'ajoutent aux autres éléments déjà retenus dans les alinéas précédents pour participer à dessiner les contours d'un phénomène qui mérite toute l'attention des linguistes.

## LES PRAGMATÈMES DANS LES GRAMMAIRES

Nous envisagerons maintenant l'information que l'on peut trouver sur les pragmatèmes dans différentes grammaires du français.

Dans *Le Bon Usage* (Grevisse et Goosse, 2007 – nous nous servons de la 14e édition, qui constitue une refonte complète de l'ouvrage), les pragmatèmes sont traités surtout au chapitre XI (*Le mot-phrase*). On peut pourtant trouver, dans d'autres chapitres, quelques références occasionnelles à certaines formules. Par exemple, en traitant de la préposition *à* nous pouvons lire :

> À introduit un nom ou parfois un pronom dans des appels ou des souhaits : *À moi ! Au secours ! Au voleur ! – À mort ! À votre santé ! – À la soupe ! Au travail !* – Cela résulte d'une ellipse, mais souvent ce qui est omis n'est plus décelable par le locuteur [...] En outre, *À bas* locution introduit un nom dans des formules d'exécration. (Grevisse et Goosse, 2007, p. 1405)

Au chapitre XI, nous trouvons comme exemples de mots-phrases (sans d'autres indications) : *Merci* ; *Bonjour* ; *Bravo !* ; *Allô !* (ou *Allô ?*) ; *Oui ?* ; *Zut !* et, dans différentes remarques, *Hourra !* ; *Hallali* ; *Aga* ; *Allons* ; *Voyons* ; *Gare* et, comme exemples d'emplois diatopiquement marqués : *Écoute donc* prononcé [kudɔ̃] au Québec, transcrit de façons diverses (par exemple, *coudon*) et *Dis donc* employé comme salutation en Afrique noire (avec la main levée : *Dis Donc ! Comment ça va ?*).

Le mot-phrase est mis en parallèle avec la locution-phrase : *Au revoir* ; *À la bonne heure !* ; *Donnant donnant.* Il semblerait que les auteurs font référence à la compositionnalité ou à la semi-compositionnalité des pragmatèmes quand ils signalent :

> Même une phrase d'apparence normale peut être figée dans des emplois où la relation entre le sens de la phrase et la fonction ou le sens des mots est difficile à percevoir. *À qui le dites-vous !* « Je sais d'expérience ce que vous dites ». (Grevisse et Goose, 2007, p. 1413)

Grevisse et Goose introduisent une distinction entre mot-phrase essentiel et mot-phrase occasionnel. Le premier n'a pas d'autre fonction que de servir de mot-phrase (ou de locution-phrase) : *Allô* ; *Hélas !* ; *Zut !* ; *Tant pis*. On inclut les syntagmes homonymes que l'orthographe distingue pour des raisons diachroniques : *Adieu*, *Bonjour* par rapport à *à Dieu* et *bon jour*. Quant aux mots-phrases accidentels (qui présentent d'autres fonctions), on trouve également des pragmatèmes comme *Merci* ; *Fouette cocher* ; *Adieu* ; *Salut !* (au sens de *Bonjour !*) ; *Chapeau !* ; *Au secours !* ; *Pardon !* ; *Très bien* (comme appréciation d'un travail scolaire) ; *À vos souhaits !* Il est intéressant de constater que, pour les quatre dernières unités, les auteurs parlent de « Formule normale, attendue, pour telle situation de communication » (Grevisse et Goose, 2007, p. 1414).

Grevisse et Goose introduisent, par ailleurs, une distinction entre trois *espèces* de mots-phrases : les objectifs, les subjectifs et les suggestifs. Les premiers ont une dimension illocutive claire, que les auteurs sous-divisent, de façon non exhaustive, en mots-phrases phatiques (*Allô*), de salutation (*Bonjour*), d'ordre (*Stop*), de félicitation (*Bravo*), etc. Ils incluent sous ce type des séquences qui ne sont pas des pragmatèmes, comme les mots-phrases d'acquiescement (*Oui*). En effet, seulement quelques-uns de ces derniers peuvent être considérés comme pragmatèmes, par exemple *Affirmatif* (pour *Oui*) ou *Négatif* dans des communications par radio. Quelques exemples des pragmatèmes objectifs présentés sont, pour les formes monolexicales : *Adieu* ; *Amen* ; *Bonsoir* ; *Chiche !* ; *Chut !* ; *Hello !* ; *Psstt !* ; *Rebelote*. Et pour les pragmatèmes polylexicaux : *À la bonne heure !* ; *Tu parles !* ; *Mon œil !*

Le deuxième type de mot-phrases comporte des unités à caractère expressif : *Aïe !* ; *Hein !* ; *Miam Miam !* Beaucoup de ces séquences ne sont pas des pragmatèmes parce que le type de fait auquel elles sont liées n'est pas caractérisable : *Aïe !* implique (dans un de ces emplois) douleur physique. Par contre, *Mon Dieu !* ; *Diable !* ; *Mince !* ne peuvent pas être associées à un type de fait déterminé, il s'agit donc de clichés.

Le troisième type de mots-phrases correspond aux onomatopées (*Paf !*). Il ne s'agit pas de pragmatèmes.

Nous trouvons, par ailleurs, dans cet ouvrage, des descriptions de quelques pragmatèmes (ce qui est rare), comme *Adieu* ; *Bonsoir* ; *Au revoir* ; *S'il vous plaît*... Voici un exemple :

> *Adieu* se dit surtout, dans le fr. commun, à quelqu'un qu'on ne doit plus revoir [...]. Dans tout le Sud de la France et en Suisse, on l'emploie en abordant quelqu'un ou en prenant congé de lui. *Au revoir* n'y est pas exclu : chez SABATIER, *Noisettes sauvages*, p. 307 (en Auvergne), le jeune Olivier y recourt pour une religieuse et pour des personnes à qui il dit *monsieur, madame* ; *adieu* s'adresse à qqn qu'il appelle par son prénom ; *salut* aux copains. (Grevisse et Goose, 2007, p. 1418)

La dimension diaintégrative est prise en compte avec l'indication d'emprunts comme *Alléluia !* ; *Amen !* ; *Hosanna !* à l'hébreu ; *Bis* ; *Sic* ; *Proficiat !* ; *Vivat*[5] *!* au latin ; *Eurêka* au grec ; *Halte !* à l'allemand ; *Allo !* ; *O.K.* ; *Stop !* ; *Hourra !* ; *Bye !* à l'anglais ; *Baste* et *Basta* ; *Ciao* et *Bravo* à l'italien[6]. La dimension diatopique est également prise en compte ; elle signale des usages régionaux, comme *À la revoyotte* dans l'Est, des Vosges à la Savoie ; *À la revoyance* dans le Doubs ; *Jusqu'à revoyance* en Bretagne et *À la revoyure*, employé à Paris. Est signalé l'emploi, au centre de la France (Berry, Orleánais) et à l'île Maurice, de *Bonsoir* pour *Au revoir*, même au cours de la matinée, ainsi que son emploi au lieu de *Bonjour* en Lorraine. *Au revoir* est remplacé par *Bonjour* au Québec ; *S'il vous plaît* s'emploie en Belgique pour présenter quelque chose ou pour prier de répéter, En France, nous avons *Plaît-il ?* (soutenu) ; *Pardon ?* (poli) ; *Comment ?* (standard) ; *Hein ?* (peu poli) ; *Quoi ?* (non poli).

La dimension dianormative se fait sentir avec les considérations orthographiques (*Pst !* ; *Pstt !* ou *Psstt !*) ou avec la discussion de variantes comme *À revoir*, considérée comme populaire, *Au plaisir !* qui serait familière, etc.

La dimension diachronique est abordée à travers plusieurs observations, comme, par exemple, l'emploi d'*Adieu* comme synonyme d'*Au revoir* jusqu'au la fin du XIX^e^ (*Adieu, mon oncle ; vous viendrez dîner dimanche*, Balzac, *César Birotteau*, I, 5 ; *Adieu et merci, monsieur Coupeau... Je rentre vite*, Zola, *L'Assommoir*, II).

---

5 *Vive* peut s'appliquer à des noms non animés (il reste alors invariable).

6 Notons que *Bravo !* était variable encore dans Proust (*Brava !* si l'on s'adressait à une actrice ; *Bravi !* au pluriel).

Dans Le Goffic (1993), nous trouvons une vingtaine de pragmatèmes comme *Pas un bruit !* ; *Les mains en l'air !* ; *À vous de jouer* ; *À vous !* sous la rubrique 349 (qui porte pour titre *Les différents types de phrases nominales*). D'autres séquences, comme *Interdit de fumer* ou *Bas les pattes !* sont présentées sous la rubrique 350 (intitulée *La phrase nominale attributive : Adjectif prédicatif* - de Inf *ou* que P *sujet ou thème*) ; l'unigramme *Enchanté !* (= *'je suis enchanté de faire votre connaissance'*) apparaît sous la rubrique 351 (*La phrase nominale attributive à un seul terme*).

Les pragmatèmes *Stationnement interdit* (à côté de *Interdit de stationner* et de *Interdiction de stationner*) ; *Livraisons autorisées de 6h à 10h* ; *Trafic interrompu pour raisons techniques* se trouvent sous la rubrique 353. *À vous l'honneur !* ; *À mort le dictateur !* ; *À refaire, ce devoir !* ; *À vous ! = [c'est] à vous (de jouer, l'honneur…)* ; *À table* ; *À la porte* ; *Sabre au clair ! (commandement de cavalerie)* ; *Même chose pour vous* sont sous la rubrique 354 (intitulée *La phrase nominale locative*) et *Tiens, un revenant !* ; *Encore vous ! Encore ce type !* ; *Interdiction de stationner* ; *Défense de fumer* sous 355 (intitulée *La phrase nominale existentielle*).

Ces séquences sont présentées comme illustrations de différentes constructions de phrases nominales, mélangées à de nombreux exemples non figés ou relevant d'autres types de figement (clichés et proverbes). Les commentaires accompagnant les pragmatèmes que nous avons transcrits ci-dessus sont minimaux : mise en rapport de quelques variantes, forme étendue pour un pragmatème univerbal (*Enchanté*) et une seule indication diatechnique (*cavalerie*) pour *Sabre au clair !* (séquence jugée sans doute de difficile interprétation). La *Grammaire de la phrase française* de Le Goffic est, comme son titre l'indique, une grammaire à dominante syntaxique très marquée où les pragmatèmes (en dehors du chapitre XVII, intitulé *La phrase sans verbe*) sont rares. Seulement les questions d'ordre prosodique semblent se prêter à l'introduction de quelque autre pragmatème isolé comme *On y va ?* que l'on trouve sous la rubrique 58 (*La phrase à intonation non conclusive : mise en question*).

La *Grammaire systématique de la langue française* de Christian Baylon et Paul Fabre (1978) comporte très peu de pragmatèmes. En effet, nous trouvons dans le chapitre XXXII : *Chut !* ; *Aïe !* ; *Tout doux !* sous l'alinéa 2 (*L'énoncé monorème*) et *Silence !* ; *Chauds les marrons, chauds !* sous l'alinéa 3 (*La phrase nominale*). Il n'y a aucune analyse de la spécificité des pragmatèmes, bien au contraire il est affirmé que :

> [6] *Chauds les marrons* = *les marrons chauds*. Au point de vue fonctionnel, elle est l'équivalent d'une phrase verbale ; la différence entre les deux porte sur la morphologie, non sur la fonction. [...] [12] *Chauds les marrons ! – Les marrons sont chauds !* (Baylon et Fabre, 1978, p. 191-192).

On ne reconnaît, donc, aucune particularité fonctionnelle au pragmatème, qui est assimilé à une transformation d'une phrase verbale de base.

Dans la *Grammaire méthodique du français* (Riegel, Pellat et Rioul, 1994), nous trouvons : *Comment allez-vous ?* (p. 397) comme exemple de ce que le pronom personnel sujet est placé après le verbe ; *Silence ! on tourne* (p. 409) comme exemple d'injonction à phrase nominale ; *Garçon !* comme exemple d'apostrophe (p. 409) ; *Chut !* ; *Attention !* comme exemples d'interjections (p. 409) ; *Rien à déclarer ?* (p. 420) pour illustrer le pronom indéfini et *L'addition s'il vous plaît – Voici/Voilà* (p. 454) comme exemples des présentatifs. Comme dans d'autres grammaires consultées, les alinéas consacrés aux phrases nominales incluent des pragmatèmes entre leurs exemples, mais ils sont présentés, sans distinction d'aucune sorte, entre différents types de séquences. Dans la *Grammaire méthodique*, on en trouve pour illustrer les différents types de modalité de la phrase nominale (p. 457) : *Fin de l'épisode* (déclarative) ; *Les toilettes ?* (interrogative) ; *Vos papiers !* (impérative) et les énoncés exclamatifs : *Ciel ! Mon mari !* Comme exemple de phrase nominale comportant deux termes, nous avons *Chauds, les marrons !* Et comme exemples de phrase nominale formée d'un seul mot : *Sauvé !* ; *Victoire !* ; comme exemple d'un nom plus un déterminant, *Mille amitiés*, et comme exemple d'un nom plus un adjectif : *Bon voyage !*

La section consacrée aux interjections permet de récupérer également un certain nombre de pragmatèmes accompagnés de commentaires concernant exclusivement leurs constituants (des noms seuls, des noms accompagnés d'un déterminant, etc.) : *Chut !* ; *Hep !* ; *Holà !* ; *Psst !* ; *Pst !* ; *Oh pardon !* ; *Attention !* ; *Halte !* ; *Merci !* ; *Pardon !* ; *Silence !* ; *Par exemple !* ; *Au secours !* ; *Merci pour votre aide !* ; *Adieu* ; *Au revoir* ; *Bonjour* ; *Bonsoir* ; *Pitié !* ; *Bon !* ; *Bravo !* ; *Bis !* ; *Sauve qui peut !* (Riegel, Pellat et Rioul, 1994, p. 462-463).

La *Grammaire critique du français* de Marc Wilmet (1998) présente très peu de pragmatèmes. En effet, nous trouvons uniquement *Vive le roi !* sous 4.2.1. (*Phrases autonomes*) et *Entrez !* ; *Sauvé !* ; *Adieu !* ; *Bravo !* comme exemples de phrases constituées d'un seul mot, dans la discussion de la définition de la phrase (dans le chapitre IX).

Dans la *Grammaire Larousse du français contemporain* (Chevalier *et al.*, 1964), nous ne trouvons pratiquement pas de pragmatèmes, à l'exception des unités *« Silence »* et *« Attention »* cités sous c) *La phrase purement nominale* (Chevalier et al., 1964, p. 86). Les guillements reflètent l'usage de ces séquences sur des écriteaux. Il y a aussi quelques formes comme *Merci !* ; *Pardon !* ; *Silence !* ; *Au secours !* ; *Dommage !* ; *Halte !* présentées sous l'alinéa consacré aux interjections et accompagnées uniquement du commentaire suivant :

> [...] on trouve également des substantifs dont la valeur est immédiatement compréhensible, et qui, lancés en interjection, ont des emplois de phrase nominale. (Chevalier *et al.*, 1964, p. 436).

La *Grammaire textuelle du français* (Weinrich, 1989) comporte un chapitre consacré à la syntaxe du dialogue (dans le chapitre IX) où sont présentées, d'abord, les formules de salutation (sous l'alinéa 9.1.1.). Nous trouvons (présentés dans de petits contextes) : *Bonjour* ; *Comment vas-tu ?* ; *Bonsoir* ; *Excusez-moi* ; *Salut* ; *Ça va ?* ; *Bon appétit* ; *Bon appétit à vous aussi* ; *À votre santé* ; *Et à la vôtre* ; *Soyez le bienvenu* ; *Je vous souhaite la bienvenue* ; *Au revoir* ; *À tout à l'heure* ; *À bientôt* ; *Bonne nuit* ; *Adieu* ; *Bonnes vacances* et *bon voyage* ; *Merci et pour toi aussi* ; *Bonne chance* ; *Bonne journée* ; *Bonne soirée.*

Concernant les échanges épistolaires, nous avons : *(Mon) cher ami* ; *(Ma) chère Julie* ; *Monsieur* ; *Madame* ; *Mademoiselle* ; *(Monsieur et) cher Collègue* ; *(Cher) Maître* ; *Bien à toi* ; *(Bien) amicalement* ; *(Très, bien) cordialement* ; *Meilleurs vœux (pour...)* ; *Agréez, Monsieur, mes salutations distinguées* ; *Veuillez agréer, Madame, l'expression de mes sentiments les meilleurs* ; *Veuillez agréer, Mademoiselle, l'expression de ma (plus) profonde estime* ; *Veuillez agréer, Monsieur le Consul, l'expression de mon plus grand respect* ; *Veuillez croire, cher Maître, avec mes hommages à Madame X, à mes sentiments les plus dévoués.*

Par rapport à d'autres ouvrages, la grammaire de Weinrich (1989), qui met l'accent sur l'anthropologie de la communication, offre de nombreuses précisions sur les conditions d'emploi des pragmatèmes. Ainsi, par exemple, on prend soin de distinguer, concernant les formules épistolaires, non seulement les formules d'ouverture des formules de clôture, mais aussi le type de rapport (familiers, professionnels, amicaux, respectueux, de déférence...) dont relève l'emploi de l'une ou l'autre formule.

Les apostrophes font également l'objet d'un alinéa (9.1.2.). Bien entendu, toutes les apostrophes ne sont pas des pragmatèmes, mais certaines formes comme *Allô* ; *Mesdames et Messieurs !* ; *Messieurs Dames* ; *Chers collègues !* le sont. Les appellatifs employés comme apostrophe peuvent être regroupés sous un pragmatèmes de type syntaxique *N<appelatif> !* (*Sire !* ; *Docteur ! Garçon !*) caractérisé par une prosodie particulière. Certains titres sont précédés de *Madame* ou de *Monsieur* (*Madame le Maire !* ; *Monsieur le Professeur !*).

Dans le cas des grades militaires, ils sont précédés de l'article possessif (*Mon général !*) si le militaire en question est un homme (puisque ce *mon* relèverait de *Monsieur*). Nous trouvons aussi, dans le domaine religieux : *mon (révérent) Père !* ; *ma sœur !*

Les morphèmes phatiques sont traités sous une autre rubrique (9.1.3.) où l'on distingue l'entrée en dialogue (*dites Mademoiselle* ; *alors, la petite* ; *holà, taxi* ; *psst les enfants* ; *attention c'est le proviseur* ; *allô c'est vous Monsieur Moreau ?...*), de la continuation du dialogue (*Continue* ; *Vas-y* ; *Très bien* ; *Ah oui ?*) et de la sortie du dialogue (*Voilà tout* ; *Eh bien voilà* ; *C'est ça*).

La section de la grammaire de Weinrich (1989) consacrée aux interjections est intéressante dans la mesure où cet auteur prend le soin de présenter un tableau avec les valeurs des interjections (dont un certain nombre correspond à des pragmatèmes). Ainsi, nous trouvons : Avertissement (*Attention !*), Enthousiasme (*hip hip hip hourra !*), Halte (*halte !* ; *stop !*), Appel à l'aide (*au secours !*), Remerciement, Réponse à un remerciement, etc.

Des précisions concernant le choix des formes sont données le cas échéant : Excuse (pour avoir légèrement incommodé quelqu'un : *pardon* ; après une incommodation majeure ou un délit : *excusez-moi / pardonnez-moi*).

Quelques indications sur la prosodie (qui sont rarement données dans les grammaires) accompagnent certaines formes. Ainsi, à propos de *pardon*, on prend le soin de préciser qu'il est habituellement produit avec l'accent d'intensité sur la première syllabe : [párdõ]. Les réponses sont spécifiées : pour *pardon*, nous trouvons *faites !* ou *passez !* ou *je vous en prie !* Cependant, on ajoute comme unique critère de discrimination entre les réponses possibles « selon la situation », sans caractériser les différentes situations (qui sont justement la clé pour l'emploi du pragmatème mais qui se laissent difficilement décrire). Comme réponses possibles à *excusez-moi* ou à *pardonnez-moi*, nous avons : *(il n'y a pas) de mal !* ; *ce n'est rien* et *c'est oublié* (toujours « selon la situation »). Pour le reste, nous ne trouvons que des pragmatèmes qui apparaissent occasionnellement dans les exemples, comme sous 9.4.1. Discours direct : *« Excusez-moi, Madame » - après ces mots, clac, on a raccroché.*

La *Grammaire critique du français* de Marc Wilmet ne présente pratiquement pas de pragmatèmes. Sous l'alinéa 4.2.1. (*Phrases autonomes*), nous trouvons cependant *Que personne ne sorte !* avec le présent de sommation : *Personne ne sort !* (Wilmet, 1998, p. 307) mais présentés sans distinction d'aucune sorte parmi d'autres séquences de différents types.

Dans d'autres grammaires, comme *La nouvelle grammaire du français* (Dubois et Lagane, 1973) ou la *Grammaire de l'Académie française* (1932), nous n'avons pas trouvé de pragmatèmes.

Nous constatons, en somme, que la notion de pragmatème n'est pas identifiée dans les grammaires et que les quelques unités de ce type qui y sont répertoriées le sont à titres fort divers (le plus souvent comme illustration de la phrase nominale) et ne reçoivent pas de description spécifique.

Comparés aux guides de voyage, les manuels de grammaire se préoccupent peu des pragmatèmes en tant qu'énoncés dont la description revêtirait une importance particulière. Si certains, malgré leur petit nombre, sont retenus, c'est pour des raisons de nature syntaxique qu'on peut résumer comme suit :

– la syntaxe particulière des pragmatèmes qui sont des énoncés complets qui rompent dans certains cas avec les constructions de la phrase canonique, et ce, qu'il y ait ellipse ou pas ;
– le rapprochement avec certaines catégories comme l'interjection, qui partage avec le pragmatème la complétude syntaxique et sémantique et dont l'emploi de certaines peut correspondre à celui des pragmatèmes ;
– le cloisonnement qu'il y a entre les descriptions grammaticales et les questions d'emploi réel de certains faits linguistiques ;

L'absence des pragmatèmes prouve que cette unité n'existe pas dans la conception que les auteurs des grammaires ont du fonctionnement de la langue. L'ensemble des éléments étudiés dans ce chapitre conduit au triple constat :

- que les pragmatèmes sont bel et bien une réalité linguistique omniprésente dans la communication courante et qui demeure soit ignorée des linguistes et des lexicographes soit peu ou mal décrite ;
- que les descriptions disponibles ne sont jamais systématiques ni en intension ni en extension ;
- qu'une telle description doit être fondée sur une définition suffisamment claire du pragmatème, le tout devant reposer sur une théorisation suffisamment solide pour aboutir à des propositions de description lexicographique tenant compte du maximum des paramètres retenus dans la définition du phénomène.

C'est dans le chapitre suivant que nous essayerons de formuler un ensemble de propositions allant dans ce sens.

# INVENTAIRE LEXICOGRAPHIQUE DES PRAGMATÈMES

Dans ce chapitre, nous étudierons les différentes composantes d'un inventaire lexicographique des pragmatèmes. Dans la mesure où un pragmatème est une unité de type phrastique, il exige un format de description différent de ceux qui ont été prévus à l'intention des unités lexicales. C'est pourquoi, même si rien n'empêche de parler d'un « dictionnaire de pragmatèmes » (le mot « dictionnaire » ayant été utilisé pour une énorme variété de produits, même pour des produits non strictement lexicographiques), nous lui préférerons la formule « inventaire lexicographique de pragmatèmes » pour marquer la différence entre un dictionnaire d'unités lexicales et un inventaire associé à une description d'unités phrastiques. Nous ferons référence, le cas échéant, à nos inventaires de pragmatèmes en plusieurs langues, toujours en cours.

Nous présenterons, d'abord, les questions de macrostructure, c'est-à-dire, l'ensemble des lemmes formant la nomenclature qui contient les sujets métalinguistiques de la prédication lexicographique. Il s'agira de déterminer quelles unités traiter et comment les lemmatiser. Ensuite, nous passerons en revue différentes questions de microstructure, c'est-à-dire, des questions concernant les catégories d'information lexicographique qui sont à prévoir pour la description des pragmatèmes. Il s'agit de décider quels champs d'information retenir et comment formaliser au maximum le contenu de ces champs. Finalement, nous aborderons les questions de mésostructure, qui comprennent les éventuelles sous-entrées, les renvois et la mise en relation des pragmatèmes en langue source avec des pragmatèmes en langue cible ou en différentes langues cibles et, par conséquent, avec d'autres inventaires lexicographiques de pragmatèmes. Il s'agit de voir comment coupler la description d'un pragmatème donné avec le reste de la description lexicographique.

Les observations qui vont suivre concernant un inventaire lexicographique de pragmatèmes sont basées sur les inventaires que nous avons dressés pour l'espagnol, le français et, en moindre mesure, pour d'autres langues (arabe, biélorusse, catalan, grec, polonais, russe[1]). Cependant, elles ne constituent pas la description des inventaires existants, mais plutôt une série de propositions de champs lexicographiques jugés pertinents pour le traitement des pragmatèmes. À partir de ces champs, plusieurs types de descriptions devraient être possibles. Bien entendu, nous n'épuisons pas la question (cela impliquerait le fait de disposer d'un inventaire achevé dans ses moindres détails). Certains aspects, comme la place et le rôle que les exemples pourraient jouer dans un inventaire de pragmatèmes, ne peuvent être vraiment fixés qu'après un grand nombre de tentatives concernant des séquences de natures fort différentes qui permettent une systématisation du champ lexicographique. Il est évident, toutefois, que l'exemple d'un pragmatème doit inclure le pragmatème en question et pas une unité en mention ou une suite homonyme. Cela exigera, parfois, un contexte conversationnel, parfois un cadre spatial précis (peut-être avec l'utilisation d'images, description de gestes), etc.

Insistons sur le fait que la description lexicographique « conventionnelle » ne s'adapte pas bien aux phrasèmes sémantico-lexicaux. Il existe, cependant, au moins deux excellentes initiatives lexicographiques qui tiennent compte de ce type de séquences (même s'il ne s'agit pas que de pragmatèmes). D'une part, le *Dictionnaire des Actes de Langage Stéréotypés* (HAL), *Cf.* Kauffer (2012a, 2013b), Métrich (2012), Keromnes (2013), etc. D'autre part, le modèle d'analyse sémantique et de traitement lexicographique des « marqueurs discursifs » de Dostie (2004).

Le premier retient (pour des séquences comme *La belle affaire !* ; *Nun und weiter?* ou *Das ist die Höhe!* ; *C'est le comble !*) des champs destinés aux variantes, aux informations prosodiques (ce qui est encore rare en lexicographie). Sont spécifiés le « type d'acte de communication » (proche de l'acte de parole), le registre (diastratique), les expressions concurrentes (parasynonymie), les équivalents de traduction vers le français pour le lemme allemand ou vice-versa… Le dictionnaire donne également des exemples à contexte large. Bref, il présente une très bonne microstructure et de nombreux éléments de mésostructure.

1 Nous remercions les collègues suivants pour leur aide précieuse : bélarusse et russe (Yauheniya Yakubovich), grec (Eleni Papadopoulou), polonais (Krzysztof Bogacki).

Quant à l'analyse et au traitement des marqueurs discursifs (comme *Écoute !* ; *Et alors ?* ; *T'sais*), Gaétane Dostie propose un article-type extrêmement riche qui distingue très bien les différents types d'information, organisés en deux sections : information sur le vocable (qui regroupe les différents sens d'un marqueur donné) et information sur les lexies (qui présente les données relatives à chacun des sens du marqueur en question). Ces deux sections sont sous-divisées, à leur tour, en plan du signifié et plan du signifiant. Le premier inclut l'indication d'acte du langage (famille des assertifs, famille des directifs, famille des promissifs…), les relations paradigmatiques (dont le lien avec l'« unité source » du marqueur discursif, notion apparentée à celle d'« ancrage lexical »), etc. Le deuxième, très complet, comporte aussi des informations prosodiques. Des informations diachroniques sont également introduites quand elles sont pertinentes pour l'explication d'un marqueur ou pour faire le lien entre les différentes lexies d'un vocable.

## QUESTIONS DE MACROSTRUCTURE

Nous traiterons ici de deux éléments clés pour l'inventaire lexicographique des pragmatèmes : la notion d'entrée et la forme canonique du pragmatème. Il s'agit de deux aspects différents de la lemmatisation.

### L'ENTRÉE

Avant de décrire les pragmatèmes, il faut, bien entendu, les répertorier et décider comment établir la liste des entrées à décrire. Pour les unités lexicales, le statut de lemme et la sélection de la forme canonique sont bien établis, en dépit des différentes possibilités qui s'offrent au lexicographe. Tel dictionnaire peut ainsi avoir une politique de regroupement des formes polysémiques tandis que tel autre peut décider de multiplier les entrées. On peut opter pour la présentation de certains participes sous la forme verbale ou, au contraire, leur accorder un statut d'entrée à part entière. La forme canonique retenue peut correspondre exclusivement au masculin singulier d'un adjectif ou à l'infinitif d'un verbe, ou on peut choisir de présenter, dans le même format, certaines formes fléchies. On peut procéder à un ordonnancement alphabétique strict ou à des regroupements morpho-sémantiques, voire étymologiques. Mais, en tout état de cause, l'usager arrive à se repérer tant bien que mal dans l'univers des possibles lexicographiques.

Pour les pragmatèmes, par contre, il n'y a pas d'expectatives sur lesquelles se fonder. Les entrées d'un inventaire de pragmatèmes pourraient très bien correspondre à la forme précise observée en discours et nous aboutirions assez rapidement à des dizaines de milliers d'entrées. Mais on pourrait tout aussi bien retenir comme entrées les actes de parole réalisés par les pragmatèmes (par exemple, 'défendre'), ce qui nous donnerait quelques dizaines d'entrées. On pourrait imaginer encore d'autres solutions possibles : organiser les entrées d'après les situations (par exemple, 'à table', 'en rencontrant qqn', etc.) ou par type de support ('correspondance officielle', 'affiche', etc.).

Probablement aucune des solutions ne serait complètement satisfaisante. Bien entendu, les index croisés, d'une part, et les outils de recherche plein texte, d'autre part, permettraient, jusqu'à un certain point, de faire l'impasse du type d'entrée retenu et de l'agencement des entrées. Il n'en reste pas moins que ces questions sont importantes parce qu'elles déterminent, en grande mesure, l'inventaire qui va être produit.

Nous avons procédé, de façon empirique et après avoir essayé plusieurs possibilités, à l'élaboration d'inventaires structurés à partir d'entrées qui correspondent à la forme observée du pragmatème en discours, soumise à la factorisation de certaines « cases ouvertes ». Cela nous donne des entrées d'une taille maniable tout en limitant leur nombre à quelques milliers, ce qui suppose aussi un volume gérable.

Les séquences *À conserver à température ordinaire* et *À conserver à température inférieure à [NÚMERO] °C* constituent, donc, deux entrées distinctes de l'inventaire des pragmatèmes français. Mais *À conserver à température inférieure à 10 °C* ; *À conserver à température inférieure à 9 °C* ; *À conserver à température inférieure à 8 °C* sont regroupées sous une seule entrée, ce qui semble conforme au bon sens. Notons, par ailleurs, que même en discours, il n'est pas rare de trouver une 'case ouverte' typographiquement séparée du pragmatème (par exemple *À consommer de préférence avant fin [07.2006]*, où *[07.2006]* a été imprimé ou indiqué *a posteriori* avec une typographie, voire un procédé d'impression, différents). Nous trouvons également *À consommer de préférence avant la date indiquée ci-contre*, où la date est même reléguée à un autre espace. Pour regrouper cette série de pragmatèmes, nous avons recours à *À consommer de préférence avant la date [RENVOI LOC]* (*À consommer de préférence avant la date indiquée ci-dessus* ; *À consommer de préférence avant la date indiquée ci-dessous* ; *À consommer de préférence avant la date indiquée sur le haut du paquet*, etc.). Nous observons un cas similaire pour *Lire attentivement la notice à l'intérieur* ; *Lire attentivement la notice interne* ; *Lire attentivement la notice jointe*.

Un autre exemple concernant le choix des entrées serait le fait que *À demain !* et *À vendredi (prochain) !* relèveraient de deux entrées distinctes. La première séquence n'aurait pas de paradigme propre (*À hier !* ; *À aujourd'hui !* ; seulement la forme *À après-demain* serait acceptable). Quant au pragmatème *À la semaine prochaine !*, il inaugurerait déjà un autre paradigme (*semaine, mois, année*).

La deuxième séquence citée ci-dessus (*À vendredi (prochain) !*) se trouverait sous l'entrée *À [JOUR DE LA SEMAINE] (prochain)* : *À lundi !* ; *À lundi prochain !* ; *À mardi !*, etc.). Nous préciserons ci-dessous les cases ouvertes que nous avons incorporées, ainsi que d'autres types de regroupements.

## LA FORME CANONIQUE

Nous considérerons d'abord les cas les moins problématiques et, puis, nous passerons progressivement à l'examen de cas plus difficiles. Quand la forme du pragmatème coïncide avec une unité lexicale et que le pragmatème ne présente pas (ou presque pas) des variantes, la lemmatisation ne pose pas de problèmes particuliers (*Poussez* ; *Tirez* ; *Allô ?* ; *Bravo !*, etc.).

Les pragmatèmes dont la forme coïncide avec un syntagme (qu'il soit nominal, adjectival, verbal ou prépositionnel) présentent aussi une lemmatisation relativement simple, comme par exemple : *En joue !* [ordre de viser avec un fusil], *Danger de mort* ou *Service compris*.

La forme canonique peut correspondre également à un syntagme dans les cas où nous avons une série de séquences réductibles au syntagme en question, auquel on ajoute l'explicitation de l'acte de parole : *Bon voyage* regrouperait ainsi *Faites un bon voyage* ; *Je vous souhaite un bon voyage*, etc. Par contre, et dans la mesure où il n'existe pas de forme elliptique, il est plus difficile de regrouper *Ne pas marcher sur la pelouse* ; *Il est interdit de marcher sur la pelouse* ; *Défense de marcher sur la pelouse.* Une autre source de variantes viendrait de l'emploi d'atténuatifs concernant l'acte de parole. Ainsi, étant donné le pragmatème ci-dessus, nous aurions (*Prière de, Veuillez, Merci de) ne pas marcher sur la pelouse* ou encore *Ne pas marcher sur la pelouse, s'il vous plaît.*

D'autres pragmatèmes ont un paradigme qui peut être donné *in extenso*, parce qu'il ne comporte que des variantes morphologiques mineures (*Appel à contribution* ; *Appel à contributions*) ou uniquement un petit nombre de séquences en relation quasi-synonymique (*Contre-indications : lire notice jointe* par rapport à *Contre-indications : voir notice jointe*).

Arriver à une forme canonique peut exiger de regrouper certains éléments du pragmatème. Un cas de figure fréquent est donné par la mise en commun des adjectifs de vouvoiement et de tutoiement : *À {ADJp:2s} souhaits* = *À tes souhaits* ; *À vos souhaits.*

De la même façon, la forme canonique peut représenter toutes les réalisations du pragmatème avec explicitation d'un complément : *À la santé de [N]* ; *À ta santé*, etc. Mais pas forcément *À la tienne* puisque *À la [PRO_PERS_2p]* constitue plutôt une variante qu'une forme du paradigme de la formule *À la santé de [N].* En effet, cette pronominalisation n'est pas prévisible et elle ne s'observe pas dans des séquences semblables. Notons, cependant, qu'il faudra considérer séparément les différentes réalisations possibles de la forme canonique *À la [PRO_PERS_2p]* si l'on souhaite présenter de façon systématique des codas, comme *À la tienne, Étienne*, qui ne se combine évidemment pas avec *À la vôtre.*

Mis à part les choix inévitables entre différentes variantes, il faut développer un ensemble d'étiquettes métalinguistiques qui permettent de rendre compte des nombreux pragmatèmes « à case ouverte ». Prenons l'exemple : *Ouvert de lundi à vendredi de 8.00 h à 20.00 h. et samedi de 10.00 h. à 18.00 h.*

Il semble évident que nous aurons besoin de la variable [JOUR DE LA SEMAINE] et de la variable [HEURE]. Si nous construisons un inventaire pour consultation humaine, ces indications pourraient suffire. Si l'inventaire doit permettre la génération automatique de textes, des contraintes supplémentaires seraient nécessaires pour éviter de produire des énoncés inacceptables (ou, tout au moins, hautement improbables) comme *Ouvert de mardi à lundi de 20.00 h à 8.00 h.* Il serait souhaitable, mais moins facilement formalisable, de regrouper sous la même forme canonique *Ouvert de lundi à samedi de 8.00 h. à 12.00 h.* et *Ouvert tous les jours sauf le dimanche de 8.00 h. à midi*. Par contre, *Ouvert* serait à considérer comme une entrée distincte, car ce pragmatème comporte une référence explicite au moment de l'énonciation (représentée par l'affichage du pragmatème). *Ouvert de 8.00 h. à 12.00 h.* peut être affiché indépendamment du fait que le service ou le commerce en question soit ouvert ou fermé, ce qui n'est pas le cas de la lexie pragmatiquement conditionnée *Ouvert*, qui est remplacé par *Fermé* le cas échéant. Notons aussi que *Horaires d'ouverture : de 8.00 h. à 12.00 h.* est une paraphrase possible de la formule *Ouvert de 8.00 h. à 12.00 h.*, mais pas de la suite *Ouvert* : **Horaires d'ouverture : maintenant.*

Par rapport aux phrases inacceptables, observons qu'une séquence comme *#Charge maximale de 200 kilos ou de huit personnes* n'est pas linguistiquement mal formée, mais elle est inadéquate d'après notre connaissance du monde, qui nous indique que l'être humain adulte pèse plus de 25 kilos et que, en conséquence, le nombre de personnes considéré gagnerait à être réduit pour une utilisation correcte du dispositif. Signalons que, dans d'autres cas, la contrainte est pratiquement inexistante : dans *Je cite [Phrase]*, la place de phrase peut être occupée, en fait, par un mot ou par un petit texte.

Répétons que dans un dictionnaire destiné exclusivement à la consultation humaine, certaines de ces contraintes peuvent être mises sur le compte de la compétence pragmatique de l'utilisateur. Dans un dictionnaire qui viserait en même temps la génération de textes ou la traduction automatique, la description moyennant des automates s'impose.

Notons aussi qu'une solution adoptée pour un cas concret ne peut pas forcément être généralisée. Nous pouvons regrouper *À consommer de préférence avant la date indiquée (ci-contre, ci-dessous, ci-dessus)* sous *À consommer de préférence avant la date indiquée [RENVOI LOC]*, mais nous ne regrouperons pas *À consommer avant [DATE / RENVOI LIEU]* et *À consommer jusqu'à [DATE / RENVOI LIEU]* parce que le premier fait référence à une Date Limite d'Utilisation Optimale (DLUO) tandis que le deuxième se réfère à une Date Limite de Consommation (DLC). Il s'agit d'informations de différentes natures, car la première vise plutôt les propriétés organoleptiques du produit, tandis que la seconde prévient sur un danger potentiel pour la santé. Toutefois, il va de soi que nous pouvons nous servir d'une seule grammaire locale pour la description des dates et des renvois locatifs dans des formules comme *À consommer jusqu'au 07/07/2012* ou *À consommer de préférence avant Voir couvercle* même si elles n'appartiennent pas à la même entrée.

Certaines cases ouvertes peuvent être difficiles à représenter. Considérons les séquences :

*À conserver à l'abri de la chaleur et de l'humidité*
*À conserver à l'abri de la chaleur*
*À conserver à l'abri de la lumière*
*À conserver à l'abri de l'humidité*
*À conserver à l'abri de la lumière, de la chaleur et de l'air*

Il serait souhaitable de les regrouper sous une entrée. Mais la façon de caractériser la case ouverte est loin d'être évidente. Le contenu de la case ouverte correspond à un facteur abiotique ou à un facteur d'altération des aliments ou des médicaments, mais l'indication de certains de ces facteurs ne permet pas de former des séquences acceptables ou, du moins, plausibles (#*À conserver à l'abri du diazote*; #*À conserver à l'abri du feu*).

Dans le cas de :

*Liquidation totale*
*Liquidation totale avant ârret activités*
*Liquidation totale avant cessation d'activités*
*Liquidation totale avant déménagement*
*Liquidation totale avant fermeture*
*Liquidation totale avant fermeture définitive*
*Liquidation totale avant fermeture temporaire*
*Liquidation totale avant nouvel arrivage*
*Liquidation totale avant nouvelle année*
*Liquidation totale avant travaux*
...

il n'est pas facile de trouver une caractérisation sémantique satisfaisante permettant de regrouper sous une étiquette métalinguistique les différentes possibilités introduites par *avant*. Bien entendu, il reste la possibilité de maximiser la reconnaissance au prix de la surgénération : *Liquidation totale (avant [N])*. Une autre possibilité est d'avoir recours à la fonction lexicale **Propt**, mais la fonction n'étant pas calculable, cela revient, en fait, à dresser la liste par extension des différentes séquences ci-dessus.

Nous avons aussi des pragmatèmes dont le lemme correspond à une structure syntaxique. Des pragmatèmes comme *Deux cafés, deux !* ; *Trois bières, trois !* (et toutes les réalisations possibles de ce schéma) ne peuvent être lemmatisés qu'à partir d'une structure métalinguistique du type [NÚMERO] [CONSOMMATION] [NUMÉRO], ce qui n'est pas courant en lexicographie traditionnelle.

D'autres formes canoniques ne pourront être postulées que si l'on dispose de moyens de représentations plus complexes, comme les graphes. C'est le cas, par exemple, de *Veuillez agréer, [APPELATIF], l'expression de ma considération distinguée*. Il faut distinguer plusieurs entrées puisque les conditions d'utilisation sont différentes : on ne se servira pas des mêmes formules pour terminer une lettre contenant une « bonne nouvelle » ou une « mauvaise nouvelle » ; la suite *sentiments les plus dévoués* sera plutôt réservé à un destinataire considéré comme haut placé ; une femme, s'adressant à un homme, ne se servira pas de *mes sentiments distingués* ; *Veuillez agréer, Madame, mes hommages respectueux* ne s'utilisera qu'à l'intention d'une femme, etc. Mais malgré la prise en compte de ces facteurs, le nombre de variantes possibles pour chaque entrée reste considérable.

## QUESTIONS DE MICROSTRUCTURE

Nous passerons en revue, sous cet alinéa, les informations qu'il faut donner sur chaque pragmatème afin d'en décrire convenablement les conditions d'encodage et de décodage.

### MORPHOSYNTAXE DU PRAGMATÈME

Dans un dictionnaire, tout lemme monolexical reçoit une indication de partie du discours. Il est beaucoup plus rare que les dictionnaires rendent compte de la structure morphosyntaxique des phrasèmes (bien que des listes fermées de possibilités contenant des généralisations intéressantes sur la structure morphosyntaxique des noms figés, verbes figés, etc. existent et peuvent être mises à profit). Pour les pragmatèmes, l'inventaire des possibilités est beaucoup plus ouvert. Cependant, il n'est pas inintéressant d'indiquer explicitement la structure morphosyntaxique comme champ de microstructure associé aux pragmatèmes, ne serait-ce que pour pouvoir procéder rapidement à des extractions automatiques des pragmatèmes présentant une structure donnée.

Nous avons insisté sur le fait que le pragmatème est une unité phrastique. Il ne présente donc pas de partie du discours, puisqu'il s'agit toujours d'un énoncé complet. Cependant, il peut coïncider formellement avec une seule unité lexicale (énoncé unilexémique ou monolexical). Nous en avons déjà donné de nombreux exemples, comme *Cordialement* ; *Enchanté* ; *Félicitations* ; *Merci* ; *Pardon* ; *Salut !* ; *Stop.* Rappelons que, dans d'autres cas, ce sont les aléas de l'orthographe qui introduisent la dimension mono- ou polylexicale : *Bonjour, Bonsoir* mais *Bon après-midi.*

Le pragmatème monolexical peut correspondre à un substantif (*Caisse*), à un adjectif (*Fragile*), à un participe (*Désolé*), à un verbe (*Sonnez*[2]), à un adverbe (*Affectueusement*). Certains clausatifs, comme les interjections, sont des lexèmes hautement spécialisés dans leur fonction situationnelle : *Hue !* pour faire avancer un cheval ou *Ho !* pour l'arrêter.

Le pragmatème correspond souvent à un syntagme figé de forme Prép C, C correspondant à un lexème qui peut être un nom (*À table*), un adverbe (*À demain*) ou un verbe (*Au revoir !*). La préposition peut être *à* (*À plus !*), *de* (*De rien*), *en* (*En panne*), *hors* (*Hors service*), *sans* (*Sans issue*), *sous* (*Sous presse*), etc. Notons que souvent, il s'agit de locutions adjectivales (*À volonté : moules à volonté, boissons à volonté…*). Nous pouvons avoir aussi un modifieur : *À l'année prochaine* (Prép C Modif). La forme Prép Dét C s'observe aussi : *À l'abordage !* ; *À la revoyure !* Observons que ces séquences sont polylexicales mais ne sont pas, rigoureusement parlant, des phrasèmes, puisqu'elles ne comportent pas deux unités lexicales pleines.

Dans certains cas, nous avons des structures où tous les éléments lexicaux pleins sont variables. C'est la structure syntagmatique elle-même qui est figée : *À [JOUR DE LA SEMAINE] : À lundi, mardi…* Nous avons vu, ci-dessus, le cas *[NUMÉRO] [PRODUIT] [NUMÉRO] !* employé dans l'hôtellerie : *Deux demis, deux ! Trois grogs, trois !* Ces deux séquences n'ont aucune forme commune (sauf l'exclamation, qui est une entité suprasegmentale) et pourtant il s'agit bel et bien du même

2 Notons que les pragmatèmes qui comportent un verbe à la forme négative sont polylexicaux : *Ne quittez pas.*

lemme. C'est le syntagme qui constitue le lemme, chose normale si l'on tient compte du fait que les syntagmes sont des unités linguistiques phrastiques.

Nous avons aussi des syntagmes nominaux. La structure la plus fréquente est Nom + Adj (NA) : *Entrée libre* ; *Or véritable* ; *Caisse rapide* ; *Eau potable*, etc. L'adjectif peut présenter un complément : *Abus dangereux pour la santé.* Une variante de Nom + Adjectif serait Nom + Participe passé (N + Pp), *Baignade interdite*, qui peut présenter aussi un complément : *Carte bleue acceptée à partir de [Numéro].* Nous trouvons, en outre, des modifications sur le groupe de base : (Nom + Adj) Adj pour *Appareil filtrant obligatoire* ; (Nom + Adv + Pp) *Accès formellement interdit.*

La séquence Adj + Nom (AN) présente également une fréquence élevée : *Bon appétit* ; *Grosses bises* ou *Libre service.*

De même, le syntagme Nom + Prép + Nom (NPN) est bien représenté : *Chutes de pierres* ; *Danger de mort* ; *Issue de secours.* La position du deuxième substantif dans ces séquences peut être occupée par un verbe à l'infinitif : *Interdiction de stationner* ; *Défense de fumer.* Un des substantifs peut recevoir des modificateurs (*Défense stricte de fumer* ; *Défense stricte de fumer à l'intérieur du centre...*). Sur ces bases, des syntagmes complexes peuvent être construits : *Risque d'effets graves pour la santé en cas d'exposition prolongée* (Phrase de Risque n° 48, annexe III de la directive européenne 67/548/EEC).

Certains pragmatèmes de structure Nom + Prép + Nom peuvent présenter des variantes de type Nom + Nom (*Alarme incendie*). D'autres séquences Nom + Nom sont, en fait, des formules elliptiques : *Attention travaux* ; *Silence Hôpital.* Un des substantifs peut apparaître sous une forme abrégée : *P visiteurs.*

D'autres structures nettement moins fréquentes sont : Adv + Adv (*Bien cordialement*) ; Adj + Adv (*Chaud devant !*) ; Interjection + Nom (*Halte Police*) ; AdjPos + Nom (*Vos papiers !*) ; Adv N (*Prochainement ouverture*) ; Dét + Nom (*Un instant* ; *Tous publics*) et, finalement, encore Dét N + Conj + Dét N (*La bourse ou la vie*).

Certains pragmatèmes vont au-delà du syntagme et constituent des phrases à part entière, qu'elles soient complètes ou elliptiques. Nous trouvons aussi bien des phrases déclaratives (*Nuit gravement à la santé*) qu'interrogatives (*On s'occupe de vous ?* ; *C'est combien ?*), impératives (*Sonnez avant d'entrer*) ou encore négatives (*Il n'y a pas de quoi*).

Comme nous pouvons le constater, le pragmatème constitue souvent un ordre, une indication ou une recommandation. La phrase peut être formée alors d'un infinitif accompagné de compléments et, parfois, de modifieurs : *Briser la glace en cas d'incendie* ; *Ne tirer la poignée qu'en cas de danger* ; *Garder hors de la portée des enfants*. Bien entendu, l'infinitif peut apparaître sans compléments ou régir un autre verbe à l'infinitif (*Veuillez patienter*) ou conjugué (*Fumer tue*). Le pragmatème peut correspondre aussi à un verbe à l'impératif, qui peut être accompagné d'un modifieur adverbial (*Sonnez SVP* ; *Tirez ICI* ; *Merci de patienter ici* ; *Agiter avant emploi* ; *Entrez sans frapper*) ou de ses compléments : *Cédez le passage* ; *Composez votre code* ; *Attachez votre ceinture* ; *Excusez-moi* ; *Demandez conseil à votre médecin*.

Les formules présentant des verbes conjugués au présent de l'indicatif sont souvent performatives (*Je t'embrasse* ; *Je vous déclare mari et femme*), mais pas forcément (*Un train peut en cacher un autre*).

Finalement, il faut tenir compte du fait que certains pragmatèmes constituent, en fait, de textes brefs. Dans la plupart des cas, cependant, ils seront à traiter comme des séquences de pragmatèmes.

## L'ACTE DE PAROLE

Tout pragmatème suppose la réalisation effective d'un acte de parole, qui constitue le pivot sémantique du pragmatème. Il s'agit d'une différence fondamentale entre les unités lexicales et les unités phrastiques. La description de ces dernières nécessite, donc, de préciser quel est l'acte de parole qu'elles permettent d'accomplir.

Une bonne pratique lexicographique exige d'étiqueter les actes de parole à partir d'une liste fermée préalablement établie. À telle fin, nous nous sommes servis de la liste de verbes représentant des actes de parole du *Niveau Seuil* :

Voici quelques exemples d'étiquetage (Blanco, 2013a, p. 14) :

- annoncer, informer : *En vente ici* ; *Espace fumeurs* ; *Vous êtes ici* ;
- appeler à l'aide : *Au feu !* ; *Au secours !* ;
- conseiller : *Agiter avant emploi* ; *Servir glacé* ;
- déconseiller : *Déconseillé aux moins de [Numéro] ans* ; *Accès à vos risques et périls* ;
- défendre, interdire : *Défense d'afficher* ; *Interdiction de parler au chauffeur* ;

- demander : *À qui le tour ?* ; *C'est de la part de qui ?* ; *Je vous dois combien ?* ;
- demander de parler : *Allô ?* ; *Vous avez la parole* ;
- demander la permission : *Vous permettez ?* ;
- désapprouver, reprocher, protester : *Je proteste !* ;
- encourager : *Encore un petit effort !* ;
- excuser, pardonner : *Vous êtes tout excusé* ; *Ce n'est pas grave* ;
- féliciter : *Bravo !* ; *Chapeau !* ;
- inviter : *Faites comme chez vous* ; *Après vous* ; *Le dîner est servi !* ;
- menacer d'une sanction : *Tout abus sera puni* ; *Tout vol sera signalé* ;
- permettre, autoriser : *Baignade autorisée* ;
- prendre congé : *À tout à l'heure* ; *Bises* ;
- présenter qqn : *J'ai l'honneur de vous présenter [NOM PROPRE]* ;
- présenter ses condoléances : *Toutes mes condoléances* ;
- ordonner : *Halte au feu !* ;
- rappeler, répéter : *[Panneau de limitation de vitesse] Rappel* ;
- remercier : *Il ne fallait pas* ;
- s'excuser : *Excusez-moi de vous déranger* ;
- saluer : *Bonjour la compagnie !* ;
- signaler, avertir, prévenir, mettre en garde : *Chien méchant* ; *Attention à la marche* ; *Peinture fraîche* ; *Tous droits réservés* ;
- souhaiter quelque chose à quelqu'un : *Bonne et heureuse année* ; *Prompt rétablissement* ;
- trinquer : *À la vôtre !* ; *Je lève mon verre en l'honneur de [N]* ; *Tchin-tchin* ;
- etc.

L'indication de l'acte de parole constitue une donnée fondamentale dans la microstructure d'une description lexicographique du pragmatème. Cela a été observé auparavant, mais non systématisé. Ainsi, par exemple, Hausmann et Werner (1991) parlaient de *verbale Handlung* (« acte verbal » ou « action verbale ») à propos des exemples *Danke* = *Mulțumesc* ; *¡gracias!* = *merci* : « die verbale Handlung des Dankens kann mittels des Aussprechens von *mulțumesc* vollzogen werden. » (« l'acte verbal de remercier peut être réalisé moyennant l'expression *mulțumesc* ») (Hausmann et Werner, 1991, p. 2745).

Un certain nombre de pragmatèmes ont, en plus, une valeur performative : *Je te pardonne tes péchés, au nom du Père, et du Fils, et du*

*Saint-Esprit*; *Je déclare ouvert [ÉVÉNEMENT ORGANISÉ]*, etc. Cette valeur doit être signalée dans le dictionnaire, en prenant bien soin de distinguer la dimension performative (qui implique d'accomplir un acte extralinguistique) de la dimension illocutive (que tous les pragmatèmes ont et qui implique d'accomplir un acte linguistique).

LA SITUATION DE COMMUNICATION

Nous avons eu l'occasion d'insister sur l'importance du lien que tout pragmatème entretient avec une situation de communication précise. La microstructure d'un inventaire lexicographique de pragmatèmes devra, donc, comporter nécessairement l'indication de la situation de communication qui caractérise chaque pragmatème. Nous décrivons cette situation, de façon approximative, par une notation entre accolades. Rappelons que sont des éléments de la situation de communication (Blanco, 2013a, p. 15) :

- les coordonnées spatiales ou les éléments qui doivent être spatialement présents et/ou proches, par exemple *Fabriqué en [ÉTAT]* {mention apposée sur un produit destiné à la vente} ;
- les coordonnées temporelles, par exemple *Meilleurs vœux* {pendant le mois de janvier pour féliciter la nouvelle année} ; *Joyeux anniversaire !* {le jour de l'anniversaire de l'interlocuteur} ;
- le support matériel du pragmatème, par exemple *Tirez ici* {sur un emballage} ;
- un événement, par exemple *À vos souhaits !* {dit à quelqu'un qui vient d'éternuer} ;
- un acte, par exemple *Bon appétit* {dit à quelqu'un qui est sur le point de commencer à manger} ; *[NOM PROPRE] à l'appareil* {dit, pour se présenter, par quelqu'un qui est en train de parler au téléphone} ;
- un état, par exemple *Prompt rétablissement* (Es : *Que te mejores*) {dit à quelqu'un qui est malade} ;
- etc.

Il importe de souligner, parce que les frontières entre ces deux types d'unités linguistiques ne sont pas toujours bien perçues, qu'un phrasème sémantiquement compositionnel qui n'est pas lié à une situation de communication précise n'est pas un pragmatème, mais un cliché (par exemple, *C'est la vie !* ; *Vous avez quel âge ?* ou *Quelle heure est-il ?*). Les énoncés proverbiaux, quant à eux, constituent une sous-classe de clichés, mais la confusion entre pragmatèmes et énoncés proverbiaux est moins probable, d'une part parce que ceux-ci présentent une certaine valeur générale absente dans le cas des autres clichés et, d'autre part parce que la parémiographie bénéficie d'une riche tradition d'études, alors que les clichés ont été relativement peu étudiés.

LES FONCTIONS LEXICALES

Nous avons signalé, à propos des questions soulevées par la lemmatisation des pragmatèmes, qu'il faut éviter de multiplier sans nécessité les entrées. Il faut partant disposer de mécanismes qui nous permettent de regrouper certaines variantes sous une seule forme canonique et de justifier ces regroupements. Pour regrouper des variantes entre lesquelles on peut observer des ajouts de sens calculables et systématisables, nous nous servons d'un outil de description linguistique (les fonctions lexicales) qui nous rend possible non seulement de regrouper ces séquences d'une façon motivée, mais aussi de les décrire de façon sémantiquement précise et d'en faciliter considérablement une traduction correcte ou une paraphrase avec garanties.

Rappelons qu'une fonction lexicale **f**($x$) = $y$ (Mel'čuk, 1996) est une relation entre deux expressions lexicales d'une langue donnée : la base ($x$) et la (ou les) valeur(s) ($y$) qui exprime(nt) le sens **f** par rapport à $x$ de façon lexicalement conditionnée. Nous comptons à peu près soixante fonctions lexicales standard.

Voici des exemples de fonctions lexicales appliquées aux pragmatèmes (Blanco, 2013a, p. 18) :

- **Magn** (intensif), qui nous permet de décrire la relation existante entre *Liquidation* et *Liquidation totale* : **Magn**(*liquidation*) = *totale* ; ou entre *Accès interdit* et *Accès formellement interdit* : **Magn**(*interdit*) – *formellement*. Bien entendu, les nuances de sens introduites par les différents intensifieurs ne sont pas forcément les mêmes. En conséquence, le fait d'utiliser une fonction lexicale ne dispense pas le lexicographe d'une description plus précise si le besoin s'en fait sentir.
- **AntiMagn** (anti-intensif), qui nous permet de mettre en rapport *Liquidation* avec *Liquidation partielle* : $\mathbf{AntiMagn}_{\text{quant}}$(*liquidation*) = *partielle*.

- **Bon** (mélioratif), qui nous permet de relier *Lire la notice* avec *Lire attentivement la notice*, d'une part, et d'autre part avec *Bien lire la notice*. **Bon**(*lire*) = *bien* ~ ; *attentivement*.
- **Ver** (tel qu'il doit être), qui nous permet de mettre en rapport *Refermer après usage* avec *Refermer soigneusement après usage*. **Ver**(*refermer*) = *refermer soigneusement*.
- **Propt**(*liquidation*) qui nous donne les causes qui ont provoqué le prédicat correspondant : *avant cessation d'activité, avant déménagement, avant travaux*...
- **Oper**$_1$ (verbe support), qui nous permet de mettre en rapport *Bon voyage* avec *Faites un bon voyage*. **Oper**$_1$(*voyage*) = *faire*. Ou encore *Bonnes vacances* avec *Passez de bonnes vacances* ; *Bon séjour* avec *Faites un bon séjour*, etc.
- **Real**$_1$ (verbe d'utilisation ou de réalisation), qui nous permet de regrouper différents pragmatèmes comme *Lire notice* et *Voir notice* : **Real**$_1$(*notice*) = *lire, voir*. Ou bien *Lire la notice avant de* **Real**$_1$(*produit*), pour mettre en facteur commun des formules comme *avant de pulvériser le produit* ; *avant de manipuler le produit* ; *avant de connecter le produit* ; *avant de vaporiser le produit* et bien d'autres séquences attestées ou possibles qui seraient à décrire. Un autre exemple où **Real** serait utile pour regrouper des variantes : *En cas d'incendie, ne pas utiliser les ascenseurs* et *En cas d'incendie, ne pas emprunter les ascenseurs*, à partir de **Real**(*ascenseur*) = *utiliser, emprunter*...
- **Loc**$_{in}$ (lieu où), qui nous permet de regrouper *Lire notice jointe* ; *Lire notice à l'intérieur* ; *Lire la notice interne*. La base de la collocation est elliptique mais présente dans la situation de communication **Loc**$_{in}$(*boîte, carton, emballage, étui*...).

Nous avons également des configurations de fonctions lexicales comme **CausContFact**$_1$(*porte*), configuration à partir de laquelle nous pouvons mettre en rapport *Porte coupe-feu* avec *Porte coupe-feu, à maintenir fermée*. La dérivation nominale **AntiLiqu**$_1$**Fact**$_1$**S**$_0$(*porte*) permet d'y ajouter *Porte coupe-feu, ne mettez pas d'obstacle à la fermeture*. Les fonctions lexicales nous dotent d'un pouvoir descriptif qui peut s'avérer précieux pour la traduction, non seulement parce qu'il permet d'affimer la sélection de l'équivalent exact, s'il existe, mais parce qu'il devient possible de proposer des équivalents approximatifs tout en précisant quelles sont les différences entre la langue source et la langue d'arrivée du point de vue sémantique. Nous pouvons ainsi analyser le pragmatème *Lire attentivement la notice à l'intérieur de l'emballage* comme **Bon+Real**$_1$(*notice*) dans **Loc**$_{in}$(*emballage*).

Dans certains cas, la fonction lexicale ne vise pas tant à regrouper les variantes d'un pragmatème donné qu'à représenter son sens. Ainsi, dans *Tenue de ville* {écrit sur un carton d'invitation}, l'acte de parole est *recommander*. Mais *recommander* ne saurait porter directement sur *tenue*. Pour assister à l'événement qui fait l'objet de l'invitation, ce qui est (fortement) recommandé, voire exigé, c'est de *revêtir* une tenue de ville : **Real**$_1$(*tenue de ville*) = *revêtir, porter*. Cette donnée reste implicite, mais elle est pourtant indispensable pour un bon décodage du pragmatème.

Il y a des pragmatèmes qui constituent, eux-mêmes, des valeurs de fonctions lexicales appliquées sur leur propre ancrage lexical : **Imper**(*viser*) = *En joue !* ; **Imper**(*tirer*) = *Feu !, Ouvrez le feu !* ; **Imper**(*silence*) = *Silence !, Chut !* Ou des configurations de fonctions : **ImperCaus**$_1$**Facto**(*voilure*) = *Hissez les voiles !* ; **ImperLiqu**$_1$**Facto**(*voilure*) = *Amenez les voiles !* ; **ImperAntiLiqu**$_1$**Real**$_1$(*porte*)= *Ne mettez pas d'obstacle à la fermeture* ; *Ne pas encombrer*.

Faisons remarquer que le recours aux fonctions lexicales comme moyen auxiliaire pour la description des pragmatèmes n'est pas pertinent dans tous les cas : *À consommer avec modération* comporte un **AntiMagn**. Cependant, et dans la mesure où le pragmatème #*À consommer* n'existe pas, cette fonction ne nous apporte pas ici une valeur descriptive ajoutée.

Signalons, finalement, que nous nous servons aussi des fonctions lexicales non standard, qui apparaissent fréquemment dans les pragmatèmes : sans utiliser de l'eau chaude (*laver*) = *à froid* ; en utilisant de l'eau chaude (*laver*) = *à l'eau chaude* ; sans utiliser de l'eau (*laver*) = *à sec* ; sans utiliser une machine à laver (*laver*) = *à la main* ; qui, à un moment donné, n'a plus de places libres (*parking*) = *complet* ; où il faut payer pour stationner (*parking*) = *payant* ; où l'on ne prend pas de responsabilité sur les véhicules stationnés (*parking*) = *non surveillé*, etc.

Une sous-classe importante des fonctions lexicales non standard est celle des atténuatifs (souvent dans les ordres) : atténuatif (*ne pas déranger*) = *prière de* ~ ; *veuillez* ~ *s'il vous plaît* ; *merci de* ~. Une autre sous-classe importante est celle de l'explicitation de l'acte de parole (souvent dans les interdictions) : explicitation de l'acte de parole (*ne pas marcher sur la pelouse*) : *Il est interdit de ~*; *Défense de ~*. Remarquons que, dans ces cas, l'application de la fonction lexicale doit prévoir l'effacement de la négation dans le lemme.

### CODA ET RÉPLIQUE

Nous appellerons « coda » l'ajout, à un pragmatème donné, d'une séquence rythmée (parfois rimée) qui n'a pas d'apport sémantique réel, sauf un certain renchérissement ; par exemple, *Liquidation totale. Tout doit disparaître.* Une autre option pour traiter cette extension consisterait à employer la fonction lexicale **Epit**.

La coda est souvent employée de façon ludique, pensons à *À plus tard, Balthazar ! ; À la tienne, Étienne !* ou encore aux différentes formules françaises pour l'éternuement : *À tes souhaits, que Dieu te bénisse et te rabonnisse* ou *Que Dieu vous bénisse, vous fasse le nez comme la cuisse, et le menton en proportion.*

La réplique d'un pragmatème *x* est un autre pragmatème *y* à caractère intra-linguistique, puisque la situation de communication qui restreint *y* est justement l'énonciation de *x*. Par exemple, une des répliques les plus courantes à *Merci* est *De rien*. *Merci* constitue, donc, la situation de *De rien*. Notons que le fait de ne pas énoncer cette réplique peut être jugé négativement, ce qui est caractéristique des pragmatèmes, qui sont des séquences susceptibles d'engager la responsabilité du locuteur quand elles ne sont pas énoncées par celui-ci (contrairement au reste d'unités linguistiques qui n'engagent le locuteur que quand elles sont produites et parce qu'elles ont été produites).

Faisons remarquer qu'il existe des répliques très générales (comme *À vous aussi*) et des répliques réservées à un seul pragmatème (par exemple, l'italien *Crepi il lupo !* comme réplique unique de *In bocca al lupo !*). D'autres répliques sont très marquées et ne s'utilisent presque jamais, ou alors seulement de façon ludique : *À vos amours – Que les vôtres durent toujours.* Notons aussi que certains pragmatèmes, comme *Après vous*, se négocient moyennant des répliques : *Non, après vous… j'insiste.*

### SÉQUENCES DE PRAGMATÈMES

Bien qu'il s'agisse d'une unité phrastique, le pragmatème ne s'utilise pas toujours de façon isolée. Il est parfois possible, même nécessaire, de se servir d'une séquence de pragmatèmes[3]. Toutefois, et comme les unités que nous considérons ne sont pas des unités lexicales mais des énoncés, leur combinatoire ne relève pas de la syntaxe, mais de la planification textuelle. Un certain nombre de pragmatèmes comportent deux phrases ou plus. Par exemple, *À mon commandement : Garde à vous !* ou encore *Attention ! Garde à vous !* La formule *À vos marques* est suivie de *Prêts !* et de *Partez !* et *En joue !* précède à *Feu !* Souvent, la graphie hésite entre la virgule et le point pour l'enchaînement des pragmatèmes qui constituent une séquence : *Ne tirez la poignée qu'en cas de danger, tout abus sera puni* face à *Ne tirez la poignée qu'en cas de danger. Tout abus sera puni.*

Nous devons régler cette question en microstruture et pas en mésostructure, parce que nous ne pouvons pas traiter comme entrées indépendantes des séquences comme *Tout abus sera puni* ou *À mon commandement.* Dans d'autres cas, un pragmatème donné peut exister de façon indépendante, mais ne présenter la même valeur qu'au sein d'une séquence.

Notons que l'énonciation d'une séquence complète peut exiger la répétition de la situation extralinguistique qui déclenche le pragmatème : par exemple *À vos souhaits* s'emploie pour un premier éternuement, *À vos amours* uniquement pour un deuxième.

Il existe aussi de petits textes dont le figement répond à une exigence de type légal. Ainsi, au Canada, un document écrit sera accompagné du texte : *Tous droits réservés. Aucune partie du présent document ne peut être reproduite, stockée dans un système électronique d'extraction, ni transmise, sous quelque forme que ce soit, par aucun procédé électronique ou mécanique, y compris la photocopie, l'enregistrement ou tout autre procédé, sans le consentement écrit préalable de l'éditeur.* Un document audiovisuel contiendra en France la longue séquence de pragmatèmes : *Tous droits réservés. Tous droits du producteur de l'œuvre phonographique et du propriétaire de l'œuvre enregistrée réservés. Sauf autorisation, la duplication, la location, le prêt ou l'utilisation de ce disque pour exécution publique et radiodiffusion sont interdits. Toute reproduction, même partielle, du contenu, de la couverture, par quelque procédé que ce soit (électronique, photocopie...) est interdite sans autorisation écrite de [NOM PROPRE]*

---

3 Ci-dessus, pour des raisons purement stylistiques (introduire une certaine variété dans l'expression), nous nous sommes servis souvent de *séquence* comme parasynonyme de *pragmatème* (ainsi que de *formule*, *suite*, etc.). Ici, nous employons *séquence* avec un sens plus précis : enchaînement situationnellement restreint de deux ou plusieurs pragmatèmes.

## LA DIASYSTÉMATIQUE DU PRAGMATÈME

Nous avons passé en revue ci-dessus les pragmatèmes présents dans la lexicographie diasystématiquement orienté. Tout pragmatème devrait être accompagné de sa description diasystématique (si elle est pertinente). Nous avons vu que les quatre paramètres de variation diasystématique (Hausmann, 1989) les plus importants sont la diachronie, la diatopie, la diatechnique et la diastratique.

Nous commencerons ici par la diachronie. La toute première question concernant la diachronie serait de déterminer à partir de quel moment un énoncé donné (par exemple, une phrase « S », qui correspond à un conseil de prudence sur l'étiquette d'un produit chimique) peut être considéré comme un pragmatème du point de vue linguistique. Ainsi, *Conserver hors de la portée des enfants* (phrase S2 de la directive européenne 2001/59/EC) est devenu un pragmatème de la langue française ; par contre *Éviter l'accumulation de charges électrostatiques* (phrase S33) ne l'est pas encore, ou alors il s'agit d'un pragmatème fortement marqué du point de vue diatechnique (à caractère exclusivement terminologique). En effet, comme c'est le cas pour les unités lexicales simples ou complexes, il y a des pragmatèmes de la langue générale et des pragmatèmes terminologiques qui, avec la pénétration massive de la technique et de la technologie dans notre quotidien, auront probablement tendance à se généraliser de plus en plus.

De nombreux pragmatèmes correspondent à des formules tombées en désuétude qui ne s'emploient plus que par ironie ou à la recherche d'un effet humoristique. Ainsi, par exemple, *Dieu vous bénisse !* constitue une variante diachroniquement marquée de *À vos souhaits !* qui, à son tour, est de plus en plus marqué par rapport à… ne rien dire. La disparition d'un pragmatème n'est, en effet, pas rare. Une formule comme *Mes hommages, Madame* (dont la réplique serait *Monsieur* ou l'appellatif caractérisant l'interlocuteur) est tombée en désuétude. Pour beaucoup de pragmatèmes, c'est la situation elle-même qui a cessé d'exister, mais la forme peut continuer à vivre dans l'univers de la fiction ou de la récréation historique, autrement dit, quand la situation sera récréée. C'est le cas, par exemple, des voix de commandement marquant les douze temps de la charge d'un fusil à pierre, qui incluaient des pragmatèmes comme *Ouvrez bassinet !* ; *Videz reste cartouche dans canon !* ; *Bourre en place !*

La comparaison des listes des pragmatèmes en usage à différentes périodes ne serait certainement pas sans intérêt du point de vue sociologique et culturel. Le honteux écriteau *Accès interdit aux juifs* qui, pendant la Seconde Guerre mondiale, était accroché en France à la porte des cafés, apposé sur une cabine téléphonique ou devant les parcs de jeux pour enfants en dit long sur cette époque.

Le deuxième des axes de variation à considérer est la diatopie. Une langue comme le français, parlée dans les cinq continents, présente bien évidemment une variété diatopique très considérable. Quand un Français hexagonal dit *Joyeux anniversaire*, un Québécois dira *Bonne fête à toi*. Si l'Hexagonal répond par *De rien* à un *Merci*, le Québécois a recours à l'anglicisme *Bienvenu*. Face à la célèbre formule *Bon appétit !* (devenu en partie internationale), le congolais opte par un expressif *Appétissons !* Et dans différents pays d'Afrique, on vous souhaitera une *Bonne digestion* après manger, ce qui n'est pas le cas en France. Un pragmatème comme *Comment allez-vous ?* ou *Ça va ?* suffira en France, alors qu'au Sénégal on le fera suivre volontiers de *Et la famille ?*

La prise en compte de l'axe diatechnique, que nous avons déjà mentionné ci-dessus, exige d'indiquer à quel domaine de spécialité appartient un pragmatème donné. Cette indication peut être spécifiée aussi bien pour un pragmatème qui relèverait clairement d'une spécialité concrète (par exemple, *Pur coton* appartient au domaine du *textile*) que pour les pragmatèmes de la langue générale, à condition de se servir d'une liste de domaines (Buvet et Mathieu-Colas, 1999) qui inclut des taxons non terminologiques, comme *vie quotidienne* ou *société*. Il importe de caractériser diatechniquement tous les pragmatèmes, même si leur usage est devenu non terminologique. Ainsi, par exemple, *Argent véritable* sera associé à l'étiquette « Joaillerie » et *Arrêts fréquents* à l'étiquette « Transports en commun ».

Il existe des pragmatèmes qui appartiennent à la langue générale et sont employés communément par tous les locuteurs. En revanche, il existe aussi des pragmatèmes intimement liés à un domaine de spécialité, qu'il soit technique, scientifique, artistique, etc. Il s'agit de pragmatèmes-termes, c'est-à-dire de pragmatèmes marqués d'un point de vue diatechnique. Comme nous l'avons déjà signalé, la perméabilité de notre société à tout type de sciences et techniques fait que beaucoup de pragmatèmes-termes soient incorporés au quotidien, sinon en ce qui concerne la production, du moins en ce qui concerne la compréhension. En effet, un francophone comprendra sans peine, par exemple, *Contre-indications : lire attentivement la notice*, bien qu'il s'agisse d'une formule qui n'est pratiquement jamais reprise sous cette forme par la majorité des locuteurs. Il s'agit bel et bien d'une suite marquée comme appartenant au domaine de la *Pharmacologie*, mais qui a été progressivement vulgarisée. Par contre, un pragmatème comme *Cet appareil contient des P.C.B.* (qui apparaît pourtant dans des panneaux d'avertissement sur les appareils contenant ces substances) sera difficile à comprendre pour celui qui, n'étant pas familiarisé avec le domaine de la chimie, ignore tout des polychlorobiphényles. Il s'agit encore d'un pragmatème strictement terminologique.

La diastratique est le quatrième axe de variation que nous avons retenu. Il est clair que *Bonjour !* appartient à un autre niveau de langue que *Salut !*, tout comme *Cordialement* et *À* + qui relèvent de registres différents. Il est fondamental de faire ressortir ces différences, spécialement si l'on souhaite se rendre utile aussi à un public dont le français n'est pas la langue maternelle. Les marques communément utilisées en lexicographie (telles que *formel*, *soutenu*, *familier*, *populaire*, *vulgaire*...) constituent un bon point de départ, mais s'avèrent parfois insuffisantes pour refléter de façon adéquate une réalité linguistique qui relève de plusieurs paramètres à la fois : l'âge des interlocuteurs, le canal (oral, qu'il soit ou non présentiel, écrit synchrone, écrit asynchrone...), le type de relation interpersonnelle (cadre familial, cadre professionnel...), etc. L'axe diastratique nous permet aussi de marquer si nous avons affaire à un pragmatème formel (qui revêt une forme standard) ou à un pragmatème informel (qui revêt des formes non standard). Notons qu'il est fréquent de trouver des formes qui permettent de renforcer l'acte de parole grâce à l'humour ou la création d'un effet : *Mon chien couvre la distance [LOCATIF] – [LOCATIF] en [NUMÉRO] secondes. Si vous n'en faites pas autant, restez où vous êtes* ; *Attention Chien méchant. Maître féroce.* D'autres cherchent plutôt une atténuation, par exemple, afin de mitiger l'effet d'une injonction ou d'une interdiction (*Je monte, je valide* ; *La maison ne fait plus de crédit depuis que Jean Caisse a remplacé Marc Lemoi* ; *La maison ne fait pas crédit sauf aux personnes âgées de plus de 100 ans accompagnées de leurs parents*) ou pour présenter sous un jour favorable une circonstance *a priori* désagréable (*Souriez, vous êtes filmés*).

Le fait de prétendre qu'un être non doué de parole (plante ou animal, par exemple) est l'énonciateur du pragmatème constitue aussi un recours qui permet d'obtenir un effet particulier (*Ne pas toucher SVP. Je suis vivant et naturel* référé à une plante ; ou, avec la photo d'un chien : *Je veille pour mon maître*, etc.). La répétition systématique d'un pragmatème sous sa forme codée risque de nuire à l'effectivité de la transmission du message. Étant donné que la répétition engendre une certaine insensibilisation de la part du récepteur, l'on a recours parfois à la variation de formules afin de garantir un certain impact du message (songeons aux multiples expressions qui, sur les paquets de cigarettes, véhiculent de façon plus ou moins directe le message *Fumer nuit à votre santé*, ou aux différentes variations de *Éteignez votre téléphone portable* dans les salles de cinéma).

Mis à part ces trois grands axes de variation diasystématique, il faut encore en examiner d'autres. Il y a, en effet, l'axe diaintégratif : des anglicismes déjà fort courants comme *Bon week-end*, des latinismes qui, au contraire, se raréfient comme *op. cit.* (*opere citato*). Certains pragmatèmes latins, comme *Ave Cæsar, morituri te salutant*, sont familiers au lecteur ou au spectateur, mais ne sont évidemment jamais employés en tant que tels (et ne l'on peut-être jamais été réellement).

Nous avons également l'axe diamodal (selon qu'il s'agisse d'un pragmatème plutôt ou exclusivement oral ou plutôt ou exclusivement écrit). Des pragmatèmes comme *Reçu !* ou *Affirmatif !* sont propres aux transmissions de radiotéléphonie, *STOP* l'était pour les télégrammes, etc.

Nous trouvons également des pragmatèmes diaconnotativement marqués (*Qu'est-ce qu'on dit ?* adressé à un enfant), dianormativement marqués (des formules incorrectes ou déconseillées) ou diatextuellement marqués (pragmatèmes qui relèvent d'un style journalistique, de la langue administrative, etc.).

Une question à ne pas négliger est celle de l'utilisation des points d'exclamation pour lemmatiser certains pragmatèmes. En attendant de disposer de fichiers sonores qui puissent être facilement intégrables à la description lexicographique pour illustrer les emplois en contexte, il est sans doute préférable de réserver le point d'exclamation pour les pragmatèmes qui sont systématiquement employés avec une intonation exclamative très marquée. L'emploi des points d'interrogation est beaucoup moins problématique.

## QUESTIONS DE MÉSOSTRUCTURE

Nous considérerons ici le pragmatème comme sous-entrée, ainsi que la question de l'ancrage lexical du pragmatème, ses relations d'inclusion sémantique et ses équivalents de traduction.

### LE PRAGMATÈME COMME SOUS-ENTRÉE

Comme nous l'avons montré ci-dessus, les pragmatèmes, en tant qu'entités *sui generis*, peuvent très bien faire l'objet d'un dictionnaire ou d'un inventaire lexicographique qui leur seraient propres. Cela présente l'inconvénient de les isoler du reste de la description lexicale et phraséologique, tout en offrant cependant l'avantage de forcer une réflexion beaucoup plus détaillée sur les catégories d'information lexicographique qui sont pertinentes pour leur description.

Or, l'on pourrait très bien introduire la description des pragmatèmes en tant qu'élément de la microstructure d'un dictionnaire d'unités lexicales. Ils resteraient des unités linguistiques distinctes de toute autre unité présentée dans l'article de dictionnaire, car ils ont une entité propre qui découle de la définition même du pragmatème, mais il serait alors possible de mettre en évidence les liens qui les unissent aux unités lexicales, qu'elles soient des phrasèmes ou pas.

Pour le moment, le pragmatème n'a pas encore été identifié de façon satisfaisante comme unité de description en lexicographie. En effet, si les pragmatèmes avaient été traités dans les dictionnaires moyennant des sous-entrées spécifiques, la question de l'appareillage formel devant accompagner leur description aurait été abordée d'une façon ou d'une autre. Ce n'est pas le cas, puisque la théorie phraséologique qui est à la base de l'élaboration de bien de dictionnaires est encore rudimentaire et conduit souvent à des distinctions qui ne sont pas pertinentes ou à la confusion sous une même catégorie lexicographique des types de phrasèmes fort divers.

La zone phraséologique d'un dictionnaire devrait distinguer au moins trois grands types de phrasèmes : premièrement, les phrasèmes non compositionnels lexicalement restreints (les locutions), qui pourraient éventuellement être situés au même niveau dans la macrostructure que les unités lexicales simples. Deuxièmement, les phrasèmes compositionnels lexicalement restreints (les collocations), qui seraient présentés sous l'entrée correspondant à leur base lexicale. Troisièmement, une catégorie pour les phrasèmes compositionnels sémantiquement restreints ou phrasèmes semantico-lexicaux. Chacun de ces types majeurs présente des sous-divisions mais c'est le troisième type (qui inclut les pragmatèmes) qui nous concerne ici. Il se sous-divise en clichés, parémies et pragmatèmes[4]. Si ces différents types de phrasèmes ne sont pas distingués dans la macrostructure ou dans la mésostructure, sous forme de sous-entrées, sous-vedettes, sous-adressage (Hausmann, 1990), etc., la structure de la description lexicographique ne saurait être satisfaisante. En conséquence, une catégorie de sous-entrée réservée aux pragmatèmes serait à prévoir. À notre avis, il n'y aurait pas d'inconvénient à regrouper toutes sortes de pragmatèmes sous ladite sous-entrée (ce qui impliquerait d'y faire figurer aussi les pragmatèmes monolexicaux qui, dans un sens, sont aussi des phrasèmes, puisque ce sont des énoncés complets).

## L'ANCRAGE LEXICAL

Une fois étiqueté comme élément de macrostructure (entrée ou sous-entrée) comportant une microstructure *sui generis*, il faut situer le pragmatème de telle façon qu'il soit repérable. Dans un dictionnaire, il sera placé, en général, sous un article correspondant à une unité lexicale simple.

Cette unité lexicale peut être celle qui nomme la situation qui caractérise le pragmatème ou celle qui est dominante sémantiquement et syntaxiquement dans le pragmatème. Par exemple, on peut placer *Ne quittez pas*, sous l'entrée *téléphone* (lemmatisation *in absentia*) ou sous l'entrée *quitter* (lemmatisation *in præsentia*). Observons que, pour beaucoup de pragmatèmes, la lemmatisation *in absentia* est la seule possible (par exemple, toujours dans le domaine de la téléphonie, pour la formule *C'est pour toi*).

Nous appelons « ancrage lexical » l'unité lexicale (en général mono lexicale) sous laquelle on place la description d'un pragmatème donné. Un

4 On pourrait ajouter les phrasèmes non compositionnels sémantiquement restreints (noms propres complexes, par exemple : *la Tour Eiffel* ou *Saint François d'Assise*). Il s'agit d'unités qui ouvrent vers l'information encyclopédique puisqu'ils n'ont pas de contenu sémantique par eux-mêmes mais un lien privilégié avec un référent individualisé.

pragmatème peut avoir plus d'un ancrage lexical. Nous pensons que les meilleurs ancrages lexicaux pour un pragmatème donné correspondent aux unités lexicales qui nomment la situation de communication ou un des participants de la situation de communication à laquelle le pragmatème est lié phraséologiquement. En revenant à l'exemple ci-dessus, *téléphoner* serait un des ancrages lexicaux (et, par conséquent, une entrée sous laquelle on pourrait situer) des pragmatèmes comme : *Allô ?* ; *[NOM PROPRE] à l'appareil* ; *C'est moi* ; *Ici [NOM PROPRE]* ; *C'est pour toi* ; *De la part de qui ?* ; *Je vous passe [NOM PROPRE]* ; *Ne quittez pas* ; *Merci de votre appel* ; *On demande [NOM PROPRE] au téléphone* ; *Vous vous trompez de numéro*, etc.

L'ancrage lexical peut figurer ou non dans le pragmatème de façon explicite. D'autres ancrages lexicaux possibles seraient *s'identifier* pour *[NOM PROPRE] à l'appareil*, *C'est moi* et *Ici [NOM PROPRE]*, *remercier* pour *Merci de votre appel* ou encore *patienter* pour *Ne quittez pas*. L'ancrage lexical à retenir pour situer un pragmatème dans le dictionnaire (sans renoncer aux renvois) est celui qui présente une plus grande intension sémantique (*téléphoner* pour les exemples ci-dessus). Mais d'autres ancrages peuvent être également signalés dans la microstructure du pragmatème afin de le mettre en rapport avec des énoncés comparables. En effet, il faut que des séquences comme *Il est interdit de marcher sur la pelouse* ; *Défense de marcher sur la pelouse* ; *Pelouse interdite* ; *Pelouse non autorisée*, etc. soient mis en rapport entre eux. En même temps, *Défense de marcher sur la pelouse* doit être également mis en rapport avec *Défense de fumer*. L'ancrage peut jouer le rôle d'un lien entre ces séquences à partir duquel on pourrait organiser un système de renvois qui ne seraient pas *ad hoc* mais basés sur un champ de la microstructure du lemme.

Il serait à remarquer que le fait de situer un phrasème donnée sous un lemme en tenant compte de critères exclusivement sémantiques (et, donc, en absence de tout lien formel) n'est pas une pratique courante en lexicographie. Cela représente une nouveauté du point de vue de l'agencement des pragmatèmes et des phrasèmes en général. En tout état de cause, il faudrait éviter de situer les pragmatèmes en suivant des critères purement formels. Comme le fait observer très justement Dostie (2004, p. 183) à propos des marqueurs discursifs, il n'y a guère de sens à intégrer *Voyons !* sous *voir*. Cette remarque s'applique aussi dans le cas des pragmatèmes.

LES RELATIONS D'INCLUSION SÉMANTIQUE

Parmi les relations d'inclusion sémantique, nous avons les relations synonymiques et antonymiques (ainsi que les hyperonymiques et hyponymiques), qui doivent être décrites pour les pragmatèmes comme on le fait pour les unités lexicales. La description de ces relations appartient à la mésostructure parce qu'elle met en relation un pragmatème avec d'autres pragmatèmes (et, donc, différentes entrées entre elles).

En décrivant ces relations, il ne faut pas perdre de vue les différences sémantiques ou diasystématiques qui peuvent exister (et qui existent sans doute) entre les synonymes proposés. Par exemple, *Dieu vous bénisse* peut être considéré comme un synonyme de *À vos souhaits*, mais il devra comporter une marque de type diachronique (vieilli). À leur tour, *Stop* et *Arrêt* pourront figurer comme synonymes, mais avec indication de la différence de type diatopique (Québec pour cette deuxième unité).

D'autres différences exigent de tenir compte de la situation de communication. *Vous n'avez pas la priorité* et *Cédez le passage* ont le même sens, mais le premier s'appliquerait plutôt aux giratoires et le second aux intersections. Il faudra donc indiquer parmi les conditions d'utilisation de ces pragmatèmes une donnée situationnelle qui renvoie à l'espace.

Bien d'autres relations synonymiques entre pragmatèmes restent difficiles à caractériser. Par exemple, entre les deux formules *Interdit de fumer* et *Défense de fumer* la seule différence observable semble être une fréquence nettement plus élevée de la première.

Il faut tenir compte également de la parasynonymie. *Le service est compris* et *Pourboire compris* sont des parasynonymes ou synonymes partiels[5]. Les deux pragmatèmes font référence au même état de choses. Il existe toutefois une différence sémantique claire entre les deux, comme le prouve la séquence *Le service est compris, mais pas le pourboire* pour signifier que le couvert n'est pas à payer, mais que le pourboire est apprécié.

Le synonyme peut avoir une plus grande extension sémantique que le lemme. Le pragmatème *À la santé de* N présente, comme synonymes, *Prosit !* et *Tchin-tchin !* L'extension sémantique de ces deux formules est semblable à celle de *Santé !* mais elles n'admettent pas de complément. Comme exemple de parasynonyme à plus grande intension sémantique

5 La siglaison introduit encore un autre type de variantes, qui peuvent être nombreuses. Par exemple *s.c.* pour *Service compris*.

que le lemme, nous aurions *Bon vol !* ou *Bonne route !* qui restreignent le sens de *Bon voyage !*

Les antonymes peuvent être des contraires par négation (*Service compris Service non compris*) ou des paires de pragmatèmes distincts mais complémentaires, comme *Pousser* vs *Tirez* ou encore *Ne pas déranger* vs *Prière de faire ma chambre* (et non pas **Dérangez* ou **Prière de ne pas faire ma chambre*). *Tenue de ville* peut être considéré comme un antonyme de *Tenue de soirée* ou de *Tenue de cérémonie* sur un carton d'invitation.

Finalement, nous pouvons avoir des relations de synonymie intersémiotique. Un pavillon vert signifie, sur la plage, *Baignade surveillée* ; quant aux drapeaux jaune et rouge, ils correspondraient respectivement à *Baignade dangereuse* et *Baignade interdite.* Ce dernier pragmatème peut être accompagné ou même remplacé par un pictogramme barré qui représente un nageur. Un grand nombre de pictogrammes (qui présenteraient l'avantage d'être décodables par des locuteurs de langues différentes) s'emploient à la place de certains pragmatèmes, ou bien en même temps.

Observons que, en dépit des régulations internationales, le fait de passer à un système non langagier n'implique pas forcément que les signes soient stables entre différentes langues-cultures. Ainsi, le drapeau vert indiquant *Baignade surveillée* en France et en Espagne équivaut au drapeau blanc en Italie.

Souvent, le message est donné de façon redondante dans deux codes (par exemple un pictogramme d'accès interdit, plus la mention explicite *Accès interdit*) ou de façon mixte (par exemple, un panneau routier de stationnement interdit accompagné de la mention *sauf livraisons*). Notons que certaines modifieurs impliquent le changement du pictogramme (le pictogramme correspondant à *Danger de mort par électrocution* est complètement différent du pictogramme *Danger de mort*).

## LES ÉQUIVALENTS DE TRADUCTION

Comme nous avons signalé dans Blanco (2013a, p. 24), l'équivalent de traduction d'un pragmatème doit présenter le même contenu conceptuel que le pragmatème en langue de départ. Par ailleurs, l'acte de parole et la valeur performative (si elle existe) du pragmatème proposé comme équivalent de traduction doivent coïncider avec le pragmatème originel.

Les axes restants de variation doivent soit se maintenir constants, soit être signalés. Les variations possibles peuvent toucher les différentes catégories de microstructure : l'ancrage lexical, la morphosyntaxe, la description de la situation de communication, les composantes sémantiques et conceptuelles, les fonctions lexicales, les répliques, le domaine de spécialité, les variations diasystématiques et les rapports inter-sémiotiques (texte-image, par exemple). Dans la mesure où l'équivalent de traduction peut s'écarter du pragmatème en langue source par rapport à n'importe lequel de ces axes, il faut procéder à marquer toute différence. Il faut avoir présent à l'esprit le but ambitieux qu'Alain Duval appelait de ses vœux il y a plus presque trente ans :

> Un étiquetage métalinguistique minutieux, désambiguïsant chaque traduction et mettant en garde l'usager contre tout risque de généralisation abusive. (Duval, 1991, p. 2823)

La grande différence que suppose la traduction d'un pragmatème par rapport à la proposition d'un équivalent de traduction pour une unité lexicale (mono- ou polylexicale) réside en ce que deux pragmatèmes présentant un sémantisme différent peuvent constituer des équivalents de traduction tout à fait convenables l'un par rapport à l'autre, dans la mesure où l'invariant du pragmatème n'est pas sémantique mais conceptuel. La séquence *Un train peut un cacher un autre* a comme un équivalent de traduction possible en espagnol : *¡Ojo con el tren! Mire a ambos lados antes de cruzar*. La sémantique est clairement différente, mais l'acte de parole (*signaler*, *avertir*, *prévenir*, *mettre en garde*) et la situation (panneau situé à proximité d'un passage à niveau) sont les mêmes. Le pragmatème français nous prévient sur le danger que comporte un cas de figure concret : l'arrivée d'un train tandis qu'un deuxième le cacherait. L'espagnol, à son tour, conseille de regarder dans les deux sens. Précisons que le pragmatème espagnol, sous la forme présentée ci-dessus, est colombien et que le pragmatème français présente une variante diachronique qui fait écho à la forme espagnole : *Ne traversez pas sans regarder dans les deux directions. Un train peut en cacher un autre.*

En dépit de l'évidente proximité linguistique et culturelle entre le français et l'espagnol, des variations dans la situation considérée peuvent poser problème quand il s'agit de proposer un équivalent de traduction. Le pragmatème *Au-delà de cette limite votre ticket n'est plus valable* n'a pas de correspondant en espagnol. À son tour, la formule *Bonne rentrée !* ne peut être mise en rapport avec un seul équivalent de traduction, car l'espagnol doit préciser s'il s'agit d'une rentrée scolaire, d'une rentrée au travail, etc. Par ailleurs, le pragmatème espagnol n'est pas tout à fait figé : *#Feliz vuelta al cole*, *#Buena vuelta al trabajo* sont acceptables, mais ne sont pas encore complètement ritualisés et se voient souvent remplacés par une simple question sur les vacances. *Amitiés* ou *Amicalement*, en tant que formules de congé non formelles, n'ont pas de correspondant évident en espagnol. *#Amigablemente* ou *#Con amistad* ne sont pas utilisés. Il faut avoir recours à *Cordialmente* ou à *Un abrazo* qui introduisent, soit un ton plus soutenu, soit plus familier que les pragmatèmes français en question.

Les domaines spécialisés abondent en exemples de correspondances partielles. *Chaud devant !*, provenant spécifiquement du domaine de l'hôtellerie, doit se traduire par *¡Paso!* qui n'est pas pourtant diatechniquement marqué ; *Lire attentivement la notice jointe* se traduit soit par *Lea atentamente el prospecto*, qui renvoie au domaine pharmaceutique, soit par *Lea atentamente las instrucciones de uso*, qui ne nous situe pas dans un domaine précis. Dans *Abus dangereux pour la santé*, le complément d'*abus* est donné par la situation de communication, tandis qu'en espagnol il faut l'expliciter : *El abuso de alcohol es perjudicial para la salud.*

Alain Rey fait une observation semblable concernant les divergences culturelles dans les dictionnaires bilingues anglais-français :

> L'équivalence classique des dictionnaires : *pet = animal familier*, ne convient pas en discours ; celle qui se contente d'animal (*no pets allowed = les animaux sont interdits*) n'est qu'une équivalence pragmatique, non pertinente sémantiquement. (Rey, 1991, p. 2869)

Il existe également des pragmatèmes dont l'interprétation dépend à tel point de la situation que le dictionnaire doit avoir recours à un équivalent passe-partout. Une de ces séquences est *Je vous en prie.* La description des conditions d'emploi de cette suite nécessiterait une étude à part entière. Signalons ici que, dans un contexte commercial neutre (vendeur, client), elle pourrait être traduite, en espagnol du Costa Rica, par *Con gusto*, alors qu'en espagnol de la Péninsule il n'y a pas de forme spécifique pour une telle situation, pourtant extrêmement fréquente.

# CONCLUSIONS

Notre objectif initial était de discuter et de vérifier, à partir de données monolingues et plurilingues, la notion de pragmatème, notion nouvellement isolée dans le cadre des recherches sur la phraséologie dans les langues. L'approche que nous avons choisie est délibérément empirique. Nous n'avons pas voulu que la vérification de la notion soit faite uniquement d'un point de vue théorique. La confrontation des éléments théoriques avec des données linguistiques et, mieux encore, l'interrogation des différents traitements qui leur ont été réservés (lexicographiques, didactiques, traductologique et autres) visaient entre autres l'évaluation de la pertinence épistémologique du concept et son rendement dans la description des langues. Découlent d'une telle évaluation des applications dans les domaines choisis, notamment la lexicographie.

On pourrait dire, à la suite des différents développements avancés dans cet ouvrage :

- que la notion de pragmatème, loin d'être un concept flou, couvre bien une réalité linguistique ayant des spécificités bien déterminées ;
- que l'hypothèse de son existence, confrontée à des données empiriques, a permis de vérifier, d'une manière expérimentale (en assurant un va-et-vient entre les éléments de l'hypothèse théorique et les données fournies par différents documents appartenant à divers domaines non conçus spécialement pour une telle vérification) les éléments définitoires avancés par la littérature et les difficultés que l'on a à en rendre compte ;
- qu'une telle approche a l'avantage de rendre la démonstration transparente pour le lecteur, ce qui favorise une lecture critique qui s'inscrit dans une démarche heuristique cherchant à interroger les faits en vue de valider ou d'invalider les hypothèses avancées, tout en évitant de tomber dans des généralisations qui satisfont certes, dans un premier temps, la cohérence théorique et l'élégance

souhaitée dans la démonstration, mais qui ne résistent pas le plus souvent devant l'extrême complexité des faits ; c'est pourquoi nous sommes partis d'un certain nombre de traits saillants dans la définition du pragmatème et nous les avons abondamment confrontés aux multiples approches qui croisent lexicographie, didactique et traduction : nous voulions vérifier la manière dont ces faits de langue ont été appréhendés et si les praticiens de ces différents domaines ont perçu les caractéristiques définitoires en question ;

– que le croisement des domaines (lexicographie, traduction, didactique), doublé d'un croisement de perspectives diasystémiques (diachronique, diatopique, diastratique, diatechnique, diamodale, diaintégrative...), doublé encore du changement de champs d'investigation (dictionnaire de langue, dictionnaire phraséologique, discours lexicographique, discours informatif, dictionnaire monolingue, dictionnaire bilingue) et de niveau de réalisation linguistique (discours linguistique, discours métalinguistique) sont autant de filtres qui aident à mieux saisir le kaléidoscope du phénomène langagier ;
– que cette démarche a le mérite de poser clairement des difficultés incontournables dans le traitement des pragmatèmes comme le phénomène de ritualisation, le croisement de ce genre d'unités avec des aspects aussi divers que la performativité, les actes du langage, les formules stéréotypées, etc.
– que même si on n'a pas réussi à démêler tous les éléments de cet écheveau linguistique, on aurait ainsi permis de montrer l'extrême complexité de ce phénomène, encore plus l'extrême difficulté à le traiter en vue d'une meilleure prise en charge dans l'enseignement, la lexicographie, la traduction et le traitement automatique des langues ;
– que la dimension culturelle est dans une relation consubstantielle avec la langue : en ignorer l'existence, c'est omettre de rendre compte de plusieurs aspects de son fonctionnement.

Il est évident que plusieurs questions restent en suspens :

– La première question concerne la dimension prédicative du pragmatème : le pragmatème est-il toujours un prédicat ? Si oui, qu'est-ce qui fait sa prédicativité ?

- Y aurait-il une hiérarchie entre les critères définitoires des pragmatèmes ? À quel niveau faudrait-il situer les traits suivants : valeur prédicative, nature de l'énoncé (interjection, proverbe, actes de langage ou de discours, etc.), autonomie de l'énoncé, complétude de l'énoncé, ritualisation, valeur performative, etc. ?
- Une question corollaire à la suivante : le pragmatème serait-il une catégorie sommitale ou hyperonymique qui engloberait des énoncés autonomes pouvant avoir plusieurs natures (formule, interjection, proverbe, etc.) mais qui partagent le trait saillant qu'est la ritualisation énonciative qui fait partie de son sémantisme et qui conditionne son emploi dans le discours ?
- Le traitement lexicographique, d'abord monolingue, puis plurilingue, ne devrait-il pas, pour être exploitable dans l'acquisition des langues et les divers domaines applicatifs, plier la méthode à l'objet, c'est-à-dire adapter les spécificités des pragmatèmes aux exigences de clarté, de complétude et de précision dans la description de ce genre d'unités linguistiques ? Dans ce sens, ne faudrait-il pas croiser analyse sémantique et analyse conceptuelle, dimension strictement linguistique et données situationnelles et énonciatives, description lexicographique et emplois discursifs ?
- La ritualisation, en rapport avec ce qui est comportemental, n'est-elle pas très liée aux domaines d'emploi (dimension diatechnique), c'est-à-dire aux façons de faire linguistiques que sont les pragmatèmes ? Si c'est le cas, ne serait-il pas pertinent de procéder à des descriptions par domaine (militaire, jeux, compétitions de toutes sortes, justice, etc.) et établir la liste des pragmatèmes de chaque domaine avant de voir lesquels sont passés dans le langage courant, avec tout ce que ce transfert implique comme adaptation aux nécessités de l'usage quotidien par les non initiés aux domaines d'origine ?

On pourrait multiplier les questionnements suscités par ce phénomène linguistique. Contentons-nous, pour finir, par rappeler que certaines affirmations dans cet ouvrage, faites pour la clarté de l'exposé, méritent qu'on les revisite. Nous nous contentons de citer, à titre illustratif, la limite entre pragmatème et cliché, celle qui oppose pragmatème et signalétique, celle encore qui sépare pragmatème et d'autres formes encore insuffisamment étudiées que connaissent certaines langues, comme le *doua* en arabe.

Tous ces questionnements confirment encore une fois la portée heuristique des pragmatèmes et leur impact épistémologique sur les méthodes d'investigation dans les sciences du langage.

# BIBLIOGRAPHIE

## ÉTUDES


Académie française, 1932, *Grammaire de l'Académie française*, Paris Firmin-Didot et Cie.

Alvarado Ortega María Belén et Ruiz Gurillo Leonor, 2008, « Unidades de la conversación y fraseología: acerca de la autonomía de las fórmulas rutinarias », *Aspectos formales y discursivos de las expresiones fijas*, G. Conde Tarrío (éd.), Frankfurt am Main Peter Lang, p. 25-40.

Alvarado Ortega María Belén, 2010, *Las fórmulas rutinarias del español: teoría y aplicaciones*, Frankfurt am Main Peter Lang.

Amossy Rut et Herschberg-Pierrot Anne, 2007, *Stéréotypes et clichés*, Paris Armand Colin.

Anquentil Sophie, 2014, *Représentation et traitement des actes de langage indirects*, Paris Classiques Garnier.

Anscombre Jean-Claude, 2012, *La parole exemplaire. Introduction à une étude linguistique des proverbes*, Paris Armand Colin.

Apresjan Jurij, 1990, « Tipy leksikografičeskoj informacii ob označajuščem leksemy », *Tipologija i grammatika*, Moscou Nauka, p. 91-108.

Austin John L., 1970, *Quand dire, c'est faire*, Paris Éditions du Seuil.

Badiou-Monferran Claire et Buchi Éva, 2012, « Plaidoyer pour la désolidarisation des notions de pragmaticalisation et de grammaticalisation », *Congrès Mondial de Linguistique Française* (Lyon, 4-7 juillet 2012), F. Neveu *et al.* (éd.), Paris Institut de linguistique française, p. 127-144.

Bateman John et Zock Michael, 2003, « Natural Language Generation », *The Oxford Handbook of Computational Linguistics*, R. Mitkov (éd.), Oxford University Press, p. 284-304.

Baylon Christian et Fabre Paul, 1978, *Grammaire systématique de la langue française*, Paris Nathan.

Bidaud Françoise, 2002, *Structures figées de la conversation. Analyse contrastive français-italien*, Berne Peter Lang.

Bladas Oscar, 2012, « Conversational routines, formulaic language and subjectification », *Journal of Pragmatics*, vol. 44, n° 8, p. 929-957.

Blanco Xavier, 2010a, « Los frasemas composicionales pragmáticos », *Opacité, idiomaticité, traduction*, S. Mejri et P. Mogorrón (dir.), Alacant Universitat d'Alacant, p. 19-32.

Blanco Xavier, 2010b, « Traduction des pragmatèmes dans les guides de conversation en russe. Contenus conceptuels et enjeux culturels », *Synergies Tunisie*, n° 2, « La traduction des textes spécialisés : un retour sur des lieux communs », p. 75-84.

Blanco Xavier, 2010c, « Pragmatemes: the other type of frozenness », *Mir jazykov: rakurs i perspektiva: Materialy I Mezhdunarodnoj nauchno-prakticheskoj konferencii (Minsk, 22 aprelja 2010)*, N.N. Nizhneva *et al.* (éd.), Minsk BGU, p. 220-224.

Blanco Xavier, 2012, « Les pragmatèmes dans le dictionnaire de langue », *Grammaticis Unitis. Mélanges offerts à Bohdan Krzysztof Bogacki*, A. Dutka-Mańkowska, A. Kieliszczyk et E. Pilecka (éd.), Warszawa Université de Varsovie, p. 37-48.

Blanco Xavier, 2013a, « Équivalents de traduction pour les pragmatèmes dans la lexicographie bilingue Français-Espagnol », *Lexicographica*, vol. 29, n° 1, p. 5-28.

Blanco Xavier, 2013b, « Les pragmatèmes : définition, typologie et traitement lexicographique », *Verbum*, n° 4, Vilnius Vilniaus Universitetas, p. 17-25.

Blanco Xavier, 2014a, « Microstructure évolutive pour un dictionnaire de pragmatèmes », *L'unité en sciences du langage* (Actes des 9es Journées scientifiques LTT, 2011), S. Mejri, I. Sfar et M. Van Campenhoudt (dir.), Paris Éditions des archives contemporaines, p. 139-150.

Blanco Xavier, 2014b, « Inventaire lexicographique d'une sous-classe de phrasèmes délaissée : les pragmatèmes », *Cahiers de lexicologie*, n° 104, Paris Classiques Garnier, p. 133-154.

Blanco Xavier, 2015, « Pragmatèmes français du XIVe siècle dans les *Manières de langage* », *Fraseología, didáctica y traducción*, Pedro Mogorrón et Fernando Navarro (dir.), Frankfurt am Main Peter Lang, p. 53-66.

Bogacki Krzysztof, 1983, *Dictionnaire sémantique et syntaxique des verbes français*, Warszawa Panstowe Wydawictwo Naukowe.

Bosredon Bernard et Tamba Irène, 1999, « Une ballade en toponymie : de la rue Descartes à la rue de Rennes », *Linx*, n° 40, p. 55-69.

Bosredon Bernard, 2012, « Entre dénomination et catégorisation : la signalétique », *Langue française*, n° 174, p. 11-26.

Bracops Martine, 2010, *Introduction à la pragmatique. Les théories fondatrices :*

*actes de langage, pragmatique cognitive, pragmatique intégrée*, 2e éd., Bruxelles De Boeck / Duculot.

Brown Penelope et Levinson Stephen, 1987, *Politeness*, Cambridge University Press.

Burger Harald, 2010, *Phraseologie. Eine Einführung an Beispiel des Deutschen*, 4e éd., Berlin Schmidt (« Grundlagen der Germanistik », nº 36).

Buridant Claude (dir.), 2006, *Langages*, nº 161, « L'interjection : jeux et enjeux ».

Buvet Pierre-André et Mathieu-Colas Michel, 1999, « Les champs *Domaine* et *Sous-domaine* dans les dictionnaires électroniques », *Cahiers de lexicologie*, nº 75, Paris Classiques Garnier, p. 173-191.

Casares Julio, [1950] 1992, *Introducción a la lexicografía moderna*, Madrid Consejo Superior de Investigaciones Científicas.

Català Dolors, 2014, « Les pragmatèmes dans les méthodes d'apprentissage de français langue étrangère », *L'unité en sciences du langage* (Actes des 9es Journées scientifiques LTT, 2011), S. Mejri, I. Sfar et M. Campenhoudt (dir.), Paris Éditions des archives contemporaines, p. 162-169.

Chevalier Jean-Claude *et al.*, 1964, *Grammaire Larousse du français contemporain*, Paris Larousse.

Corpas Pastor Gloria, 1996, *Manual de fraseología española*, Madrid Gredos.

Coulmas Florian, 1979, « On the sociolinguistic relevante of routine formulae », *Journal of Pragmatics*, vol. 3, nos 3-4, p. 239-266.

Coulmas Florian, 1981, *Routine in Gespräch. Zur pragmatischen Fundierung der Idiomatik*, Wiesbaden Athenaion.

Coulmas Florian, 1994, « Formulaic language », *Encyclopedia of Language and Linguistics*, N. Asher (dir.), 10 vol., Oxford Pergamon Press, vol. 3, p. 1292-1293.

Cowie A.P., 2001, « Speech formulae in English: problems of analysis and dictionary treatment », *Making Sense: from Lexeme to Discourse. In Honor of Werner Abraham*, G. Van der Meer et A. Ter Meulen (éd.), Groningen Center for Language and Cognition, p. 1-12.

Dostie Gaétane, 2004, *Pragmaticalisation et marqueurs discursifs. Analyse sémantique et traitement lexicographique*, Bruxelles De Boeck / Duculot.

Dubois Jean et Lagane René, 1973, *La nouvelle grammaire du français*, Paris Larousse.

Duval Alain, 1991, « L'équivalence dans le dictionnaire bilingue », *Wörterbücher / Dictionaries / Dictionnaires. Ein internationales Handbuch zur Lexikographie / An International Encyclopedia of Lexicography / Encyclopédie internationale de lexicographie*, F.J. Hausmann *et al.* (éd.), 4 vol., Berlin / New York De Gruyter, vol. 3, p. 2817-2824.

Eismann Wolfgang, 2009, « Situationsspezifische Redensarten », *Phraseologie disziplinär und interdisziplinär*, C. Földes (éd.), Tübingen Narr, p. 117-129.

Équipe IFA, [1988] 2004, *Inventaire des particularités lexicales du français en Afrique noire*, Vanves EDICEF/AUPELF.

Fairon Cédrick, Klein Jean René et Paumier Sébastien, 2006, *Le langage SMS. Étude d'un corpus informatisé à partir de l'enquête « Faites don de vos SMS à la science »*, Louvain-la-Neuve Presses universitaires de Louvain.

Farina Annick, 2009, « Problèmes de traitement des "pragmatèmes" dans les dictionnaires bilingues », *Le dictionnaire maître de langue : lexicographie et didactique*, M. Heinz (éd.), Berlin Frank & Timme, p. 245-264.

Fernandez M.M. Jocelyne, 1994, *Les particules énonciatives*, Paris PUF.

Fléchon Geneviève, Frasi Paolo et Polguère Alain, 2012, « Les pragmatèmes ont-ils un charme indéfinissable ? », *Lexiques, identités, cultures*, P. Ligas et P. Frassi (éd.), Vérone QuiEdit, p. 81-104.

Fónagy Ivan, 1977, « Figement et changements sémantiques », *La locution, entre langue et usages*, M. Martins-Baltar (éd.), Fontenay-aux-Roses ENS, p. 131-164.

Fónagy Ivan, 1982, *Situation et signification*, Amsterdam/Philadelphia John Benjamins.

Gadet Françoise, 1989, *Le français ordinaire*, Paris Armand Colin.

Galatanu Olga, 2012, « De la menace illocutionnaire aux actes illocutionnaires "menaçants". Pour une sémantique de l'interaction verbale », *Studii de lingvistică*, n° 2, p. 59-79.

García-Page Mario, 2007, « Los pragmatemas: algunas consideraciones », *Festschrift für Gerd Wotjak zum 65. Geburstag*, 2 vol., J. Cuartero Otal et M. Emsel (éd.), Frankfurt am Main Peter Lang, vol. 1, *Vernetzungen. Bedeutung in Wort, Satz und Text*, p. 161-173.

García-Page Mario, 2008, *Introducción a la fraseología española. Estudio de las locuciones*, Barcelona Anthropos.

Garrigues Mylène, 1992, « Dictionnaires hiérarchiques du français. Principes et méthodes d'extraction », *Langue française*, n° 96, Paris Larousse, p. 88-100.

Ghariani Baccouche M., 1998, « Formules de salutation, d'une langue à l'autre : classement et enseignement », *Le figement lexical*, S. Mejri *et al.* (dir.), Tunis CERES, p. 329-342.

Goffman Erving, 1974, *Les rites d'interaction*, Paris Minuit.

Gréciano Gertrud, 1995, « Fachphraseologie », *Rand und Band. Abgrenzung und Verknüpfung als Grundtendenzen des Deutschen*, R. Métrich et M. Vuillaume (éd.), Tübingen Narr, p. 183-195.

Grevisse Maurice et Goosse André, 2008, *Le bon usage*, Bruxelles De Boeck et Larcier.

Gross Gaston, 2012, *Manuel d'analyse linguistique*, Villeneuve d'Ascq Presses universitaires du Septentrion.

Gross Maurice, 1986, *Grammaire transformationnelle du français*, vol. 3, *Syntaxe de l'adverbe*, Paris ASSTRIL.

Gualberto-Schneider Antje et Balnat Vincent, 2012, « Petit dictionnaire permanent des "actes de langage stéréotypés" (ALS) : microstructure de *na warte!* », *Nouveaux cahiers d'allemand*, vol. 30, n° 3, p. 269-284.

Gumperz John J., 1982, *Discourse Strategies*, Cambridge University Press.

Hannappel Hans et Melenk Hartmut, 1979, *Alltagssprache*, Munich W. Fink.

Hausmann Franz Josef, 1989, « Die Markierung in allgemeinen einsprachigen Wörterbüch: eine Übersicht », *Wörterbücher / Dictionaries / Dictionnaires. Ein internationales Handbuch zur Lexikographie / An International Encyclopedia of Lexicography / Encyclopédie internationale de lexicographie*, F.J. Hausmann *et al.* (éd.), 4 vol., Berlin / New York De Gruyter, vol. 1, p. 649-657.

Hausmann Franz Josef, 1990, « De quoi se compose l'article du dictionnaire de langue ? L'importance du sous-adressage », *BudaLEX '88 Proceedings. Papers from the EURALEX Third International Congress*, T. Magay et J. Zigány (éd.), Budapest Akadémiai Kiadó, p. 59-66.

Hausmann Franz Josef et Werner Reinhold Otto, 1991, « Spezifische Bauteile und Strukturen zweisprachiger Wörterbücher: eine Übersicht », *Wörterbücher / Dictionaries / Dictionnaires. Ein internationales Handbuch zur Lexikographie / An International Encyclopedia of Lexicography / Encyclopédie internationale de lexicographie*, F.J. Hausmann *et al.* (éd.), 4 vol., Berlin / New York De Gruyter, vol. 3, p. 2729-2770.

Hyvärinen Irma, 2011, « Zur Abgrenzung und Typologie pragmatischer Phraseologismen – Forschungsüberblick und offene Fragen », *Beiträge zur pragmatischen Phraseologie*, I. Hyvärinen et A. Liimatainen (éd.), Frankfurt am Main Peter Lang, p. 9-43.

Kauffer Maurice, 2012a, « Petit dictionnaire permanent des "actes de langage stéréotypés" (ALS) : microstructure de *das ist die Höhe!* », *Nouveaux cahiers d'allemand*, vol. 30, n° 2, p. 129-145.

Kauffer Maurice, 2012b, « "Actes de langage stéréotypés" en allemand et en français. Pour une redéfinition du stéréotype grâce à la phraséologie », *Nouveaux cahiers d'allemand*, vol. 29, n° 1, p. 37-53.

Kauffer Maurice, 2013a, « Phraseologismen und stereotype Sprechakte im Deutschen und im Französischen », *Linguistik online (Forms and Functions of Formulaic Construction Units in Conversation)*, vol. 62, n° 5.

Kauffer Maurice, 2013b, « Le figement des "actes de langage stéréotypés" en français et en allemand », *Pratiques*, n° 159-160, p. 42-54.

Kauffer Maurice, 2015, « Phraséologismes et actes de langage », *La phraséologie – ressources, descriptions et traitements informatiques*, Paris Honoré Champion.

Kerbrat-Orecchioni Catherine, 1986, 1990, 1992, *Les interactions verbales*, 3 vol., Paris Armand Colin.

Keromnes Yvon, 2013, « Petit dictionnaire permanent des "actes de langage stéréotypés" (ALS) : microstructure de *et puis quoi encore !* », *Nouveaux cahiers d'allemand*, vol. 31, n° 2, p. 141-149.

Kleiber Georges, 1994, *Nominales. Essais de sémantique référentielle*, Paris Armand Colin.

Kleiber Georges, 2000, « Sur le sens des proverbes », *Langages*, n° 139, p. 39-58.

Klein Jean René et Lamiroy Béatrice, 2010, « Routines conversationnelles et figement », *La parole entravée : études sur le figement*, J.-C. Anscombre et S. Mejri (éd.), Paris Honoré Champion, p. 195-213.

Klein Jean René et Lamiroy Béatrice, 2011, « Routines conversationnelles et figement », *Le figement linguistique : la parole entrâvée*, J.-C. Anscombre et S. Mejri (éd.), Paris Honoré Champion, p. 195-209.

Kristol Andres M., 1995, *Manières de langage (1396, 1399, 1415)*, London Anglo-Norman Text Society.

Kühn Peter, 1991, « Die Beschreibung von Routineformeln im allgemeinen einsprachigen Wörterbuch », *Wörterbücher / Dictionaries / Dictionnaires. Ein internationales Handbuch zur Lexikographie / An International Encyclopedia of Lexicography / Encyclopédie internationale de lexicographie*, F.J. Hausmann *et al.* (éd.), 4 vol., Berlin / New York De Gruyter, vol. 3, p. 830-835.

Lamiroy Béatrice (éd.), 2010, *Les expressions figées de la francophonie. Belgique, France, Québec et Suisse*, Paris Ophrys.

Le Goffic Pierre, 1993, *Grammaire de la phrase française*, Paris Hachette.

Lüger Heinz-Helmut, 1999, *Satzwertige Phraseologismen. Eine pragmatische Untersuchung*, Wien Praesens.

Lüger Heinz-Helmut, 2007, « Pragmatische Phraseme: Routineformeln », *Phraseologie / Phraseology. Ein internationales Handbuch zeitgenössischer Forschung / An International Handbook of Contemporary Research*, H. Burger *et al.* (éd.), 2 vol., Berlin De Gruyter, vol. 1, p. 444-459.

Maillard Michel, 1994, « Les problèmes généraux posés par l'impersonnel », *L'information grammaticale*, n° 62, p. 3-5.

Martins-Baltar Michel, 2000, « Les énoncés usuels : de nouveaux objets pour de nouveaux dictionnaires » (Communication au GLAT 2000, « La communication multilingue et l'interactivité : l'écriture au-delà des mots »).

Martins-Baltar Michel, 2000, « Les énoncés usuels et le modèle motif-réaction », *Micro- et macrolexèmes et leur figement discursif. Études de linguistique comparée français/allemand*, G. Gréciano (éd.), Louvain/Paris Peeters, p. 93-106.

Martins-Baltar Michel, 2006, « Comment construire une nomenclature en pragmatographie ? », *Le français dans les dictionnaires bilingues*, T. Szende (dir.), Paris Honoré Champion, p. 193-303.

Mejri Salah, 2009, « Le mot, problématique théorique », *Le français moderne*, n° 1, p. 68-82.

Mejri Salah, 2010a, « Le figement chez Alain Rey : une pratique lexicographique théorisante », Giovanni Dotoli, Alain Rey. *De l'artisanat du dictionnaire à une science du mot*, Schena Editore, Hermann éditeurs, Bari, Paris, p. 97-105.

Mejri Salah, 2010b, « Les pragmatèmes, des universaux phraséologiques très idiomatiques. Le cas du 'doua' en arabe », *La parémiologie contrastive : EUROPHRAS 2010*, A. Pamies (éd.), Universidad de Granada.

Mel'čuk Igor *et al.*, 1984, 1988, 1992, 1999, *Dictionnaire explicatif et combinatoire du français contemporain. Recherches lexico-sémantiques*, 4 vol., Les Presses de l'Université de Montréal.

Mel'čuk Igor, 1984, *Explanatory Combinatorial Dictionary of Modern Russian*, *Wiener slawisticher Almanach / Sonderband*, vol. 14.

Mel'čuk Igor, 1995, « Phrasemes in Language and Phraseology in Linguistics », *Idioms: Structural and Psychological Perspectives*, M. Everaert, E.-J. van der Linden, A. Schenk et R. Schreuder (éd.), Hillsdale (New Jersey) Lawrence Erlbaum Associates, p. 167-232.

Melčuk Igor, 1996, « Lexical Functions: A Tool for the Description of Lexical Relations in a Lexicon », *Lexical Functions in Lexicography and Natural Language Processing*, L. Wanner (éd.), Amsterdam/Philadelphia John Benjamins, p. 37-102.

Mel'čuk Igor, 2001, *Communicative Organization in Natural Language. The Semantic-Communicative Structure of Sentences*, Amsterdam/Philadelphia John Benjamins.

Mel'čuk Igor, 2003, « Collocations dans le dictionnaire », *Les écarts culturels dans les dictionnaires bilingues*, T. Szende (éd.), Paris Honoré Champion, p. 19-64.

Mel'čuk Igor, 2008, « Phraséologie dans la langue et dans le dictionnaire », *Repères & Applications (VI), XXIV^e Journées pédagogiques sur l'enseignement du français en Espagne* (Université autonome de Barcelone, 3-5 septembre 2007), A. Campà et L. Baqué (éd.), Bellaterra Servei de publicacions de la Universitat Autònoma de Barcelona, p. 187-200.

Mel'čuk Igor, 2011, « Phrasèmes dans le dictionnaire », *La parole entravée : études sur le figement*, J.-C. Anscombre et S. Mejri (éd.), Paris Honoré Champion, p. 41-61.

Mel'čuk Igor, 2012a, « Phraseology in the language, in the dictionary, and in the computer », *Yearbook of Phraseology*, vol. 3, Berlin / New York De Gruyter, p. 31-56.

Melčuk Igor, 2012b, *Semantics. From Meaning to Text*, 3 vol., Amsterdam/ Philadelphia John Benjamins, vol. 1.

Mel'čuk Igor, 2013, « Tout ce que nous voulions savoir sur les phrasèmes, mais… », *Cahiers de lexicologie*, n° 102, Paris Classiques Garnier, p. 129-149.

Mel'čuk Igor, 2015, « Clichés, an Understudied Subclass of Phrasemes », *Yearbook of Phraseology*, vol. 6, Berlin / New York De Gruyter, p. 55-86.

Melnikienè Danguolé, 2016, *L'onomatopée ou le « monstre hybride »*, Paris Hermann.

Métrich René, 2012, « Petit dictionnaire permanent des "actes de langage stéréotypés" (ALS) : microstructure de *tu parles !* », *Nouveaux cahiers d'allemand*, vol. 30, n° 1, p. 3-17.

Moeschler Jacques et Reboul Anne, 1994, *Dictionnaire encyclopédique de pragmatique*, Paris Éditions du Seuil.

Mogorrón Pedro et Mejri Salah (dir.), 2008, *Las construcciones verbo-nominales libres y fijas. Aproximación contrastiva y traductológica*, Universidad de Alicante.

Mogorrón Pedro et Mejri Salah (dir.), 2010, *Opacité, idiomaticité, traduction*, Universidad de Alicante.

Morgan Jerry L., 1978, « Two Types of Convention in Indirect Speech Acts », *Syntax and Semantics*, vol. 9, P. Cole (éd.), London Academic Press, p. 261-280.

Nahon-Raimondez Anne-Marie, 2012, « Petit dictionnaire permanent des "actes de langage stéréotypés" (ALS) : microstructure de *n'empêche !* », *Nouveaux cahiers d'allemand*, vol. 30, n° 4, p. 367-381.

Náray-Szabó Márton, 2009, « Phrases figées illocutoires : quelle interprétation sémantique ? », *Verbum Analecta Neolatina*, vol. 11, n° 1, p. 153-165.

Ouerhani Béchir, 2015, « Le *Doua* comme genre discursif particulier : les caractéristiques formelles », *Linguistique du discours : de l'intra- à l'interphrastique*, T. Muryn et S. Mejri (éd.), Frankfurt am Main Peter Lang.

Pamies Antonio, 2007, « El lenguaje de la lechuza: apuntes para un diccionario intercultural », *Interculturalidad y lenguaje. El significado como corolario cultural*, J. de D. Luque Durán et A. Pamies Bertrán (éd.), Granada Lingvistica / Método.

Penadés Martínez Inmaculada, 2001, « Las fórmulas rutinarias: su enseñanza en el aula de E/LE », *Carabela: Modelos de uso de la lengua española*, n° 50, p. 83-101.

Pernot Caroline, 2013a, « Petit dictionnaire permanent des "actes de langage stéréotypés" (ALS) : microstructure de *et comment !* », *Nouveaux cahiers d'allemand*, vol. 31, n° 1, p. 1-12.

Pernot Caroline, 2013b, « Petit dictionnaire permanent des "actes de langage stéréotypés" (ALS) : microstructure de *ça me fait une belle jambe !* », *Nouveaux cahiers d'allemand*, vol. 31, n° 4, p. 407-417.

Pernot Caroline, 2013c, « Le défigement des phrasèmes pragmatiques et sa traduction », *Pratiques*, n° 159-160, p. 179-188.

Rey Alain, 1991, « Divergences culturelles et dictionnaire bilingue », *Wörterbücher / Dictionaries / Dictionnaires. Ein internationales Handbuch zur Lexikographie / An International Encyclopedia of Lexicography / Encyclopédie internationale de lexicographie*, F.J. Hausmann *et al.* (éd.), 4 vol., Berlin / New York De Gruyter, vol. 3, p. 2865-2870.

Riegel Martin, Pellat Jean-Christophe et Rioul René, 1994, *Grammaire méthodique du français*, Paris PUF.

Ruiz Gurillo Leonor, 1998, *La fraseología del español coloquial*, Barcelona Ariel.

Salameh R., 2004, « Les formules de politesse une idiomaticité sans pareil ! », *L'espace euro-méditerranéen. Une idiomaticité partagée*, S. Mejri (dir.), Tunis CERES, p. 399-415.

Schapira Charlotte, 1999, *Les stéréotypes en français : proverbes et autres formules*, Paris Ophrys.

Schneider Franz, 1989, *Comment décrire les actes de langage ? De la linguistique pragmatique à la lexicographie : La belle affaire ! et Tu m'en diras tant !*, Tübingen Niemeyer.

Searle John R., 1972, *Les actes de langage*, Paris Hermann.

Sevilla Muñoz Julia, 1993, « Paremias españolas: clasificación, definición y correspondencia francesa », *Paremia*, n° 2, p. 15-20.

Sfar Inès, 2007, « Les énoncés formulaires : contenu pragmatique et problèmes de traduction », *À la croisée des mots. Hommages à Taïeb Baccouche*, S. Mejri (éd.), Sousse / Villetaneuse Université de Sousse / Université Paris 13, p. 313-328.

Smith Anja, 2014, « Petit dictionnaire permanent des "actes de langage stéréotypés" (ALS) : microstructure de *ach was* », *Nouveaux cahiers d'allemand*, vol. 32, n° 2, p. 119-132.

Sosa Mayor Igor, 2006, *Routineformeln in Spanischen und im Deutschen. Eine pragmalinguistischen kontrastive Analyse*, Wien Praesens.

Tamba Irène, 2011, « Sens figé : idiomes et proverbes », *La parole entravée : études sur le figement*, J.-C. Anscombre et S. Mejri (éd.), Paris Honoré Champion, p. 109-126.

Traverso Véronique, 1996, *La conversation familière. Analyse pragmatique des interactions*, Lyon PUL.

Vinay Jean-Pierre et Darbelnet Jean, 1958, *Stylistique comparée du français et de l'anglais*, Paris/Montréal Didier Beauchemin.

Wanner Leo (éd.), 1996, *Lexical Functions in Lexicography and Natural Language Processing*, Amsterdam/Philadelphia John Benjamins.

Weill Isabelle, 1993, « La menace comme acte de langage : étude diachronique de quelques formules en français », *Linx*, n° 28, p. 85-105.

Weinrich Harald, 1989, *Grammaire textuelle du français*, Paris Didier/Hatier.

Wilkins D., 1978, « Proposal for level definitions », *Some Possible Lines of Development of an Overall Structure for a European Unit / Credit Scheme for Foreign Language Learning by Adults*, J.L.M. Trim (éd.), Strasbourg Council of Europe, p. 71-78.

Wilmet Marc, 1998, *Grammaire critique du français*, Paris/Bruxelles Hachette Supérieur / Duculot.

Yakubovich Yauheniya, 2015, *Défigement dans les textes poétiques. Typologie et exemples en français, espagnol, catalan, russe, bélarusse et polonais* (Thèse de doctorat), Universitat Autònoma de Barcelona.

Yakubovich Yauheniya, 2018, « De l'analyse sémantique à l'analyse littéraire : les anomalies linguistiques dans les textes poétiques », *Lexicologie(s) : approches croisées en sémantique lexicale*, X. Blanco et I. Sfar (éd.), Frankfurt am Main / Berne Peter Lang (Linguistic Insights).

Zamora Pablo, 1998, « Las frases idiomáticas pragmáticas italianas: los marcos de situación y sus equivalencias en español », *Estudios románicos*, nº 10, p. 107-125.

Zuluaga Alberto, 1980, *Introducción al estudio de las expresiones fijas*, Frankfurt am Main / Berne Peter Lang.

## DICTIONNAIRES

2000, *Diccionario Espasa Grand español-francés*, Madrid Espasa (version en ligne : http://www.wordreference.com).

2003, *Dictionnaire Larousse français-espagnol, espagnol-français*, Paris Larousse, édition électronique.

2007, *Grand dictionnaire Anglais Hachette & Oxford (français-anglais, anglais-français)*, Oxford / Paris Oxford University Press / Hachette Éducation.

2010, *Dictionnaire Le Robert & Collins français-anglais, anglais-français*, 9e éd., New York / Paris Harper Collins / Dictionnaires Le Robert.

2015, *Dictionnaire du Moyen Français*, ATILF – CNRS / Université de Lorraine (http://www.atilf.fr/dmf/).

Ahsraf Mahtab et Miannay Denis, 1995, *Dictionnaire des expressions idiomatiques françaises*, Paris Le livre de poche.

Caradec François, 1977, *Dictionnaire du français argotique et populaire*, Paris Larousse.

Duneton Claude, 1998, *Petit dictionnaire du français familier*, Paris Éditions du Seuil.

Foufelle Dominique, 2012, *Les expressions désuètes*, Paris Éditions du Chêne.

La Rue Jean, 1986, *Dictionnaire d'argot*, Paris Flammarion.

Merle Pierre, 1986, *Dictionnaire du français branché*, Paris Éditions du Seuil.

Rat Maurice, 1957, *Dictionnaire des expressions et locutions traditionnelles*, Paris Larousse.

Rey-Debove Josette, 1992, *Dictionnaire des anglicismes*, Paris Le Robert.

Rey Alain et Chantreau Sophie, 1989, *Dictionnaire des expressions et locutions*, Paris Dictionnaires Le Robert.

## MANUELS DE LANGUE ET GUIDES DE CONVERSATION

Auteurs divers, 1998, *Guía de conversación YALE español-ruso*, Bilbao Urmo.

Auteurs divers, 2000, *Un cadre européen commun de référence pour les langues : apprendre, enseigner, évaluer*, Strasbourg Conseil de l'Europe.

Auteurs divers, 2008a, *Ruso para viajar*, Madrid Santillana.

Auteurs divers, 2008b, *Russe. Guide de conversation et dictionnaire*, New York / Munich / Singapour Berlitz.

Auteurs divers, 2009a, *Russian Phrasebook*, Footscray Lonely Planet.

Auteurs divers, 2009b, *Travel-bloc Russe*, Montreuil Berlitz.

Auteurs divers, 2011, *100 % Espagnol. Tous les mots qu'il faut*, Montreuil Berlitz.

Bataller Ferran *et al.*, 2006, Русско-Валенсийским Разговорником / *Guia de conversa Rus-Valencià*, València Generalitat Valenciana.

Bayarri Montserrat et Mans Lourdes, 2003, Разговорник Русско-Каталонско-Испанский (*Guia de conversa Rus-Catala-Castella*), Barcelona La Magrana.

Beaumont Jean-Charles et Amadieu Sébastien, 2013, *Québécois. Guide de conversation*, Chennevières-sur-Marne Assimil.

Becker Elke et Gagneur Philippe, 2010, *Le Russe de poche*, Chennevières-sur-Marne Assimil.

Blanco Xavier *et al.*, 2009, *El francés* facile *para viajar*, Barcelona Larousse.

Blanco Xavier et Yakubovich Yauheniya, 2010, *Guia de conversa rus*, Wikitravel (https://wikitravel.org/ca/Wikitravel:Guies_de_Conversa_rus).

Bonafont R. et Kharshiladze M., 2007, Русско-Каталонский университетский Разгов / *Guia de conversa universitària rus-català*, Barcelona Publicacions i Edicions de la Universitat de Barcelona.

Buisson Georges-Albert, 1916, *Guide militaire français-allemand à l'usage des armées en campagne*, Paris/Nancy Librairie militaire Berger-Levrault.

Busuttil Lola et Fernández Lasa Susana, 2002, *L'espagnol utile en voyage*, Edinburgh Harrap.

Denis Joseph, 1940, *Guide de conversation français-allemand*, Paris Classiques Garnier.

Dumont G., 1937, *Guide interprète français-allemand Deutsch-Französisch*, Paris Larousse.

Esposto Roberto, 2012, *Petite conversation en espagnol*, Paris Lonely Planet.

Filipovich Vladimir et Enriquez Filipovich Catherine, 1998, *La langue maltaise pour tout* [*sic*] *les occasions*, auto-édition

Fründt Hans-Jürgen, 2009, *L'espagnol de République dominicaine de poche*, Chennevières-sur-Marne Assimil.

Girac-Marinier Carine (dir.), 2011, *L'espagnol dans votre poche*, Paris Larousse.

Kalashnikova-Shamshurina S., Kalashnikov A. et Deriabina T., 2008, *Guías Espasa de conversación Ruso*, Madrid Espasa Calpe.

Pflüger B. et Mata E., 2006, *Ruso. Guía de conversación y diccionario*, Stuttgart/ Barcelona Ernst Klett Sprachen.

Poisson-Quinton Sylvie et Siréjols Évelyne, 2011, *Amical A1. Livre de l'élève*, Paris Clé international.

Pravednicoff Lidia et Romero Alfonso, 2008, *Guía práctica de conversación Español Ruso*, Málaga Arguval.

Prozorovskaia T. *et al.*, 2005, *Ruso de viaje*, Barcelona Larousse.

Ravier Pierre et Reuther Werner, 2008, *Guide pratique de conversation espagnol / latino-américain*, Paris Librairie générale française (Le livre de poche).

Reboul Alice, Boulinguez Anne-Charlotte et Fouquet Géraldine, 2012, *Mobile A1. Méthode de français*, Paris Didier.

Rubio-Longin Ilse, 2013, *Espagnol de Cuba. Guide de conversation*, Chennevières-sur-Marne Assimil.

Som O'Niel V., 2010a, *Espagnol d'Argentine. Guide de conversation*, Chennevières-sur-Marne Assimil.

Som O'Niel V., 2010b, *Guide de conversation espagnol*, Chennevières-sur-Marne Assimil.

Strutunnof Ivan, 2009, *500 frases en ruso para aprender en 5 días*, Barcelona De Vecchi.

Witfeld Etno, 2010, *Espagnol du Mexique. Guide de conversation*, Chennevières-sur-Marne Assimil.

# INDEX DES PRAGMATÈMES

# INDEX DES NOTIONS

# INDEX DES AUTEURS CITÉS

# TABLE DES MATIÈRES

IMPRIM'VERT®

Achevé d'imprimer par Corlet Numéric,
Z.A. Charles Tellier, Condé-en-Normandie (Calvados), en juillet 2018
N° d'impression : 149805 – Dépôt légal : juillet 2018
*Imprimé en France*